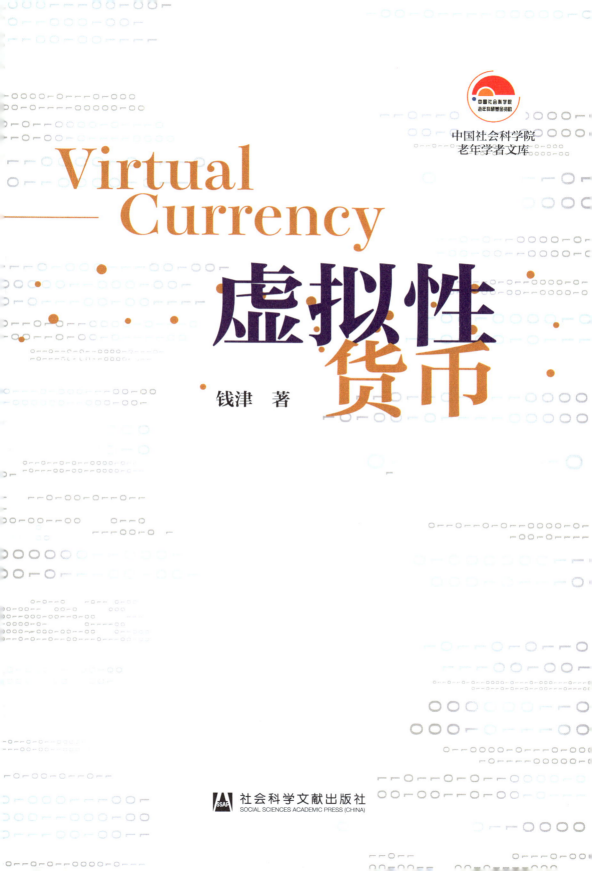

Virtual
Currency

—— 虚拟性货币

钱津　著

中国社会科学院
老年学者文库

社会科学文献出版社
SOCIAL SCIENCES ACADEMIC PRESS (CHINA)

自　序

　　本书是对货币进行定性研究的理论著作，是政治经济学的货币理论研究专著。这种定性而不是定量的经济学研究属于现代经济学必不可少的基础理论研究。需要说明的是，政治经济学不是研究政治的经济学，也不等同于经济学，而是研究经济学基础理论的经济学分支学科。因此，政治经济学对于货币理论的定性研究，属于经济学基础理论研究，这与金融学等经济学应用学科的货币理论研究有所不同。金融学等经济学应用学科的货币理论研究一般属于对货币的定量研究，是需要以政治经济学对于货币理论的定性研究为基础的。这似乎是有客观逻辑约束性的，先定性，后定量，定量研究需要在定性研究确实取得科学性的稳定研究成果之后展开。否则，定性的研究还没有科学地稳定下来，就进行定量的研究，很难说能够逻辑贯通，卓有成效。然而，现在看来，从 20 世纪到 21 世纪，与 18 世纪到 19 世纪不同，在经济学的各个领域，最为活跃的基本是定量的研究，相比之下，定性的研究反而有些滞后了。这是一个让人感到十分无奈的事实。经济学基础理论学科的研究被经济学应用学科的研究大量覆盖，定性的研究不能到位，跟不上时代发展的需要早已是十分明显的。而更为严重的是这影响了整个经济学学科的研究对于现代社会发展的实际经济问题的解决的有效性，让众多的人对于经济学理论研究的力量和作用表示怀疑，甚至是十分的失望。这种学科迷失的最为典型的表现就是，2008 年国际金融危机爆发时，全世界的经济学人集体失语，除了谴责资本主义社会制度之外，似乎事前没有什么预见性，事后也没有什么高妙的应对措施，只能是眼看着各个国家的政府忙于救市，发几句责备政府干预的牢骚而已。这从一个侧面也反映了，作为经济学基础理论研究的政治经济学研究的推进对于经济学整个学科研究的推进的重要性，政治经济学的定性理论研究不是可有可无的，而是必不可少的。2008 年的国际金融危机实质是经济学基础理论和应用理论的危机，是对 21 世纪政治经济学研究深化和创新的挑战。

经济学研究的经济不是神秘的，经济就是人类劳动的一般化。人类劳动的发展有多么复杂，人类社会的经济发展就会有多么复杂。因而，经济学研究的实质是对人类劳动的一般化的研究。政治经济学这一学科就是要研究有关人类劳动一般化的基础理论问题。这也就是说，经济学必须研究人类的一般化劳动，政治经济学更是需要从基础上研究人类的一般化劳动。科学的劳动范畴应是政治经济学的研究基点。而政治经济学应是经济学其他所有学科的研究基础。但遗憾的是，尽管在经济学学科创立之后，各代先哲均高度重视劳动在人类社会经济生活中的作用，却鲜有系统深入地研究人类劳动的政治经济学专著问世，劳动经济学不过是经济学大家族中的一个应用学科，并不属于政治经济学领域的基础性研究。这是以往学界留下的莫大的遗憾，直接地无可回避地影响了政治经济学乃至经济学的科学理论"大厦"的建设。

经济学研究的市场也不是神秘的，市场就是人类社会经济生活中的所有交易关系的总合。经济学的研究基础如果脱离人类劳动一般化研究，必然导致市场神秘化，必然造成人们对于人类市场的认识不明就里。长期以来，经济学只是讲市场中有一只看不见的手，而从来不讲怎样才能看见这只手，这实际就是经济学还不能被称为一个科学的学科的最好的写照，是现代经济学的研究必须跨过去的坎。也就是说，21世纪的经济学研究不能停留在"看不见的手"时代。现代的经济学人必须认识到经济学的研究从基础到应用都是为了清楚地看到市场中的那只手，看到人类社会经济发展的客观逻辑要求。

经济学研究的货币更不是神秘的，货币属于随着市场的产生而产生的经济学范畴，不论市场发展程度高低和范围大小，货币就是所有的市场交易的媒介。货币不是自然的必然存在，货币是人类自身的创造。只要人类具有足够的自觉理性，人类对于自身创造的货币就应该是可以做到自觉认识的。但现在已经进入21世纪，经济学对于货币的研究还需要从定性研究做起，这或多或少与以往以科学的劳动范畴为研究基点的政治经济学的货币理论研究不到位有关，也反映了现时代的货币发展所产生的对于推进政治经济学货币理论研究的需要。为此，本书将在人类社会已经是网络时代、信用时代、智能时代的虚实一体化经济社会的背景下，展开对于虚拟性货币的理论研究，这既是对以往政治经济学的货币理论的发展完善，也是为了满足现时代的人类高度发达的社会经济生活对于定性的货币理论研究创新的需要。

钱津

于中国社会科学院经济研究所

目 录

目 录

导言　货币与现时代虚实经济一体化

　　货币，自诞生以来，就一直是人类社会经济生活中最活跃的因子之一。货币的历史性和现实性就是在人类社会商品经济和市场经济的运行和发展中表现出的服务性。一般地说，货币产生于商品经济时代，现今已运行在市场经济之中。而从另一个角度来看，更现实地讲，也可以说，货币产生于实体经济时代，现今已运行在虚实一体化经济之中。在现今世界上，不论是哪个国家还是地区，其现实的经济，即现时代的国民经济，都是虚实一体化的经济。由于虚拟经济是为实体经济服务的，是不能单独存在的，因而虚拟经济出现之后，国民经济不能完全是虚拟经济，只能是在原有的完全是实体经济的基础上发展为虚实一体化的国民经济。因此，货币就是现时代虚实一体化经济中最活跃的因子之一。

　　在虚实一体化的国民经济中，除去实体经济，剩下的就是虚拟经济了。现在，人们已经习惯于将不同于实体经济的那一部分国民经济称为虚拟经济，但是，关于到底怎样界定虚拟经济，学界还是有着不太统一的认识。目前，中国经济理论界对于虚拟经济的界定主要有以下五种基本观点。

第一种观点认为，虚拟经济就是证券市场活动。这种观点将所有的证券交易都称为虚拟经济活动。这是一种比较窄的虚拟经济界定观点。

第二种观点认为，虚拟经济是指除物质生产领域以外的一切经济活动，包括体育的产业化、文化艺术领域的商业活动、银行、保险、房地产、教育、广告、其他服务业等内容。这是一种较宽的虚拟经济界定观点。

第三种观点是已故的曾经担任全国人民代表大会常务委员会副委员长的成思危教授的观点，颇具代表性。他认为虚拟经济是指与虚拟资本有关、以金融系统为主要依托的循环的经济活动，简单地讲就是直接以钱生钱的活动。这种观点现在占据主流认识阵地。

第四种观点认为，虚拟经济就是指金融活动，即将虚拟经济等同于金融市场活动，这种观点很流行，特别是为金融界人士所接受。只不过，金融界在接受这种观点的同时，并不将金融活动改称为虚拟经济活动。

第五种观点认为，虚拟经济是一种现代社会劳动分工的表现，是指在实体经济中的货币资本独立运动基础上出现的金融独立运动。这种观点不认为属于实体经济的部分金融活动也为虚拟性的，即认为并非所有的金融活动都是虚拟经济，只有扣除了属于实体经济的部分金融活动之外的金融活动才是虚拟经济。这种观点是最贴近事实的认识，比较准确地划分了实体经济与虚拟经济的各自范围，并且是唯一从社会劳动分工的角度去认识虚拟经济的存在及其作用的。这种观点与主流认识并无冲突，只是认识更为深刻与周全了。本书所采用的就是这种观点。

南开大学的刘骏民教授认为，世界范围的虚拟经济起自20世纪。他指出："在20世纪80年代以后，西方发达资本主义国家开始摆脱凯恩斯主义经济政策，朝着自由资本主义的政策转变。随着国家对经济干预的削弱和对经济管理的放松，金融开始自由地迅速发展。在20世纪60年代末为了回避金融监管而发展起来的金融创新在 80 年代达到了鼎盛时期，新的金融工具不断出现，将虚拟资本的虚拟性推向了一个新的高度，并使资本主义经济运行在全世界范围内更大程度地依赖于金融系统的运行状况，即依赖于国际虚拟资本的运动；同时，资本主义国家的金融资产也迅速膨胀，到 20 世纪 90 年代已经大大超过了其实际 GDP 数倍。这些金融资产，包括货币和庞大的金融证券，在本质上是没有价值的虚拟资本，它们与房地产业、收藏业和博彩业等产业一起形成了现代的虚拟经济，其过度的膨胀造成了资本主义经济的虚拟化。"①

　　成思危教授等认为，现代的虚拟经济具有五个比较显著的特点：一是复杂性。虚拟经济系统是一个复杂的系统，其主要组成成分是自然人和法人（投资者、受资者、金融中介者），他们按照一定的规则在金融市场中开展虚拟的经济活动。虽然每个人都有按照他自己对环境及其发展前景的了解，以及其预定目标来独立进行决策的自由，但每个人的决策又不能不受到其他人的决策的影响。虽然组成成分之间的非线性作用容易使系统产生混沌现象，但由于系统的自组织作用，系统也可以呈现一定的有序性和稳定性。二是介稳性。介稳系统是指远离平衡状态但却能通过与外界进行物质和能量的交换而维持相对稳定的系统，在系统科学中称之为具有耗散结构的系统。这种系统虽能通过自组织作用而达到稳定，但其稳定性很容易被外界的微小扰动所破坏。系统的稳定性被破坏后，系统可能在一定的范围内游动，交替地进入稳定和游动的状态，从宏观上可以认为此系统稳定在一定的范围内，即具有区域稳定性。但有时系统失稳后也可能会产生急剧的变化，甚至造成系统的崩溃。系统崩溃后有可能通过深度的结构调整而恢复介稳状态，也可能走向消亡。虚

---

① 刘骏民：《虚拟经济与实体经济的关系模型》，《经济研究》2004 年第 4 期。

拟经济系统就是一种介稳系统，必须要靠与外界进行资金交换才能维持相对的稳定。三是高风险性。虚拟经济系统的高风险性来自其本身的复杂性与介稳性。虚拟经济系统在具有高风险性的同时，也有带来高收益的可能性。首先是虚拟资本的内在稳定性导致其价格变幻无常，而金融市场交易规模的增大和交易品种的增多使其变得更为复杂；其次是人们对市场及环境变化的预测能力不足，从而较易导致决策上的错误；再次是不少人承受风险的能力有限，在面临巨大的风险时会无所适从，甚至会因正反馈作用而使风险放大；最后是许多人因为追求高收益而甘冒高风险，从而促使各种高风险、高回报的金融创新不断出现，例如利率期货、股票期货、物价指数期货、期权等。四是寄生性。虚拟经济系统与实体经济系统之间存在着密切的联系，虚拟经济系统是在实体经济系统中产生，又依附于实体经济系统的。由于虚拟经济与实体经济之间联系紧密，在实体经济系统中产生的风险，都会传递到虚拟经济系统中，导致其失稳；而虚拟经济系统中的风险，如股票指数大落、房地产价格猛跌、银行呆账猛增、货币大幅贬值等，也会对实体经济造成严重的影响。因此，如果将实体经济系统看成经济系统中的硬件，则可认为虚拟经济系统是经济系统中的软件。五是周期性。虚拟经济系统的演化大体上呈现周期性特征，一般包括实体经济加速增长、经济泡沫开始形成、货币与信用逐步膨胀、各种资产价格普遍上扬、外部扰动造成经济泡沫破灭、各种金融指标急剧下降、人们纷纷抛售实际资产及金融资产、实体经济增长减速或负增长等阶段。但是这种周期性并不是简单的循环往复，而是螺旋式地向前推进。[①]

因此，可以简略地说，在现代经济中，扣除了属于实体经济的部分

① 参见成思危、刘骏民主编《虚拟经济理论与实践》，南开大学出版社，2003。

金融活动之外的金融活动就是虚拟经济。这种从社会劳动分工的角度界定虚拟经济的存在及作用的认识是本研究的基本前提和依据。虽然时至今日经济学界对于虚拟经济的理解还存在一定的分歧，但有一点是肯定的，那就是所有的人都能够认定：虚拟经济是派生经济，是以实体经济的存在及作用为根基的，实体经济中的劳动者创造的终点效用才是满足人类社会生存和发展最终需要的劳动成果。

在虚实一体化的国民经济中，实体经济毫无疑问依然是人类生存必须依靠的物质生产和非物质生产的劳动内容，包括农业、畜牧业、养殖业、采矿业、工业、运输业，商业、银行业的部分业务内容以及除此之外的其他服务业，等等。所以，相比之下，国民经济的主要构成是实体经济，或者说，即使是在现代市场经济很发达的国家或地区，在虚拟经济高度发达时期，人类社会中绝大多数劳动者还是要从事实体经济范围内的劳动。各个国家或地区的经济发展主要是依靠实体经济，各个国家或地区的经济发展水平的提高也主要是表现在实体经济的发展水平的提高上。无论何时，经济学的研究对象都主要是实体经济，这是不会改变的。只是到了现时代，现代经济学的研究不能再仅仅局限于实体经济研究，尤其是在虚拟经济的发展已经对国民经济产生很大影响的时期，经济学的研究必须跳出单纯研究实体经济的框架，必须将包括虚拟经济在内的国民经济作为一个有机的整体进行全新的理论研究。因而，现时代的政治经济学货币理论研究毫无疑问也必须跳出单纯研究实体经济的框架，更是必须将包括虚拟经济在内的国民经济作为一个有机的整体进行全新的货币理论研究。如果在现时代，政治经济学货币理论研究还是单纯研究实体经济中的货币或是单纯研究虚拟经济中的货币，而不是在将虚实经济一体化的国民经济作为一个有机整体的框架内进行货币理论研究，那就将是一种盲人摸象式的研究，难以获得科学的认识。

虚拟性货币

在复杂的虚实经济一体化的现代市场经济条件下，虚拟经济是国民经济运行中最敏感的神经，因此，现代经济学需要高度重视对于虚拟经济的研究，高度重视和积极展开现代市场经济的虚实一体化研究。确切地讲，股票发行市场属于实体经济，股票交易市场属于虚拟经济，所以，对股票市场的理论研究，就是一种经济学的虚实一体化研究。进一步展开说，虚拟经济中的股票交易价格与实体经济中的猪肉价格肯定是密切相关的，因为购买股票和购买猪肉使用的是同一种货币，不论货币币值是否发生变化，它们之间都必然具有紧密的关联性。在越来越多的企业涌入股票市场融资的情况下，事实上我们已不可忽略对于股票交易市场的研究和控制，若一旦发生大量的购买股票的货币被拿去实体经济领域疯狂购买猪肉，或是原本购买猪肉的货币突然被拿去虚拟经济领域购买股票，那结果都不可能不是灾难性的。在复杂的虚实一体化的现代市场经济中，不论是股票交易拉动的整个市场价格上涨，还是猪肉价格调整拉动的整个市场价格上涨，其市场效果都是一样的，如果说哪一方面的影响更大一些，那要看两方面在具体的市场运行中的表现。因而，在复杂的虚实一体化的现代市场经济条件下，如果看到实体经济领域价格发生剧烈波动，就只是调整实体经济领域的价格，那是比较片面的，而开展虚实经济一体化研究的前沿意义也正是体现在这里。现代经济学基础理论研究的成果表明，虚拟经济与实体经济之间是贯通的，是紧密相连的，现在对实体经济中发生的任何问题进行分析，都决不能无视来自虚拟经济领域的影响；同样，现在对虚拟经济中发生的任何问题进行研究，也都决不能无视来自实体经济领域的基础作用。很显然，通用的货币必然地将两个领域连接为一体。

对于虚实经济一体化的已有研究表明，实体经济是基础，国民经济是整体，虚实一体化的现代市场经济中的虚拟经济必须满足实体经济正常运行和健康发展的需要，必须根据实体经济的结构调整和运行方式的转变而进行结构调整和运行方式转变。因此，21 世纪，关于国民经济运行的研究，不论是关于实体经济的研究，还是关于虚拟经济的研究，都必须是虚实经济一体化的研究。由此而言，现时代的政治经济学货币理论研究也必须是虚实经济一体化的研究，绝对不可以脱离虚实经济一体化的时代背景。

　　准确地讲，在现代市场经济条件下，虚实一体化的国民经济的活跃度在很大程度上取决于虚拟经济的活跃度。现代经济学的研究对于国民经济增长的关注只是一个方面，更需要关注研究的是高度发达的证券化的资本市场的兴起及其作用。也就是说，为服务现实经济，现代经济学的研究最重要的是要深入地探讨如何更好地发挥资本市场对于社会资源的配置作用。证券化资本市场的活跃在某种意义上就是虚拟经济的活跃。虚拟经济是对货币的相对独立运行领域作出的概括，而证券化资本市场的活跃则是虚实经济一体化条件下货币相对独立运行的具体表现。新时代的以虚实经济一体化为背景的政治经济学货币理论研究将涉及现代高度发达的证券化资本市场的运行，将对于货币与资本的关系在新的时代背景下作出阐述，将对于货币与证券化资本市场的关系在现代市场经济条件下给出新的经济学理论认识，而这诸多方面都要源于对于货币自身认识的深化。

　　科学的经济学理论研究是对于人类社会经济生活的客观性的抽象的反映，并不是经济学研究者任意想象的作为。自 20 世纪中期爆发新技术革命以来，21 世纪的人类社会已进入前所未有的高科技发展时代，人类劳动的工具已由延展人的肢体作用为主转为延展人的脑力作用为主，人类的生存方式也发生了重大的转变，因而，现代经济学的研究需要跟随着时代的发展而发展，根据社会经济的变化而推进，并不能将对经济学的认识停留在上世纪或上上世纪，刻舟求剑，拒绝进步。虚拟性货币的产生和存在是货币发展史展示的新的事实。"新的事实迫使人们对已往的全部历史作一番新的研究。"① 所以，现时代的政治经济学货币理论研究不仅要依据新的发展了的社会经济对货币给出新的认识，而且还需要对货币的以往历史作一番新的考察。既不能无视虚实经济一体化中货币变化的现实，也不能因循守旧继续保持以往对于货币历史的认识。对于虚拟性货币进行新的政治经济学货币理论研究是必须的，关键就是不能再用原有的货币理论认识和解释虚实经济一体化中的虚拟性货币存在的事实。这也就是说，研究虚拟性货币是研究虚实一体化经济的需要，是研究现时代政治经济学货币理论的需要，是研究货币的历史与现实的需要。现时代的政治经济学对于虚拟性货币的定性研究必将为引领现代经济学虚实一体化经济研究推进提供重要契机。

---

① 《马克思恩格斯选集》第 3 卷，中央编译局译，人民出版社，1972，第 66 页。

—— 第一章 ——

货币与虚拟性货币

虚拟性货币是与实体性货币相对应的概念。这是对于货币范畴的不同以往的一种新的区分。在此之前，即在历史上，还有根据货币的商品价值将货币区分为债务货币与非债务货币，根据货币是否约定与贵金属的兑换比例将货币区分为可兑换货币与不可兑换货币。这不同的区分实际上表现出了不同的时代对于货币认识的不同。现时代的政治经济学对于虚拟性货币的研究是现时代的政治经济学货币基础理论研究的一个重要方面。这一方面的研究必然要涉及货币的本质与职能等货币理论研究的最基本的问题，并必然要对此作出新的探讨和认识。

货币的本质

对于货币本质进行研究是构建货币理论"大厦"需要开展的最基本的研究。目前，已有的货币经济学研究指出："货币形态的发展经历了五个阶段：商品货币、金属货币、代用货币、信用货币、电子货币。因此，关于货币本质的探讨也随之发生变化，未得统一。若货币的定义与本质不能确定，会使货币的外延无限扩大，与之相关的货币职能、货币计量、货币政策等无法妥善解决，一定程度上会造成货币理论的混乱。到目前为止现有的观点主要有货币金属论、货币名目论、货币职能论与货币契约论。"① 但是，关于货币本质的相关观点未得统一的状况，该研究提出："1988 年，美国经济学家罗杰·法默（Roger Farmer）在《经济研究评论》上发表了一篇题为《货币与契约》的论文，从契约角度对货币属性进行了深入的分析。这种货币契约论的思想及观点，得到了国内外诸多经济学家一致的认可。货币契约论认为：货币是一种所有者与市场关于购买权的契约，根本上是所有者相互之间的约定，货币就是这一过程的约定。这一理论能够经受严格证伪和逻辑论证，可以解释所有与货币有关的经济学现象，并被所有的经济学实践所检验，为几百年的货币本质之争划上了句号。"② 这就是说，在以前，关于货币本质的认识是有分歧的，而现在，货币契约论已经解决了这个问题。然而，学术研究的情况果真如此吗？事实上，即使出现了意欲结束货币本质之争的货币契约论，

---

① 孙音编著《货币经济学》，机械工业出版社，2017，第 1 页。
② 孙音编著《货币经济学》，机械工业出版社，2017，第 14 页。

关于货币的本质仍是需要进一步探讨的基础理论问题。

应当明确而肯定地讲，货币契约论对于货币本质的认识是不到位的。货币契约论认为，货币的本质是契约。那么，契约是什么？契约是指社会上或市场中双方或多方共同协议订立的有关合作、买卖、抵押、租赁等关系的文书，形式有无言默认契约、口头合同契约和文字合同契约，订立契约的可以是个人，也可以是组织，包括交易对象、生意伙伴、朋友、亲人、政府、国家、世界组织甚至全人类。对此，必须分清契约的形式与内容。尤其需要明确的是，契约的形式是为契约的内容服务的。契约与契约之间的差别主要是内容而不是形式。因而，即使认定货币是一种无言的契约，货币的本质也不能是契约的形式。而货币作为购买货物、保存财富的媒介，是财产的所有者与市场关于交换权的媒介，其本质应是这种无言契约约定的内容，即信用。"吾以吾之所有予市场，换吾之所需"，货币就是这一过程的信用约定，货币反映的就是市场信用的存在和社会组织信用的存在等经济关系。所以，作为市场交换媒介的货币的本质是信用工具，是通过作为工具来承载契约形式所表达的市场信用或社会组织信用的关系而存在的。事实上，是货币的信用本质决定了它可以有不同的表现形式，比如一般等价物、贵金属货币、银行券、纸币、电子货币等。只有具有信用工具本质的货币才可以用作交易媒介、实现贮藏价值、成为延期支付标准和记账单位。在很长的一个历史时期内，实物货币是专门在物资与服务交换中充当等价物的特殊商品，是市场认定的具有信用关系的物质附属物和符号附属物。实物货币既包括流通货币，尤其是合法的通货，也包括各种储蓄存款。而在现代经济领域，货币只有很小的一部分以实体通货方式存在，即实际应用的大部分是由社会组织信用确定的纸币或硬币，大部分交易使用的是由社会组织信用确定的支票或电子货币。对于货币来说，自古以来，以契约形式确定的内容是信用，没有信用，就不会有货币的产生与存在、货币的流通与发展。契约只是一种外在的形式，契约不可能成为货币的内在本质，成为货币内在本质的只能是构成特定契约的市场信用或社会组织信用内容。货币契约论只是注重契约的外在形式而未能深入认识货币契约的信用工具内容，是没能够做到准确认识货币内在本质的。

信用是指人与人之间（社会组织与社会组织之间、个人与社会组织之间、市场与社会组织之间、市场与个人之间、市场与市场之间以及市场交易者之间）形成的一种建立在相互信任或一致同意基础上的双方或多方共同认可的社会关系或经济关系。信用的产生使人类社会形成了一种人与人之间（社会组织与社会组织之间、个人与社会组织之间、市场与社会组织之间、市场与个人之间、市场与市场之间以及市场交易者之间）可以保持一定程度信任的文明状态。从某种意义上说，人类社会的进步就表现在信用发展的程度提高和范围扩大上，信用属于人类文明的重要组成部分。在现代社会，信用有着非常丰富的内涵，或许是人类对于自身认识中极为复杂的范畴之一。信用从来都不是强迫产生的，而是人们自觉自愿地、心照不宣地追求的一种事物。在市场上，信用常常自行出现，又可能无缘无故地消失；而信用一旦丧失，就会造成一定的损失。货币出现以后，从货币的内在本质来讲，人类社会的信用分为市场信用和国家信用（政府信用或国家信用联盟）。对于市场信用，可以理解为民间信用；对于国家信用，可以理解为最重要的社会组织信用或政治权力信用。市场信用就是在市场上通过长期的交易活动而自发形成的信用，国家信用就是依靠社会组织的力量或政治权力的作用而维护的信用。国家信用至少包括国家对外和国家对内两个方面的信用。货币不论是体现市场信用，还是蕴含国家信用，都是内在地具有信用工具本质的。不具备信用工具本质，不论是贵金属，还是其他物品，都不可能成为货币。

在货币历史上，很长的时期内是由市场信用支撑货币存在的，而近代货币的本质越来越多地反映的是国家信用。

货币金属论将贵金属即金银作为货币的本质，就是没有认识到货币的信用工具本质。货币金属论从历史上货币所承担的价值尺度、贮藏手段和世界货币的职能出发，强调货币只能是贵金属，认为货币必须具有贵金属的内容和价值，货币的价值必须等同于贵金属的价值，除了贵金属之外，没有别的货币。货币金属论产生于封建社会刚刚开始解体、资本主义生产方式在欧洲逐渐形成的历史时期。重商主义学派是货币金属论的典型代表，他们把金银视为唯一的社会财富，认为货币必须是金银，而且必须是足值的金银，反对降低铸币的重量或成色，认为铸币的价值取决于金银本身的价值。货币金属论强调货币具有价值的自然属性，否认货币流通于市场和生产群体之间的社会属性，把货币等同于贵金属，不能理解最初的货币是最初的市场信用发展的结果，更不能理解社会组织信用所能发挥的市场作用。货币金属论是历史上曾有过的金本位制度的产物，尔后随着金本位制度退出历史舞台，这一理论也就逐渐失去了影响力。不过，由于至今货币理论研究仍不到位，目前仍有人热衷于宣传货币金属论，极力主张恢复金币本位，以避免全球的经济危机和通货膨胀。这实际是开历史倒车的行为表现，也是对于货币本质缺少认识和抽象把握能力的真实写照。货币是在人类社会历史中由市场创造出来的，不是自然的产物。从来没有天然的货币，贵金属并不是天然的货币。贵金属成为历史上的货币，是由市场信用决定的。如果缺少市场赋予的信用本质，无论是什么样的贵金属都不能成为货币。金子或银子虽是具备有用性的，但是不能吃也不能喝，对于人的最基本的吃喝的生活需求是没有实际作用的。作为具有一定稀缺性的劳动成果，金银所具有的贵重性是市场赋予的，是由市场交易关系决定的，同时金银也是在市场的长期发展中获得市场信用的。但正是由于金银是人类劳动的成果，具有一定的能够满足社会需要的有用性，它们才能通过实践的筛选得到社会的认可，获取了一定历史时期的市场信用，具有了信用的本质，才成为人类社会至今仍认可的货币。而如果金银不具有相应的信用工具本质，那么金银就只是金银，不会是货币。这也就是说，金银成为货币，或者说能够承担货币职能，是因为其具有商品属性并具有天然属性，可以在一定历史时期内相对便捷地起到信用工具的作用，并不仅仅是因为其属于用来交换的劳动成果。

作为与货币金属论相对立的货币理论，货币名目论否定货币具有实质价值，否定货币必须是金银等劳动成果，认为货币只是一种符号，一种名目上的存在。货币名目论认为重要之处不在于货币的金属内容，而在于货币的票面价格，货币只是由国家规定的符号，是一种票券，只在名目上存在。货币名目论是在 18 世纪早期与货币金属论的斗争中发展起来的。当时，持货币金属论的重商主义者认为，只要更多地取得和积累货币，国家就能富庶。因而他们竭力主张禁止金属货币输出，阻止外国商品的输入，他们甚至不惜将本国的生活必需品也大量出口国外，以换取金属货币，结果造成国内金属货币泛滥，产品枯竭，物价上涨，民不聊生。面对这种情况，人们纷纷指责重商主义。其中，最有力的抨击莫过于从根本上否定重商主义的理论基础——货币财富观。于是，在欧洲英、法等国家产生了以主张货币不是财富为中心内容的货币名目论。当时，奥匈帝国停止了银币的自由铸造，流通领域出现了不兑现纸币与银币同时存在的局面，而且没有实质价值的纸币反而比具有实质价值的银币还受青睐。甚至在改行金本位制后，人们仍然偏爱纸币，金币只能储存在中央银行。第一次世界大战以后德国为了努力摆脱黄金束缚也大谈货币是价值符号的理论。

货币名目论可按其主张的不同区分为货币国定说、货币职能说、货币票券说和货币抽象说。货币国定说是从国家法律和行政力量的角度来阐述货币的本质。18 世纪的英国经济学家尼古拉斯·巴本提出货币是国家创造的，铸币因国家的权威而具有价值。他特别强调，货币是由国家创造的，其价值是由国家的权威所决定的。铸币上的印鉴，并非铸币的重量和成色的证明，而只是铸币价值的指令。只是，到了国外，货币才按照它所含金属的重量来评价，因国家的权威指令已不再能发挥效力。后来，英国经济学家斯图亚特也主张国家可对货币赋予名义价值。到了帝国主义初期，德国经济学家克纳普进一步认为，货币是法制的产物，是国家政权的创造物，因而真正的货币是纸币。他极力反对货币金属论，认为货币金属论只能说明金属是足值货币，却不能说明其他的货币种类。总之，货币国定说认为，纸币本身并不具有内在价值和使用价值，它的购买力和支付能力完全由国家法律予以规定。

货币职能说认为货币是从商品发展而来的，但货币产生以后便逐渐从商品中、从币材的价值中独立出来，货币的价值不是币材实体的价值，而是其发挥作用的职能价值。货币职能说强调货币的职能，尤其是流通手段和价值尺度职能，并根据货币的职能来说明货币的本质。根据这一学说，货币的价值不取决于其本身的内在价值，而取决于其发挥作用时的职能价值。货币并不是因为有价值才流通，而是因为能流通和支付才有价值。纸币虽然本身没有价值，但它能够履行货币的基本职能，因此成为货币。在货币职能说中，有人认为，货币不过是一种符号，一种计量单位，金、银、纸币都只是用来计算、记载和监督价值比例的记号或符号，因而这种符号用什么做成，是无关紧要的。

货币票券说也称货币符号说。法国政治哲学家孟德斯鸠认为，货币本身并没有内在价值，它是表示一切商品价值的符号，如同银币是表示商品价值的符号一样，纸币是表示银币价值的符号。纸币是一种票据，它能毫无差异地代表银币。这位货币符号说的代表人物始终认为，货币只是与商品和劳务相关的债权或索取权的标记和凭证，是其所有者用来换取任何商品的一种票券，是使交换得以实现的一种计算单位和计算符号。他甚至认为具有实质价值的金属货币也是表示商品价值的符号，而商品则是表示金属货币价值的符号。

货币抽象说将货币单位看作抽象的价值计算单位，并以此来抽象决定商品的相对价值。货币抽象说强调，币材是黄金还是纸，无关紧要，只要有英镑或美元的名称，充当抽象的价值计算单位就行。

实际上，虽然货币名目论的货币国定说、货币职能说、货币票券说和货币抽象说的说法是有差别的，但内涵都是一样的，都是没有认识到和把握住货币的信用工具本质。同货币金属论一样，货币名目论也是只看到了货币的表象，而没有能够深入地对货币的本质作出准确的分析。货币名目论的错误并不在于否认货币的商品性质，否定金银充当货币的历史和现实，而在于只强调货币的符号性，忽略了这种符号所具有的信用内涵。虽然，有商品才有充当一般等价物的特殊商品，有充当一般等价物的特殊商品才有作为贵金属的金银货币，有金银货币才有后来可以代替金银的纸币，但是，贯穿货币历史的是信用，货币历史是各个时期信用关系在货币形式上的体现。正是有了信用（市场信用），在一定的历史时期内，世界市场才认同了金属货币，即认同金银是具有信用的。到了纸币时代，正是由于有了国家信用，各个国家的非商品性货币才可以通行。国家信用当然不同于市场信用，但信用的基本含义未变。只有被赋予信用，充当一般等价物的特殊商品才会成为货币，或者说，那时的货币就是具有信用工具本质的，作为一般等价物的特殊商品只是那时货币的表现形式。同样，正是有了信用（市场信用），作为贵金属的金银商品才会成为货币，或者说，金属货币必然是具有信用工具本质的，而且金银货币只是一定历史时期内货币的普遍表现形式。货币的信用工具本质始终是未变的。事实上，只能客观地说，现代货币包括纸币和电子货币更符合货币的本质要求，更明确地体现了货币的信用工具本质。

货币金属论和货币名目论两种理论都是片面的，都是从货币的个别职能去认识货币的本质，抓住货币的一个侧面论述货币的本质。货币金属论和货币名目论都受到货币形式的干扰，并企图从货币的形式出发来定义货币的本质，因而无法给出完整统一的货币定义。事实上，货币的形式是发展变化的，而货币的本质是不变的。从形式上讲，货币可以具有商品性，也可以不具有商品性。电子货币的商品价值几乎为0，纸币接近于0，硬币和铜板的商品价值略高，金银等贵金属货币的商品价值更高。然而，不具有商品性的电子货币同样是货币，就现代社会来说还是比贵金属货币更好的货币。从本质上讲，货币必须有信用工具的内涵。货币不是契约的产物，而是信用工具。最初的货币信用来自市场信用，当市场信用稳定时，不论是铜板，还是金银，货币都是稳定的。而现代的纸币和电子货币的信用来自国家信用，这是人类社会发展中的信用发展的结果。

1974年，诺贝尔经济学奖获得者、经济学家哈耶克提出"货币的非国家化"观点，轰动了整个世界。但他的这一主张只是强调了市场信用的重要性，直接对国家信用采取了排斥的态度。作为始终推崇市场竞争的经济学家，哈耶克提出货币也要进入市场竞争并不奇怪，令人奇怪的是他没有看到信用的发展，甚至没有看到信用的发展是社会经济发展的必然趋势。如果能够确定国家信用也是历史发展的产物，国家信用也有一个由不成熟到成熟的发展过程，在现代社会中国家信用已经是不可缺少的经济元素，相信这位已故的经济学家在生前论述货币的本质时只是认可市场信用的工具作用。

货币的基本职能

　　货币的信用工具本质具体体现为货币的职能。长久以来，依据马克思主义政治经济学的经典著作，学者一般认为，现代货币都具有价值尺度、流通手段、贮藏手段、支付手段和世界货币五大职能。在《资本论》中，马克思说："为了简单起见，我在本书各处都假定金是货币商品。金的第一个职能是为商品世界提供表现价值的材料，或者说，是把商品价值表现为同名的量，使它们在质的方面相同，在量的方面可以比较。因此，金执行一般的价值尺度的职能，并且首先只是由于这个职能，金这个特殊的等价商品才成为货币。"[1] 这就是说，按照马克思的界定，价值尺度是货币的第一个职能。因而，过去的货币理论强调，货币首先是作为价值尺度而存在的，货币先要表示商品有没有价值、有多少价值，然后才能作为流通手段兑现商品的价值，并且由此才能作为贮藏手段和支付手段存在，然后才可以作为国与国之间开展贸易所使用的世界货币存在。然而，经过长期的社会实践和理论思考，在 21 世纪的今天，货币具有流通手段、贮藏手段、支付手段和世界货币的职能基本上是可以确认的，只是货币具有价值尺度这个最基本职能的传统观点是值得商榷的。因为传统的货币理论对于货币第一个职能的认识不到位，而且政治经济学初创时期对于货币本质和市场交易中货币作用的认识较为粗浅，甚至存在曲解。因此，现在迫切需要对货币的第一个职能予以重新认识。

---

　　[1]　马克思：《资本论》第 1 卷，中央编译局译，人民出版社，1975，第 112 页。

　　说价值尺度是货币用来衡量和表现商品价值的一种最基本、最重要的职能，根据在于，如同衡量物品长度的尺子本身就有长度、称东西重量的砝码本身就有重量一样，衡量商品价值的货币本身也要有价值，货币就如同尺子和砝码一样，应该被用来衡量商品价值。这就是说，需要用货币把各种商品的价值都表现为一定的货币量，以此表明所有的商品的价值在质的方面相同，在量的方面可以比较。但是，这并不能成为货币具有价值尺度职能的理由，最简单地讲，各种商品并不是由于有了货币才具有价值，才可以互相比较价值；再说，货币与有价值的商品毕竟是两回事，一个是用于交换的媒介，一个是用于交换的劳动成果。这与尺子和砝码的作用是完全不同的，不可以将货币比作尺子和砝码。更重要的是，经济学的研究需要更深入地探讨几个问题：自从货币产生以来，货币最先表示的是商品的价值吗？如果不是，货币又如何能够具有价值尺度的职能？而且，对于价值又应当如何认识呢？目前，在学术界，价值可以说是一个用得最广泛甚至已经泛滥的范畴。按照认定货币具有价值尺度职能的政治经济学研究者的劳动价值论的解释，价值是人类无差别劳动作用的凝结。由此而言，价值是表现劳动作用凝结的范畴。人类的生存需要劳动，当然也需要有相当量的劳动作用的凝结，即价值的创造。但是，更准确地讲，人类的生存需要劳动，更直接地表现为需要劳动成果，如果没有劳动成果，人类的劳动就是无用的劳动，就是没有任何意义的劳动、没有任何价值创造的劳动。价值必然是在劳动成果具有使用价值的前提下存在的。从根本上讲，人类是依靠劳动创造的劳动成果的作用生存，而不是直接依靠创造劳动成果的劳动作用生存。况且，如果没有劳动成果，没有表示有用性的劳动成果的存在，没有具有使用价值的劳动成果的存在，劳动作用也是无法凝结的，即价值也是无法存在的。所以，需要分清劳动作用与劳动成果作用，需要真正明确人类的生存需要通过劳动获取劳动成果，需要依靠劳动成果作用生存。价值只体现劳动作用的凝结，并不体现凝结劳动作用的劳动成果作用。那么，货币到底是体现劳动作用的凝结，还是体现社会对于劳动成果作用的评价呢？更进一步地讲，人们进行市场交换，抽象地说可以是价值交换，因为交换物具有使用价值就必然具有价值，而真实的具体的表现就是相互交换劳动成果，毫无疑问人类生存需要的是劳动成果作用。货币就是在这种具体的交换中产生并起到媒介作用，使人类社会的经济生活得以走出只能物物直接交换的发展阶段。对于任何经济学家来说都不可否认的是，具体的市场交换是按价格交换，尽管价格以价值为基础，但毕竟货币直接表现的是价格而不是价值，所谓的市场等价交换原则，还有市场上的讨价还价，实际肯定都是等价格交换，实际肯定是买卖双方针对价格进行商讨。拥有货币的交易者，付出多少货币，就可以等价格地得到多少商品。所以，客观地认识人类社会的经济史和货币史，实事求是地讲，货币的第一个职能只能是价格标志，而不是价值尺度。在政治经济学研究中，价格与价值是不同的范畴，决不能将价格与价值等同。价格是社会对于商品使用价值，即用于交换的、不同的、具体的、有用的劳动成果作用的评价，而价值则是人类无差别劳动作用的凝结。没有劳动作用当然是没有劳动成果的，所以，价格要以价值为基础。但是，毕竟劳动成果作用不同于劳动作用，除非劳动是劳务劳动，劳动成果就是劳务劳动过程。因而，严格地讲，价格并不同于价值，即使是劳务劳动，价格也是表示对于劳动成果作用的评价，并不是直接表示价值的。这也就是说，价值是价格的基础，但基础并不等于是真实交换的劳动成果的标的物，即价格并不等同于价格的基础。货币表现的是价格，价格是社会对于劳动成果作用即劳动成果使用价值的评价，这种价格的表现是不同于创造劳动成果的劳动作用的凝结的。因而，无可争议的是，作为交换的媒介，用货币表示的是价格，而不是价值，这是千真万确的，是不能混淆的，即货币表示的不是价格的基础——劳动作用的凝结（价值），而只是各种用于交换的劳动成果的价格。由此而言，货币的第一个职能只与价格有关而与价值无关，货币在市场交易中实际上只表示的是价格，即社会对劳动成果作用的评价，并不直接涉及对劳动作用的衡量和抽象。这就是说，货币的第一个职能，必然只能是价格标志，而不可能是价值尺度。

货币的产生具有悠久的历史。自货币产生以后，一切进入市场的商品的价格都由货币表现，商品价格直接表现为货币的数量。用于交换的商品的价值是看不见、摸不到的，在市场上能够看到的只是用于交换的商品的价格。在商品交换的市场中，最初的货币作为一般等价物商品，可以表现任何进入交换市场的商品的价格。作为商品的价格标志，货币并不能外在地表现商品的价值，各种商品的价值也不能都表现为一定量的货币，人们可以看见的是生产的成本付出，看不见的是劳动作用，即价值在劳动成果中的凝结。从人类生存的根本需要出发，货币自诞生之日起就执行了表示商品的市场交换价格的职能。而最初的货币之所以能够执行价格标志的职能，是因为最初的货币具有市场信用，即进入市场的交换者都认可的信用，并不因为最初的货币本身也是商品。所以，货币的职能是与货币的本质信用有关，而与劳动作用的凝结即价值无关，历史与现实中的货币都只能是执行最基本的价格标志的职能。

区分劳动作用与劳动成果作用，区分劳动作用的凝结与对劳动成果作用的评价，才能区分价值与使用价值，才能明确市场以货币为媒介直接交换的是劳动成果，才能明确货币直接表现的是用于交换的劳动成果的价格而不是价值。传统的货币理论认为，商品交换的依据是价值，这是与事实不符的。事实上，有史以来，商品交换的依据就是价格，货币表现的就是价格,价格就是市场对于用于交换的劳动成果有用性的社会评价,创造劳动成果的劳动作用当然可以作为制定价格的参考依据,并且可以由此对生产作出调节,但是市场交换依据的是价格,这是毫无疑问的。只有将价值与价格相混淆,或者说将劳动作用与劳动成果作用相混淆,将价值等同于价格,才会将货币的第一个职能确定为价值尺度。凡是尊重事实的考察,都会客观地清楚地认识到人类的生存需要的是劳动成果作用,市场交换的是具有使用价值和价值的劳动成果,市场交换使用的媒介是货币,货币是市场交换的价格标志,价格是社会作出的对于用于交换的劳动成果作用的评价,这一评价与劳动作用的凝结有联系但更有区别。货币的第一个职能就体现在这种区别上,即货币只能表现价格,而不会作为表现价值的尺度存在。

在货币发展的历史上,曾经有过金、银、铜都为货币的货币复本位制,以金或银的一定数量作为货币表现出来的就是用于市场交换的商品的价格。对此,可以说价值是价格的基础,但不可以说价格是价值的货币表现。如果一定要说价格是价值的货币表现,那么,就是对价值与价格的混淆或等同,也是对于货币的作用和职能的误解。货币只能表示价格,不具有作为价值尺度的职能,不可能用价格表现价值。根据就是价值与价格不同,价值是人类无差别劳动作用的凝结,而价格则是社会对于用于交换的商品使用价值即具有不同的有用性的劳动成果作用的评价。不管货币是金还是银,都只能表现为用于交换商品的价格。但用金表示的价格一般称为金价格,用银表示的价格一般称为银价格。于是,在货币复本位制下,用于交换的商品可能会有两种或者多种不同的货币价格。这样的用不同的货币表示用于交换的商品的价格,极有可能会造成一定的市场混乱。实践表明,即使可以有多种货币存在,但最好还是统一以一种货币标价,以更好地体现货币的第一个职能即价格标志。

虚拟性货币

现代货币是信用货币，即基本上各个国家发行的主权货币都是以国家信用为基础的信用货币。信用货币与商品货币不同，商品货币本身具有一定的商品使用价值并因此含有一定的价值量，而信用货币除了作为市场交易的媒介之外不再具有商品性的使用价值因而也不含有任何的价值量。信用货币只有自身的制作成本，只是货币，不是商品，更不是特殊商品。与信用货币相比，商品货币因具有商品使用价值而带有一定的价值含量，只表现为货币的初始形态，其带有的价值并不属于货币的本质要求，商品货币的本质同信用货币的本质都是一样的，都是作为市场交易媒介的信用工具，只不过，商品货币的信用基础是市场信用，而信用货币的信用基础是国家信用。信用货币是货币发展的现代形态，是与现代经济高度发达相对应的货币表现。但不论货币怎样发展，即不论货币随着经济的发展进入什么样的发展阶段，货币的本质都是不变的，货币都是表现市场交易价格的，而不是直接表示商品价值的。这就是说，同商品货币一样，信用货币即货币的现代形态，第一个职能是价格标志，是表现商品即用于交换的劳动成果的价格的。由于现代社会的经济形态已经是高度发达的市场经济形态，所以，现代的信用货币不仅要表现商品交换市场的市场交换价格，而且要表现生产要素市场的市场契约价格。如果到了现代高度发达的市场经济时期，面对自古以来真实的商品交换市场实施的等价格交换以及市场经济条件下用货币表现的市场契约价格，还要坚持货币的第一个职能是价值尺度，那或许可以说是缺少最基本的科学研究态度和思想认识创新，对于货币职能的研究还停留在学科初创时期，对于价值与价格、货币本质与市场交易的界定还存在着一定的认识模糊与混乱。现在是 21 世纪了，现代的政治经济学的货币理论研究应该认识到，学科初创时期对于货币第一个职能的认识是不符合社会经济生活基本事实的，自古至今，不论货币自身有没有价值，货币在市场交易中都是表现价格的，都是用来作为等价格交换的市场交易媒介的，所以，必然地，具有悠久历史的商品货币的第一个职能是价格标志，现代经济社会用途更加广泛且形态更为多样的信用货币的第一个职能毫无疑问依然也是价格标志。

货币是商品市场交换的媒介，也是市场契约交易的媒介。在货币发展史中，货币除了首先具有价格标志的职能之外，第二个职能就是作为流通手段的职能。货币的价格标志的职能是其作为流通手段职能的前提，而货币的流通手段职能又是货币具有的价格标志职能的延伸。由于货币充当的是商品市场交换的媒介，所以，交换的商品的流通相应地需要货币随之流通。作为流通手段，货币在流通过程中，不断地在市场交易中实现商品的价格。商品经过市场交换以后，一般要离开流通领域进入消费领域或使用的阶段。但货币作为一种流通手段，可以有一部分始终停留在流通领域，不断地从一些交易者手中转移到另一些交易者手中。这种随着商品的交换而不断地出现的货币转手形成了货币的市场流通。货币的市场流通必然是以商品的流通为基础的，表现为商品流通对于交换媒介的需要。由于货币是特定的流通手段，市场需要有同商品交易量相适应的一定数量的货币。一般认为，一定范围一定时期内的商品流通所需要的货币量由市场上的商品价格总额和货币流通的平均速度共同决定。一定范围一定时期内商品流通所需要的货币量同商品价格总额成正比：商品价格总额大，流通中所需要的货币量便相应地多；商品价格总额小，流通中所需要的货币量便相应地少。一定范围一定时期内流通中所需要的货币量同货币流通速度成反比：一般情况下货币流通速度快，相应的流通中所需要的货币量就少；而一旦货币流通速度变慢，流通中所需要的货币量就会相应地增多。所以，在一定范围一定时期内，商品流通所需要的货币量，等于这些商品以货币为标志的价格总额除以同一单位货币流通的平均速度。不过，在市场经济条件下，不光是商品的市场交换需要货币，市场的契约交易也需要货币。因而，市场对于货币的需要量，实际包括市场契约交易需要的货币量；市场上流通的货币量实际包括货币在契约交易市场上的流通量；货币的流通手段职能不仅为商品交换市场服务，同时也为契约交易市场服务。

货币除了具有价格标志职能和流通手段职能之外，还有作为贮藏手段、支付手段和世界货币的职能。在一般的商品的使用价值无法保存或无法长期保存的前提下，有一部分货币会退出流通领域充当可以获取相应商品的媒介而储存起来，这便是货币的贮藏手段职能。作为价格标志的货币具有贮藏手段的职能，最根本的原因在于货币的信用工具本质，货币或有市场信用，或有国家信用，因此可以用来换取一切商品，这使得一部分货币的贮藏变得非常必要。货币具有的贮藏手段的职能，也是随着人类社会经济生活的不断发展而相应发展的。在商品经济出现的初期，就有一些人就把自己的产品换成相应的货币保存起来，贮藏金银货币当时被看成家境富裕的象征，是货币发展初期一种朴素的货币贮藏形式。后来，随着社会经济的发展，有一部分商品生产者需要不断地买进生产资料和生活资料，但他们生产和卖掉自己的商品要花费很长的时间，并且对能否顺利卖掉也没有十足的把握，于是，他们为了生产不中断，就把以前出卖商品所得的货币贮藏起来，以便满足后续的生产需要。这就形成了当时商品生产者自发的货币贮藏。再后来，随着社会经济的发展，在市场之中，货币的权力日益增大，几乎所有的人类劳动成果都可以用货币购买，货币的应用扩展到一切经济领域，这时，占有更多的货币，就意味着拥有更大的经济权力，这促使人们贮藏货币的欲望越来越强烈，形成一种经济社会权力扩张导致的货币贮藏。近代以来，货币的贮藏方式很少是个人或家庭自己隐秘地存放，最基本的方式是贮藏者将货币存入银行。只要银行愿意，存入银行的可以是各种类型的货币。贮藏的货币，可以在一定程度上影响货币的流通量，对于流通中的货币量具有调节作用。

货币具有的支付手段的职能也是随着社会经济发展的实际需要的变化而形成的。在商品经济发展的初期，所有的市场交易都是按照交易价格马上兑付货币的。然而，后来出现的赊购赊销改变了交易方式，商品的购买者在购买商品时可以不使用货币进行交易，商品的销售者也可以在商品销售时不收取货币完成交易，作为交换媒介的货币的使用产生了一个滞后期，即市场的交易在确定价格后购买者可以延时支付货币，这就形成了货币的支付手段职能。这也就是说，货币的支付手段职能，产生于市场上出现的赊购赊销。赊购赊销不需要交货时使用货币，一直到约定的交款日期，货币才执行支付手段的职能并被支付给对方。后来，这种交易方式慢慢扩展到商品流通领域之外，在信用相对发达的社会里，已经成为比较普遍的市场交易方式。尤其是在现代供应链金融高度发达的情况下，货币的支付手段职能更是得到了广泛利用。货币具有的支付手段职能，可以在一定程度上减少商品流通中所需要的实际货币量，减少一部分货币供应，并能够更好地促进市场经济的发展。当然，货币执行支付手段职能时，市场交易必须保持稳定有序，社会必须认真维护商业信用，不能出现到期拖延支付的问题，造成社会信用危机。这是需要高度重视的问题，因为一旦发生支付的信用危机，社会经济便会遭受相应的损失。

货币在世界交易市场上流通时执行的是世界货币的职能。由于商品贸易和金融活动的发展和活跃，有很多国家的货币的使用超出本国的流通范围，进入世界贸易和金融市场发挥既定的市场作用，由此，这些货币便具有了世界货币的职能。作为世界货币的货币在过去必须是足值的金和银，而且必须不带本国铸币的地域性特征，以纯金块、纯银块的形式出现。但是，现在情况不同了，只要保持相对认可的国际汇率，即使不是各个国家的货币都可以成为世界货币，至少也可以有少数国家的货币能够成为世界货币。世界货币的具体职能作用是：可在世界贸易市场按照一定的价格购买商品、服务、技术等，可用来偿付国际债务，可作为转移国际财富的手段。随着经济全球化的影响日益扩大，未来世界货币将发挥出越来越大的市场作用，成为国际金融市场中的重要工具。而且，随着数字化主权货币的出现，未来的世界货币也会走向数字化。这要求对于现代货币职能的研究更大力度地关注世界货币这一货币职能所面临的更具体的现实问题。

货币的时代变革

传统的货币理论认为，货币是固定地充当一般等价物的特殊商品。而商品则是用于交换的劳动产品。货币是特殊商品，那就也是商品，也是劳动产品。对货币作出这样的描述和界定，确切地说，是过去对于实体性货币的基本认识，即这样的描述和界定反映了货币的实体性存在而非货币的信用工具本质。从历史渊源来讲，货币的起源是实体性货币的起源。起源时的货币的实体性就是指当时的货币具有的物质产品的性质，当时的货币是物质生产劳动的产品。

金银等贵金属是实体性货币，贝壳、铜钱等也曾经是实体性货币，后来出现的银票、具有含金量的纸币也都属于实体性货币。如果说，实体性货币是商品经济发展的必然产物，那么，也可以说，实体性货币是在实体经济发展中产生和发展的，实体性货币是实体经济发展的必然产物。在实体经济发展的漫长的历史进程中，实体性货币发挥出重要的市场媒介作用，实体性货币的自身表现形式也发生了重大的变化。实体性货币的发展与实体经济的发展相对应，实体性货币是在实体经济中固定地充当一般等价物的特殊商品。

在实体经济发展的时代，经济学界对于货币的研究，更强调其商品性，而不是其实体性。但事实上，在那个时代，货币的实体性与货币的商品性是一致的，货币的实体性是包含在货币的商品性之中的。马克思认为，商品的流通与货币的流通是相对应的，他指出："在一个国家里，每天都发生大量的、同时发生的、因而在空间上并行的单方面的商品形态变化，换句话说，一方面单是卖，另一方面单是买。商品在自己的价格上已经等于一定的想象的货币量。因为这里所考察的直接的流通形式总是使商品和货币作为物体彼此对立着，商品在卖的一极，货币在买的一极，所以，商品世界的流通过程所需要的流通手段量，已经由商品的价格总额决定了。事实上，货币不过是把已经在商品价格总额中观念性地表现出来的金额实在地表现出来。因此，这两个数额相等是不言而喻的。但是我们知道，在商品价值不变的情况下，商品的价格会同金（货币材料）本身的价值一起变动，金的价值降低，商品的价格会相应地提高；金的价值提高，商品的价格会相应地降低。随着商品价格总额这样增加或减少，流通的货币量必须以同一程度增加或减少。"[1]

实体性货币，特别是在金银时代，是有窖藏现象的。学界的研究认为，货币窖藏是"原始的货币贮藏形式。货币是一般等价物，可以换成任何一种商品。货币的这种特点，使它可以被人们当作一般社会财富贮

---

[1]　马克思：《资本论》第 1 卷，中央编译局译，人民出版社，1975，第 136 页。

藏起来。在自给自足生产方式占主导地位的社会中，由于商品交换和银行制度不发达，更由于人们没有货币的时间价值观念，只能把多余的货币（金或银）作为财富埋入地下或藏入地窖。这是一种朴素的货币贮藏形式"①。从今天来讲，能够窖藏，恐怕也是实体性货币曾经有过的突出特征。

更需要明确的是人们使用实体性货币的时代背景。虽然，商品经济起源于原始社会末期，并一直延续到资本主义社会初期，但商品经济的存在时期，历史地看，主要是奴隶社会和封建社会时期，即人类社会历史上以游牧经济和农业经济为主的时期。在游牧经济和农业经济中，商品交换对象主要是畜产品和农产品，实体性货币主要是为畜产品和农产品的交换充当媒介，发挥货币作为一般等价物的职能作用。对于游牧者来说，他们生产了畜产品，需要卖出一部分畜产品，换取实体性货币，然后，用实体性货币购买他们需要的农产品或其他商品。对于农业者来说，他们生产了农产品，需要卖出一部分农产品，换取实体性货币，然后，用实体性货币购买他们需要的畜产品或其他商品。不论是游牧者，还是农业者，他们的商品交换都是极其简单的，游牧者那时主要卖的是皮毛，农业者那时主要卖的是粮食。不论是游牧者，还是农业者，他们对于货币的需要都是极其明确的，游牧者那时需要货币主要是为了买粮食，农业者那时需要货币主要是为了购买不能自给自足的非农产品。在游牧经济和农业经济发展的几千年的历史进程中，实体性货币的存在及其作用就是如此简单而明确的。其时，实体性货币对于畜产品和农产品的购买力都是相对很强的，即以少许的金银就可以购买很多的畜产品和

① 中国社会科学院经济研究所编《现代经济辞典》，凤凰出版社、江苏人民出版社，2004，第456页。

22

农产品，充分体现了货币作为一般等价物的特殊作用。在极为简单的商品交换中，事实上，实体性货币历史地起到了极为不简单的作用，它方便了交换，有利于生产发展。概括地讲，金银作为实体性货币，是历史上以游牧经济和农业经济为主的时期适用的一般等价物，是在几千年中普遍流通的货币，这种实体性货币不仅在世界上的各个国家都一样地使用，而且，在世界范围内是一样地流通的，没有哪一个国家或地区拒绝使用这种实体性货币。即使是进入了资本主义社会初期，具有含金量的纸币取代了金银，这种实体性货币的性质和作用也未发生根本性的变化，纸币依然起到贵金属货币的作用，依然保持着实体性货币明显的商品性。

实体性货币的使用也是与社会经济总量相对较小、世界人口总量相对较少的历史时代相对应的。在人类社会游牧经济和农业经济发展时期，世界人口几千年来都处于缓慢增长的状态。世界人口少，并且生产力发展水平低，整个人类社会的经济总量便较小，相应地，使用货币的人相对较少，使用货币的量相对不大。这也就是说，世界的金银是有限的，在世界人口总量相对较少的时代金银实际是可以作为货币使用的，但不可能无限地供不断增多的在地球上生活的人作为货币使用。基本的事实是，至 1650 年，全世界人口只有 4.7 亿。因而，在 1650 年之前，金银作为货币，仅仅是供包括儿童在内的 4.7 亿以下的人口使用。至 1750 年，全世界人口达到 7.28 亿。至 1800 年，全世界人口为 10 亿左右，但相比现在也还不是很多。这意味着，直到 19 世纪初，全世界使用货币的人口仍尚未超过 10 亿。只是，这相比 1650 年的世界人口，已经增长了 1 倍多，即短短的 150 年后需要使用货币的人口数量便翻了一番。稀有的金银是此前数千年的主要货币形式，在世界人口缓慢增长的这几千年中，这种实体性货币的作用得到了充分的发挥。而近代以来，由于人口死亡率不断下降，世界人口增长速度逐渐地加快。1930 年全世界人口增长到 20 亿，1960 年又增至 30 亿，1974 年超过了 40 亿。1987 年全世界人口已突破 50 亿。1999 年全世界人口突破 60 亿。截至 2005 年 6 月，世界人口已达到 64.77 亿。这时的金银早已退出货币市场。世界人口的快速增长，19 世纪主要发生在工业革命初期的欧洲国家，第二次世界大战以后则主要出现在大多数的发展中国家。随着世界人口的迅猛增长，世界经济总量也迅速地膨胀，相应地，世界需要的货币总量也急剧地增加，金银之类的实体性货币根本无法满足迅猛增长的人口需要，即世界人口的迅速增长"逼迫"充当一般等价物商品的货币的形式发生根本性的变化，由此实体性货币退出历史舞台在这种情况下就成为一种必然的趋势。

在第二次世界大战之后新技术革命之前，全世界范围内建立了以趋向于退出历史的实体性货币为基础的布雷顿森林体系。这一以美元为中心的国际货币体系"是根据 1944 年 7 月在美国新罕布尔州布雷顿森林举行的联合国货币金融会议通过的《国际货币基金协定》而形成的，故名。该体系的主要内容是：（1）以黄金为基础，以美元为最主要的国际储备货币。美元直接与黄金挂钩即各国确认 1934 年 1 月美国规定的 35 美元等于 1 盎司黄金的官价，各国政府和中央银行可用美元按官价向美国兑换黄金。其他国家货币则与美元挂钩，把美元的含金量作为各国规定货币平价的标准。各国货币与美元的汇率可按各国货币的含金量来确定，或者不规定含金量而是只规定与美元的比价。（2）实行固定汇率制。《国际货币基金协定》规定：各国货币对美元的汇率，一般只能在平价上下 1% 的幅度内波动，各国政府有义务在外汇市场上进行干预活动；平价变动幅度如超过 10% 时，须得到基金组织的同意。这样，各国货币便通过固定汇率与美元联结在一起，美元就成了资本主义各国货币的中心。同时，国际货币基金组织是这一体系正常运转的中心机构，它具有管理、信贷和协调三方面的职能"①。

到了 20 世纪 60 年代，随着美元频频发生危机，美国的黄金大量外流，布雷顿森林体系的运转产生了很大的困难。这种困境一直延续到 20 世纪 70 年代，这时美国已经无力保证美元按既定的官价兑换黄金，于是该体系于 1971 年被美国尼克松政府宣告结束，即美国要求各国停止用美元兑换美国的黄金。而当美国作出这一决定之后，各国货币之间的固定汇率就难以为继了，并迅速被各国的浮动汇率所取代。至此，从维护国际货币正常运行的角度讲，布雷顿森林体系实际上已经崩溃了，它的历史使命基本上结束了。

布雷顿森林体系的建立，从货币的性质和作用讲，应该说是人类社会进入了一个由使用实体性货币向使用虚拟性货币转化的过渡时期。布雷顿森林体系的崩溃并非布雷顿森林体系本身存在多么大的问题，而是人类社会经济已经不能再依靠实体性货币进行市场交易所导致的。就货币的发展而言，实体性货币必然要向虚拟性货币转化。因此，布雷顿森林体系的崩溃，实际是实体性货币退出历史舞台的一个明显而确定的标志。

准确地讲，自布雷顿森林体系崩溃之后，人类社会经济的发展就进入了以使用虚拟性货币为主的新的历史时期。虚拟性货币不同于实体性货币，虚拟性货币是不具有相对购买力价值的货币，是纯粹的信用货币，是最贴近货币信用工具本质的依靠国家信用发行的货币，是只起交换媒介作用的货币。虚拟性货币的自身价值仅仅是自身的制作费用，因而，严格地讲，虚拟性货币已不是充当一般等价物的特殊商品，而是现代社会中充当一般等价物的信用工具。货币由实体性的转化为虚拟性的，是

---

① 刘凤岐主编《当代西方经济学辞典》，山西人民出版社，1988，第 270 页。

货币的虚拟化过程，是现代经济的突出特征，是需要现代经济学货币理论研究者深入研究和创新的。南开大学虚拟经济与管理研究中心刘骏民教授等人认为："货币虚拟化是指货币逐步摆脱了自身具有的价值，向完全作为虚拟化了的价值符号发展的过程。从人们发现不足值的金属铸币可以代替足值的货币流通时起，货币就开始了它的虚拟化过程；从信用货币的出现到法币的发行，货币虚拟化的程度不断加深；再到布雷顿森林体系崩溃后的黄金非货币化完成，货币被彻底虚拟化了。货币虚拟化的过程中，货币的社会职能逐渐分解开来。货币的基本职能、计价单位和流通手段职能主要由现金和可开支票账户存款来承担。而执行货币价值贮藏职能的形式大大丰富了，货币与一切不断衍生出来的各种金融资产一起，形成了财富最具独立化意义的存在形式。"①

　　虚拟性货币的产生有着深刻的社会历史原因。人类社会的发展是由人类劳动内部矛盾的发展决定的，这种内在的决定性呈现出丰富多彩的外在表现，货币的变化即虚拟性货币的产生就是其中的表现之一。这一切既是在轰轰烈烈的社会变迁和演化中实现的，也是不知不觉在人们的日常生活之中完成的。看不到货币的这种时代性的必然变化，那就是还沉睡在使用实体性货币的时代，而且还要抱怨虚拟性货币的种种不是，甚至可能认为 21 世纪初爆发的国际金融危机的形成根源就是货币的虚拟化。若是看到了货币的这种时代性的必然变化，却不能准确地认识和解释虚拟性货币产生的深刻社会历史原因，只就金融的虚拟化讲述货币的虚拟性，那也是缺乏剖析现代经济中看不见的手的能力的表现，无法对现代金融进行自觉而有力的宏观调控。

---

① 刘骏民、李凌云：《世界经济虚拟化中的全球经济失衡与金融危机》，《社会科学》2009年第 1 期。

第一章　货币与虚拟性货币

现在的问题是，实体性货币已经退出历史舞台，虚拟性货币已经产生并且存在，而且从各个国家所使用的纸币的表面看不出货币的实体性与虚拟性的差别，那么，应当如何认识虚拟性货币与实体性货币的不同呢？应该说，从纸币的票面上是看不出虚拟性货币与实体性货币的差异的，其差异是内在的，仅仅在于虚拟性货币没有任何价值含量，不具有商品实物的任何代表性，只是单纯的信用符号，而实体性货币即使是纸币也代表一定的价值含量，或是具有商品实物的代表性，并不是纯粹的信用符号。事实上，虚拟性货币已经是现代社会普遍使用的货币，现代经济学的研究不能再根据实体性货币的特性来要求或匡正虚拟性货币的运行。这也就是说，在现时代，对于人们每日都离不开的货币，尤其是纸币，不能不区分虚拟性与实体性的差别，不能不历史地看待货币形式的发展，不能不重视货币的时代变革。老百姓有了钱，能买东西就行，不会管它是实体性货币，还是虚拟性货币，这是可以理解的。但是，作为经济学的理论研究者，一定要区分虚拟性货币与实体性货币，不能将虚拟性货币混同于实体性货币，更不能用对实体性货币的解释来解释虚拟性货币。实体性货币是特殊商品，虚拟性货币是信用工具。它们是不同形式的货币。面对 2008 年出现的国际金融危机，有许多的见解和治理意见是不区分货币的虚拟性与实体性的，或者说，部分学者对危机的认识并没有上升到现代货币的虚拟性层面。现在，除去专门研究虚拟经济的学者，绝大多数的经济学研究者还没有意识到现代的货币已不是布雷顿森林体系崩溃之前的货币，现代的货币已经是完全虚拟化了，对于虚拟性货币必须展开全面的新的研究，用过去的针对实体性货币的经济理论解释虚拟性货币必定会严重脱离现代社会经济发展的实际。如果经济学界对于货币的认识在总体上至今仍停留在 20 世纪的前期，那有现实的危机对现代经济学发起挑战就不奇怪了。从货币理论研究的角度来看，无疑现有的理论内容几乎都是针对实体性货币的，并且直到如今，所有对于货币问题的解释都是无一例外依据这些理论作出的。并不是人们不懂得基本的逻辑，而是在货币发展的问题上，基本的逻辑还没有与虚拟性货币的产生相对应。货币的虚拟性与实体性是有重大差别的，不区分这种差别，只讲货币，只讲对实体性货币的认识，显然是不符合基本的认识逻辑的，势必会对现实中的货币运行造成某种程度上的认识滞后或导致某些外部性干预效果的扭曲。所以，要积极地应对和接受 21 世纪已经发生的国际金融危机所带来的挑战，现代经济学的研究必须明确，不能用以往对于实体性货币的研究替代对于现今实际运行的虚拟性货币的研究。

虚拟性货币是布雷顿森林体系崩溃之后，现代经济学货币理论需要研究的新内容。另外，现代经济学货币理论还需要对虚拟性货币与实体性货币展开统一的研究，也就是说，政治经济学的货币理论应使对货币的研究形成更为基础的一般理论认识。这种统一的研究不是仅以实体性货币为研究对象的一般理论研究，也不是仅以虚拟性货币为研究对象的一般理论研究，而是综合货币发展的全部历史，即综合实体性货币发展的漫长历史过程和虚拟性货币发展的不太长的历史过程进行的货币一般理论研究。在虚拟性货币出现之后，经济学的研究者就会合乎逻辑地发现，原先仅以实体性货币为研究对象形成的货币一般理论已经不适用了，新的货币一般理论必须涵盖新的关于虚拟性货币的内容。实体性的货币是货币，虚拟性的货币也是货币，因而，在现代经济学的货币理论中，货币范畴就应是比虚拟性货币和实体性货币更为基础的研究对象。理论需要对于货币范畴作出新的认识。过去作出的而且一直沿用至今的关于货币的界定，只是对于实体性货币的概括性认识，在虚拟性货币出现之后已经不够用了。2004 年出版的《现代经济辞典》对于货币的定义是：

第一章　货币与虚拟性货币

"一种被人们所接受的，用作交换媒介、计价单位和具有价值贮藏作用的商品或者法定的凭据。"[①] 这一定义显然是将虚拟性货币包括在内了，是现代货币范畴研究的一大进步，但是，随着经济的发展和研究的深入，还可以期待产生更精辟的认识。当然，除了定义之外，关于货币的一般理论研究还有很多的内容，而所有的新的研究内容都可能不同于以往的只以实体性货币为研究对象的一般理论，这样得到的认识可能正是现代各个国家进行宏观金融调控所需要的基础理论。货币在发展，认识要进步。虚拟性货币的产生对于推进货币一般理论研究具有重要的作用和意义，而货币一般理论研究的推进对于更深刻细致地研究虚拟性货币而言也是重要的前提条件。所以，现在必须强调的是，要在全球运行虚拟性货币的新的历史条件下，高度重视和创新对于货币一般理论的研究。

2008 年的国际金融危机和 20 世纪末的亚洲金融危机都是发生在使用虚拟性货币的时代背景下，现代金融危机就是现代市场经济使用虚拟性货币所遇到的一个难关。在现时代，人们必须明确意识到现实的货币已具有虚拟性，同时，还需要在宏观上认识和把握虚拟性货币不同于实体性货币的基本特征。首先，相比实体性货币，发行和使用虚拟性货币更为简便。实体性的贵金属货币使用起来实在是很不方便，而且也不够用，实体性的纸币的发行需要以贵金属的储存量或是社会生产的商品劳务的实际量为依据。相比之下，虚拟性货币的发行依据只是市场的需求量，因而，这种货币的发行更为简便。在使用方面，作为信用性纸币，虚拟性货币比任何实体性的贵金属货币使用起来都要方便得多，而且是同实体性纸币一样便于使用或电子化使用的。其次，相比某些实体性货币，

---

① 中国社会科学院经济研究所编《现代经济辞典》，凤凰出版社、江苏人民出版社，2004，第 451 页。

虚拟性货币的发行没有硬约束。实体性货币的发行需要根据贵金属的储存量来定，因此，贵金属的储存量就是实体性货币发行的硬约束。然而，相比之下，虚拟性货币的发行只是根据市场的需求量来定，不存在发行方面的硬约束。虚拟性货币的这一基本特征有利也有弊，既可以为货币的社会调剂创造有利的条件，又可能由于缺少硬约束而使虚拟性货币多发滥发，破坏市场正常秩序。这是其与实体性货币的一个很大的不同之处，是在任何时候都要高度警惕的。这也就是说，虚拟性货币的这一基本特征可能导致的破坏性作用要远远大于其正面的作用。再次，相比实体性货币，虚拟性货币具有极强的衍生能力。现代社会的普遍情况是"人们在衡量和储藏财富时，各类债券以及其他各类金融资产与货币相比，不仅可以保值而且还能获得一定的收入。而这些金融资产被设计和创造出来的可能性，源于货币虚拟化过程中它们所代表的价值被社会所认可。随着信用制度的高度发展，世界各国的金融自由化进程推动了资产证券化和金融衍生工具的大规模创新，结果引起虚拟资产的高度扩张"[1]。这就是说，在使用虚拟性货币的基础上，货币的再创造功能实际被极度地放大了，虚拟性货币比实体性货币可以表现出更强的衍生能力，这也是虚拟性货币与实体性货币明显不同的一个基本特征。

需要阐明的是，尽管我们已经尽情地生活在虚拟性货币的使用环境之中，而且，虚拟性货币的存在对于现代虚拟经济的发展已经产生了巨大的推进作用，但是，虚拟性货币涉及的各种经济活动并非都属于虚拟经济领域。在现时代，各个国家或地区的国民经济的运行均分为两大领域：一是实体经济领域，二是虚拟经济领域。这两大经济活动领域都使

---

[1] 刘骏民、李凌云：《世界经济虚拟化中的全球经济失衡与金融危机》，《社会科学》2009年第1期。

用着同样的货币，即都使用同样的虚拟性货币，或者说，正是虚拟性货币的使用将这两大经济活动领域紧密地连接在了一起，使得现代国民经济成为一种虚实一体化的经济。其中，实体经济并不因使用虚拟性货币而转化成虚拟经济，只是虚拟经济在虚拟性货币的推动下更加蓬勃地发展起来了。所以，虚拟性货币与虚拟经济是有紧密联系却又不同的两个范畴，不能认为在任何地方在任何条件下，只要使用虚拟性货币，就构成了所谓的虚拟经济。虚拟经济是在货币资本独立运动基础上形成的独立化活动，其活动的基础与活动的范围不同，其活动的范围属于虚拟经济领域，而其活动的基础仍然是实体经济领域。这也就是说，虚拟性货币的使用范围并不等同于虚拟经济的范围。在实体经济中使用虚拟性货币，在过去来看是不可思议的，而在今日，却是不争的社会现实。虚拟性货币的存在价值是其作为货币的作用，而不是它的虚拟性形式。即使对于金融领域，我们也不能认为它全部属于虚拟经济的活动范围。在现代的经济中，虚拟性货币是为两大领域服务的，既为实体经济领域服务，也为虚拟经济领域服务；而金融业也是为两大领域服务的，既为实体经济领域服务，也为虚拟经济领域服务。因此，金融领域并不完全属于虚拟经济的活动范围，对金融领域也要区分为为实体经济服务的部分和为虚拟经济服务的部分。虚拟性货币始终活跃在这两个部分之中，发挥着自身应该起到的现代货币的作用。对此，接受 2008 年国际金融危机挑战的现代经济学的基础理论研究需要有明确的界定，不能认为凡是金融活动就都是虚拟经济活动，不能认为凡是使用虚拟性货币的活动就都是虚拟经济活动的范围。

第二章

虚拟性货币与货币的权属

虚拟性货币是现代货币,是虚实经济一体化时代的信用货币,不同于实体性的商品货币,也不同于实体性的纸质货币,它是纯粹的只起交换媒介作用的信用符号。虚拟性货币的产生和广泛的使用将进一步推动现代市场经济条件下的货币理论研究。在确定了虚拟性货币与实体性货币的区别之后,即在明确人类社会使用的货币已经发生了时代变革之后,需要展开虚拟性货币与人权货币和虚拟性货币与主权货币之间的权属关系的研究。

人权货币与主权货币

进入 21 世纪，在国际金融危机基本平息之后，中国金融期货业专业人士如松提出了令人耳目一新的人权货币理论，确切地承认了货币具有信用属性，认为就货币来说信用为王。这在某种程度上体现了货币理论研究的现代意识，由此涌现的一些新的创见也是十分难能可贵的。人权货币理论认为，具有恒久的信用是货币的根本属性，这就是货币的人权属性。货币的人权属性不仅可以公正地保护每个人的财产权和追求幸福生活的权利，还实现了人类史上最大的红利之一——信用红利。"最典型的人权货币就是贵金属货币，它具有非常悠久的历史，陪伴着人类社会的不断发展，长期保护着每个人的权益。"[①] 这一研究将人权货币的历史追溯到货币起源之初，也就是说，人权货币理论认为，从世界历史来看，货币的产生就是人权货币的产生，只要货币保持恒久的信用属性，就是人权货币。"人权属性是货币的根本属性，在这样的货币面前，不同的国家、不同的民族和不同肤色的人是完全平等的，人权货币忠实地保护每个人的财产权和追求幸福生活的权利。源于每一英镑或每一美元代表定量的黄金，黄金没有国家、民族和肤色之分。人权货币必须通过时间才能建立，英镑因为长期坚守金本位，在全世界确立了自己的信用，逐渐被不同的国家和民族所接受，成为世界货币。而美元基于'镀金年代'取得的巨大经济成就，再加上第一次世界大战之后美国与英国之间综合实力的逆转，英镑开始贬值而美元坚守金本位，逐渐取代英镑成为最主

---

① 如松：《如松看人权货币》，国防工业出版社，2016，第 3 页。

要的国际储备货币。"①

　　人权货币强调的是货币的信用属性。人权货币理论强调人权货币的信用是市场信用。这是最古老的信用，也是伴随着货币的发展而发展的信用。人权货币理论研究的可贵之处就在于确认货币的根本属性是信用，只是没有进一步明确人权货币的信用是自发地来自市场的信用。人权货币理论强调人权货币必须通过时间才能建立，就是强调这种市场信用的形成和巩固需要时间。而且，市场信用不是强制获取的，是由市场交换的历史所形成的，是市场参与者共同作用的结果。当然，现在的货币理论研究无法探究远古的历史面貌，只能依靠推理分析推测那时的信用形成过程，但这种逻辑认识是可以再现真实的历史的，其对市场信用的产生和存在作用的解释是令人信服的。认识货币，一定要认识其具有的信用工具本质，不然就无法真实地解释货币及其市场作用。按照人权货币理论的认识，人权货币首先是货币，然后经过一定时间的检验才是人权货币。确认人权货币，最重要的是确认货币的信用牢固性，只有牢固的信用才能恒久，只有恒久的信用才能使货币成为人权货币。人权货币理论对于货币的认识抓住了货币的本质，对于人权货币的界定突出了市场信用稳固而持久的重要性，这在货币理论研究的历史中是具有开创性的。从根本上说，现代经济学需要开创性的货币理论研究，需要所有的研究者都高度重视货币的信用工具本质。

　　人权货币理论将最典型的人权货币归结为贵金属货币，是对商品货币的市场信用的高度认同。这就是说，人权货币理论最钟爱的货币是商品货币，贵金属是最好的商品货币，人权货币理论确信只有商品货币才能够实现恒久的信用，才能够保护每个人的财产权和追求幸福生活的权

---

① 　如松：《如松看人权货币》，国防工业出版社，2016，第55页。

利。就此而言，这反映了人类生活的现实。现在已经 21 世纪了，人类还不得不以黄金作为货币储备，就是对以黄金为最典型的人权货币的最好说明。从古至今，人类都相信黄金的作用，将其列在货币的首位，这是历史的事实，是不可回避的事实。可能在最严重的灾荒年，人们用黄金也能买到生活所必需的粮食，就是对人权货币最好的注释。而事实上，黄金是不能当饭吃的。人们饿了，需要吃粮食，不能吃黄金。所以，货币是不能等同于实物的，黄金也是实物，但黄金起到的是货币的作用，而没有起到自身的实物作用。对于人权货币来说，可以强调货币的信用必须落在实物上，但是不可以忽略货币作为交换媒介的作用。长久以来，各个国家或地区，都是将黄金作为货币使用的，货币的作用是黄金在历史上起到的实际作用，黄金作为金属发挥的金属的作用很少，因而对于大多数黄金来说，实际早已失去了自身的使用价值，只保留了自身的货币作用，而且，作为货币储备，黄金更是一动不动地放在那里，只存在货币的象征性意义。人权货币理论的研究就是建立在黄金的这种象征性的货币意义存在的基础上的。

人权货币理论的研究者认为，"人类开启铸币之后，每种货币都有相对标准的重量，有些金银币印有本国（或本城邦）的特定标志，货币开始产生主权属性。当货币的铸造与发行过程中开始出现盈利（营利性货币），说明有第三方开始抽取利益（铸币税），这时，货币的主权属性更加突出，最基本的特征是面值开始高于实际价值，所以，这些货币需要行政权力强制推广，而且需要限制其他足值货币的流通。在贵金属货币时期，当这些铸币进入流通领域之后，价值依旧是恒定的，所以，此时的货币既反映了主权属性，也具有人权属性。"[①] 具有主权属性的货币是

①　如松：《如松看人权货币》，国防工业出版社，2016，第 8 页。

主权货币，具有人权属性的货币是人权货币，既具有主权属性又具有人权属性的货币可以说既是主权货币又是人权货币。对于人权货币的界定，是人权货币理论研究者对货币认识的创新。而关于主权货币，则早有学者提出，主权货币是现代市场经济中货币理论研究的一个焦点。

主权货币，即具有主权属性的货币，又可称为主权信用货币，是以主权国家的国家信用为依托发行的货币，可作为基准货币，可用作国际储备货币。比如当前世界上流通的美元、英镑、人民币、欧元、日元等，都可从范畴上划归为主权货币。所有的主权货币都是建立在国家信用基础上的货币。在实体性货币时代，主权货币必须要有稳定的价值。最初，国际上的货币储备量都是直接用黄金来衡量的，但是后来国际上的货币储备逐渐可以用美元、英镑等币值较为稳定的国家主权货币来取代。而在布雷顿森林体系崩溃之后，由于美国经济一直不景气，美元与黄金兑换的比率一路下滑，给许多持有较多美元外汇储备的国家造成了很大损失。因此，有人提出应建立一种"超主权货币"来代替现在的主权货币，从而可使国际贸易和国际货币储备更加稳定。这一想法是要创造一种与主权国家的信用脱钩、可以保持币值长期稳定的国际储备货币，避免以主权货币作为国际储备货币所存在的内在缺陷，这是国际货币体系改革致力于追求的理想目标。只是至今没有取得显著成果。早在20世纪40年代，凯恩斯就曾提出以30种有代表性的商品作为定值基础建立国际货币单位"Bancor"的设想，遗憾的是也未能实施，而在其后建立的布雷顿森林体系的崩溃无疑显示了凯恩斯的设想可能更有实用意义。但事实上早在1969年，国际货币基金组织就创设了特别提款权（SDR），以降低以主权货币作为国际储备货币的风险。只是由于在制度上和使用范围上存在某些限制，SDR的作用至今也没有能够得到很好的发挥。不过实事求是地讲，SDR的创立为国际货币体系改革带来了一定的希望。超主权货币不仅可以克服目前主权货币所存在的风险，还可以为调节全球的流动性提供某种程度上的可能。从货币理论研究的角度讲，笔者深切地希望国际货币基金组织能在这方面发挥出有力并有利的作用。

虚拟性货币不是人权货币

由于人权货币的确立没有离开实体性货币范畴，所以，按照人权货币理论的界定，虚拟性货币不是人权货币。虚拟性货币本身仅仅是一种信用符号，不具有任何价值，因此也就从根本上无法像人权货币那样忠实地保护每个人的财产权和追求幸福生活的权利。虚拟性货币没有自身价值，这是与人权货币理论的界定大相径庭的。货币的发展历史表明，具有商品性是最初的货币出现的基本选择。但是，货币具有商品性并不是人权货币的基本要求，人权货币对于货币的认识是更进一步的，由货币最初必须具有商品性发展到后来货币必须具有价值性，即人权货币要求必须具有价值性。其实，货币只要具有商品性就一定具有价值性，价值性是商品的必然性质，只是人权货币强调的侧重点不同，人权货币更突出强调的是抽象的价值性，而不是更具体的商品性。从人权货币对于价值性的强调而言，其对于货币的界定依然是要求货币作为固定地充当一般等价物的特殊商品存在的，这种商品性的存在是人权货币理论强调的人权货币的价值性存在的基础。因而，人权货币理论没有认识到货币可以虚拟性地存在，没有认识到货币的发展必然要脱离商品性和价值性的趋势，人权货币理论只是对历史上已经出现过的实体性货币作出的概括和分析，并没有做到随着货币的虚拟化发展而提升对于货币的认识。

虚拟性货币

人权货币理论认为货币的存在必须而且应该是人权货币的存在，这对于实体性货币的研究是具有积极意义的。按照人权货币的要求，货币不应当贬值，货币贬值就是对人权的伤害。问题在于，货币的贬值不完全是由货币本身决定的，不能够足值地铸币，或是贵金属铸币在流通中出现磨损，这是货币的问题，而市场价格总体水平上涨所造成的货币贬值就不是货币自身的问题了，货币没有能力或是说没有办法干预市场价格。所以，即使是在实体性货币时代，货币能否成为人权货币，即可否忠实地保护每个人的财产权和追求幸福生活的权利，也是不确定的，人权货币并没有办法长久地存在和发挥自身的作用。对于人权货币的研究，并没有解决这一问题，即如何使人权货币不贬值和不损害人们利益的问题。人权货币的研究只是希望货币尤其是贵金属货币忠诚可靠，永远保持自身的价值不变，不给持有货币者造成实际的经济损失。这种希望已经是很理性的了，至少应该成为经济学研究的一种共识。确实，货币的问题关系到每一个人每一个家庭的生活，任何人都不可以掉以轻心，研究经济学和货币经济学的专业人士更需要高度重视这一问题。虚拟性货币不是人权货币，但是对于人权货币的基本要求是尊重的，即虚拟性货币也要维护货币的稳定和对人们财产利益的保护。时代在进步，货币在发展，从实体性货币发展到虚拟性货币是社会的一种进步，而不是货币功能的倒退。如果说在实体性货币时代，人们都要提出人权货币概念以更好地维护人类的经济生活，那么，现时代，即进入虚拟性货币的时代，人们就更应该自觉地避免由货币引起的可能的经济损失。虚拟性货币不是人权货币，也不一定永远处于理想状态，但是，在全社会的努力维护之下，虚拟性货币还是可以更加规范地发展的，可以发挥比实体性货币更好的作用，可以尽力避免货币失控造成的社会损失。从货币研究的角度来看，虚拟性货币并不一定必须是人权货币，可以说，人权货币已经是一个历史概念，如同贵金属货币即将退出历史舞台一样，人权货币概念也没有保留的必要。社会应当大步地向前发展，发展到虽没有人权货币的诉求但是比有人权货币诉求更好的社会发展阶段，保证在未来社会能更好地发挥虚拟性货币的作用，更完善地调控社会金融的运行与促进社会金融的发展。在实体性货币时代做不到的事情，并不是到了虚拟性货币时代也做不到，而是到了虚拟性货币时代不仅可以做到，而且可能会做得很好。这是由于时代不同了，时代进步了，经济学对于虚拟性货币的研究认识更深入了，货币的运行会获得更多的理性控制，原本在实体性货币时代需要以人权货币内涵对货币提出的要求完全可以在虚拟性货币的运行中更好地体现出来。

虚拟性货币不具有价值含量，不属于人权货币，是不同于任何实体性货币的货币。虚拟性货币的产生，说明货币不仅不必是贵金属货币，而且不需要是具有其他价值含量的货币。在进入虚拟性货币时代之后，货币的媒介作用更加清楚地显示了出来，只是社会对于货币的基本认识，不能停留在实体性货币时代，更不能停留在贵金属货币时代，不能用已经成为历史的传统来约束现代的认识，不能对货币的内涵增加更多的不必要的内容。其实，从现在来看，道理已经很简单，只要能够作为交易的媒介，就可以是货币。虚拟性货币并不是只存在于货币理论的研究之中，还真实地存在于现时代的人们的实际生活之中。人权货币理论对于货币的要求是很具体很严格的，虚拟性货币虽不具有人权货币要求的价值性，但是却与现时代的人们的生活密不可分，是与人们的经济生活更加息息相关的货币，是已经走上国际市场的交易媒介，是各个国家都在真实地使用的货币。这就是说，人们不必以对实体性货币的要求来约束虚拟性货币，更不必用对人权货币的界定来度量虚拟性货币，虚拟性货币不是人们想要就能要的货币，也不是人们想不要就可以不要的货币，虚拟性货币是货币发展的一种自然结果，即自然而然产生并存在的。一张纸币可以是实体性货币，也可以是人权货币。诚然，虚拟性货币也可以是纸币，只是人们在使用时要知道，作为虚拟性货币的纸币本身是没有价值的，没有人为虚拟性货币设定价值，它只是一个信用符号。于是，从实体性货币过渡到虚拟性货币，就纸币来说，就是很自然的一个过程，只要取消了纸币的价值含量就完成了由实体性货币向虚拟性货币的转变，即使这一实体性货币还曾经是人权货币。

虚拟性货币是主权货币的发展

人权货币可以同时也是主权货币，虚拟性货币不是人权货币，但能够是主权货币，而且是发展了的主权货币。广义地讲，主权货币就是主权国家发行的货币。曾经的主权货币作为实体性货币是主权国家依靠国家信用发行的代表一定的价值量的货币，现在的主权货币作为虚拟性货币是主权国家依靠国家信用发行的纯粹的信用符号，没有任何价值含量，只作为市场交易媒介使用。

主权货币由实体性货币向虚拟性货币转变，代表了货币的虚拟化进程。这就是说，主权货币一开始不是虚拟性货币，而是走过了实体性货币发展阶段之后才成为虚拟性货币。在实体性货币时代，主权货币也是依靠国家信用发行的，也是要求货币代表一定的价值量的。但是，现在作为主权货币，虚拟性货币已经不再依靠国家信用表示一定的价值量了，而只是依靠国家信用表示其作为信用符号的存在，其信用的存在就是国家信用的存在。这样的依靠国家信用发行的虚拟性货币的产生代表了主权货币的发展。这是一种真实的发展，一种社会性的发展。不管在经济学界有多少人还坚持货币一定要有价值含量，事实上在布雷顿森林体系崩溃后，各个国家的主权货币都已经虚拟化，不是不再代表一定的价值量，而是不必再代表一定的价值量了。虚拟化的主权货币就是虚拟性货币。虚拟性货币就是依靠国家信用而存在的货币。就虚拟性货币依靠的国家信用来说，既与原先实体性货币依靠的市场信用不同，也与原先实体性货币依靠的国家信用不同。国家信用是高于市场信用的信用，是国家政权予以保证的信用，不是在长期的市场关系发展中自发地形成的社会信用。而虚拟性货币依靠的国家信用又是对实体性货币依靠的国家信用的发展，是更进一步提高了的国家信用，是现时代社会信用发展的新的境界。

没有布雷顿森林体系的崩溃，就没有虚拟性货币的产生；没有虚拟性货币的产生，就没有主权货币的发展。这是历史作出的选择，是货币自然发展的结果，而非理论指导使然，甚至人们对此都缺乏事后的自觉认识。也就是说，人们似乎没有意识到货币会有这样的变化，没有意识到主权货币会通过虚拟化进入货币发展的新时代。因此，货币的历史性变化逼迫着国家信用升级，要求国家信用比以往任何时候都更加坚挺。这不是对某一个国家的信用保障的要求，而是对所有的发行主权货币的国家的信用保障的要求。虚拟性货币的产生带来主权货币的虚拟化，这是在货币的外表上看不到的变化，更是在货币的本质上绝对不会产生的变化，要求主权国家对于货币的认识进一步深化，对于货币的信用工具本质具有更为清醒的认识。任何人都需要认识到，走进了现时代之后，货币已经不需要具有价值性，更不需要必须表现为贵金属，货币的本质是信用工具，主权货币依靠主权国家的信用就可以存在于世并发挥货币的职能和作用。所以，对于现时代人类的货币经济生活而言，最重要的不在于主权货币有没有价值性，而在于对主权货币的国家信用支撑必须给予切实的保障。不论是哪一个发行主权货币的主权国家，在接受主权货币虚拟化的同时，都需要高度重视国家信用建设，保证国家信用不出现任何问题，国家信用能得到国内市场的认可和国际社会的接受。

更需要明确的是，主权货币的虚拟化，即主权货币发展成为虚拟性货币，也是虚实经济一体化发展的内在要求。由单纯的实体经济转变为虚实经济一体化，是有一个时间过程的，这实质是资本主义经济发展的过程，也是市场经济发展的过程。在这一过程中，虽然实体经济也在进一步地发展壮大，但更主要的是虚拟经济的发展，也就是说，虚拟经济的发展更为张扬和疯狂，尤其是证券市场的发展突飞猛进，不可轻视。由此带来的经济当量的变化，是极为显著的。而且，越是虚拟经济发达的国家，国民经济总体的当量变化越显著。毫无疑问，不论在哪一个主权国家，经济当量的变化都主要是来自虚拟经济领域，来自国民经济的虚实一体化发展。于是，国民经济的运行需要更多的货币，而且主要是虚拟经济领域需要更多的货币支持。如果不能满足虚拟经济领域对货币的需要，也是会影响整个国民经济的运行和发展的。然而，作为价格标志的货币，在虚拟经济领域，是被极度放大的。虽然虚拟经济领域的劳动投入有限，但是虚拟经济领域的市场交易额度是实体经济领域无法企及的。在这种状态下，客观上需要货币放弃价值性，只发挥信用符号作用就够了。况且，虚拟经济领域的交易有些已经远离实体经济的需要，其交易本身只起到金融调剂的作用，并不具备价值交易的市场内容，对此，货币虚拟化不仅是允许的，而且是必要的发展出路。

虚拟性货币是信用货币，而且不是市场信用货币，只是国家信用货币，是对国家主权货币的发展。这就相应地要求国家信用的存在与发展必须高度符合现代市场经济的要求，中规中矩，不可任意妄为。可以说，正是由于目前国家信用的发展还处于自发的阶段，还远远达不到自觉理性的高度，各个国家的人民才都会不同程度地对国家信用怀有疑虑。但是，并不能因噎废食，不往前跨进一步，或是退回到人类的实体性货币发展的阶段，开历史的倒车。有关货币理论的研究，即当代的虚拟性货币理论研究，就是要解决这一认识问题，就是要更进一步地增强人们对于货币认识的自觉性，更加明确货币的本质是信用工具。主权货币是可以依靠国家信用发行和使用的，人们不需要将现代的虚拟性主权货币与历史上的任何实体性货币相比较，而只是要特别地明确国家信用维护的极端重要性，明确积极地发展和巩固国家信用的极端重要性。客观地讲，在现代市场经济之中，政府与市场的关系最主要地体现在政府对国家信用的维护上。政府不同于国家，但是，维护国家信用的责任是必须由政府承担的，政府包括各级政府，当然主要是中央政府。在市场经济中更好地发挥政府作用，就是要保障国家信用不受到任何的侵害，国家信用也是支撑国家虚实经济一体化健康发展的力量。只要政府在维护国家信用方面切实起到重要的作用，虚拟性货币作为主权货币就能够正常地发挥货币的作用。

第三章

虚拟性货币与货币电子化

现代货币进入虚拟性货币发展阶段，同时也进入货币的电子化发展时代。不论是货币的虚拟化，还是货币的电子化，都是人类社会货币经济发展的客观表现。只是现代货币理论研究需要认真地剖析虚拟性货币与电子化货币的联系与区别，更好地运用现代货币理论研究的成果为现代市场经济的货币实际运行和使用服务。

未来的货币电子化趋势

电子化货币时代是指人们开始普遍使用电子化货币的时代。电子化货币就是指一定金额的货币可以通过使用某些电子化途径进行转移，从而能够进行电子化存储，并且可以使用电子化形式进行消费支付的货币。这也就是说，电子化货币是指不用实物手段表现而只是采用电子数据手段，利用电子计算机系统和电子存储卡进行金融资产保存或转移的现代货币形式。电子化货币的使用者获得收入，只需在其电子账户上增加相应的金额；电子化货币的使用者每次消费，只需在其电子账户上减少相应的金额。现在，人们的工资收入直接进卡，人们在市场上消费直接刷卡，人们用手机的货币存储功能进行消费支付，就是电子化货币使用的最普遍的表现。

不管怎么说，电子化货币是新生事物，是货币发展的现代形式。电子化货币的发展会使货币的使用更方便、更安全、更经济。其实，相比金属货币，相比纸币，电子化货币更像货币，因为，作为货币，人们就只需要它作一个媒介、一个符号，并不需要除此之外还含有其他的任何东西。在这一点上，只有电子化货币最符合要求。这就好比人类的发展一样，在原始社会初期，当时的猿人是更像人还是更像猿呢？至少从表面上看，是更像猿。只有进化到现代社会，相比原始社会，现代的人才更像人。货币也是一样，我们甚至不能说最早的货币更像货币，而只能说货币的发展越来越趋近于完美了。从源远流长的货币发展史来看，现在好像最接近完美的主权货币的表现形式就是电子化货币了。对此，不能用老眼光看新事物，不能总认为过去的事情好。仅就货币而言，现代的远远胜于传统的，电子化货币已经开启了人类生活的新时代。

有人认为，电子化货币好是好，就是别停电。如果停电，那在现代社会，几乎是什么事情也做不了，整个社会会马上瘫痪，不光是电子化货币不能使用。而随着科学技术的进步，对电子化货币的信息储存和处理可以有更安全和更便捷的方式。停电可能对于人类未来的金融活动不再是致命的威胁，电子化货币完全可以做到在大规模停电的状态下照常运行。这只是一个技术问题，而且是在现代社会并不难解决的技术问题。至少，就目前的技术应用讲，使用太阳能电池就可以应对国家电网的停电问题。2008 年北京奥运会的中心场地就安装使用了两套电路，一套是国家电网的电路，还有一套是太阳能电池系统的电路，相比之下，各个国家或地区的电子化货币的运行系统更需要有两套电路。

社会在进步，货币在发展。货币发展到了电子化货币时代就不会退回去，只能是继续朝前走，走向电子技术在金融领域应用更加广泛的远方。以往，不论是哪家银行的营业网点，每天从开门到营业结束，总是人满为患，有时办理一项业务，人们需要等上几个小时。现在由于银行开启了电子化的智能化服务，以大量的电子化的智能化服务器代替人工服务，有效地减少了人们去银行办理业务的等候时间。更重要的是，在一些国家或地区，几乎所有的银行都开通了手机银行和网上银行，很多的人可以通过手机银行或网上银行办理业务，再也不用去银行的营业网点办理业务了。货币的电子化应用达到了这样的程度和水平，并不是说银行离人们的生活越来越远了，而是说明人们越来越离不开银行的服务了。只不过是现在的银行有了电子化的智能化服务器的支持，可通过手机银行和网上银行提供服务。从经济学的意义上讲，不能说是银行的设备为人们提供了服务，而是要说为人们提供服务的是银行业劳动，人们需要的是银行业劳动创造的效用。因为电子化货币的应用所需要的智能化的服务也是银行业劳动者创造的，归根结底是现代人的劳动在起劳动的主体作用，而不是单纯的电子化智能化的设备在起作用。这确切地表明，即使是在现代的发达的金融服务领域，劳动客体也必须与劳动主体相统一才会产生实际的劳动作用。准确地讲，正是银行业劳动者与银行的先进的电子化智能化设备共同为现代的人们提供了现代的电子化的银行业服务。现代人比前代人更需要银行服务，只不过现代的银行服务越来越电子化智能化了。这是一种发展趋势，展示了电子化货币应用的广阔前景，这是深受愿意享受货币电子化服务的人们欢迎和喜爱的。

由于有了电子化货币的广泛应用，现在在一些国家或地区，人们出门几乎可以不带纸币了，甚至一般情况下没有特殊需要都不用带银行卡了，只带手机就可以解决一切生活中需要使用货币的问题。人们乘坐公交车可以用手机代替智能公交缴费卡刷卡，因为公交公司的设备已经认可手机的电子化货币的缴费功能。人们去餐馆就餐，更是只带手机就可以了，可以说没有一家餐馆是不接受手机付费手段的。人们去超市购物，不管购买多少商品，只要手机绑定了自己的银行卡，自己的银行卡中有足够的钱，即保证有足够的电子化货币，就可以放心地用手机结账完成支付。人们出门旅行，不管是自己购买飞机票、火车票，还是委托旅行社安排行程，都是可以用电子化货币付款的，而不必再使用纸币了。电子化货币给人们的生活带来越来越多的便利。甚至，人们去菜市场买菜、去早点铺买早点，去文具店买文具，去理发店理发，去冷饮店吃冷饮，哪怕是只买一支雪糕，也都是可以用手机中的电子化货币支付相关费用，因为这些商家虽然小却早已与时俱进地购置了接受电子化货币交费的设备，并确保可以熟练地使用。这是文明的发展，是货币文明的创新。对于人类来说，最大的诱惑就是文明的诱惑。所以，电子化货币的更进一步的广泛应用，作为一种文明的诱惑，未来是会保持强劲的发展势头和扩散效应的。

电子化货币不等同于虚拟性货币

由于现代的电子化货币替代的纸币是虚拟性货币，所以，现代的电子化货币属于现代虚拟性货币的新的表现形式。这就是说，现代的电子化货币涵盖了现代虚拟性货币的种种特征和作用，其与纸币的不同之处只在于其表现形式是电子化的。电子计算机的微型化和网络化为现代的电子化货币的产生奠定了物质技术基础，人类进入高消费时代为现代的电子化货币的使用创造了广阔的市场。货币，由金属货币走向纸币，又由纸币走向无纸化的电子化货币，是历史的发展趋势。只要是能感受到电子化货币的便利和安全等方面好处的人，都会自觉地拥护货币电子化。从全世界的范围来看，现在已经不需要讨论能不能让电子化货币取代纸币，而是只需要讨论现实中如何提高电子化货币的使用程度。现在看来，用电子化货币完全替代纸币，也不过就是个时间早晚的问题。未来，在各个国家或地区，纸币可能只是一种象征性的符号，实际使用的基本上都应是电子化货币。这是货币的形式在现代的发展，更准确地讲，这是虚拟性货币形式在现代的发展。但是，必须明确的是，电子化货币并不等同于虚拟性货币，实体性货币同样可以成为电子化货币，因而，不能将货币的电子化与货币的虚拟化等同看待。货币的电子化是货币形式的变化，是货币依托现代电子技术的发展实现的货币表现形式的电子化；而货币的虚拟化则是货币在本质意义上的更好实现，是依靠国家信用的

存在和规范而实现的货币的发展。目前，电子化货币一般表现为虚拟性货币，是因为现在依靠国家信用发行的货币基本上已经由实体性货币转为虚拟性货币了。

如果布雷顿森林体系没有崩溃，美元没有虚拟化，其他主权货币也没有虚拟化，货币还是停留在实体性货币发展阶段，那么，电子化的货币就是实体性货币而不是虚拟性货币。但是，历史不允许假设，真实的历史就是布雷顿森林体系确实崩溃了，因而，美元和其他的主权货币一律相应地虚拟化了，全部成为虚拟性货币。这需要对确定的历史给予实事求是的认识，需要对不可改变的历史事实给予承认。货币虚拟化之后的电子化是对虚拟性货币的电子化，而不再是对实体性货币的电子化。所以，就电子化货币来说也是有区别的，可以是电子化的实体性货币，也可以是电子化的虚拟性货币。这就是说，不能从货币的电子化区分货币是实体性货币，还是虚拟性货币，货币的电子化并不是货币的虚拟化。尽管人们现在用到的电子化货币都是虚拟性货币，但是，必须明确并非因为货币电子化了，实体性货币才转化为虚拟性货币，货币的电子化与货币的虚拟化是完全不同的两回事，只不过这两回事发生在同一时代。对此，确确实实地认识到货币的虚拟化是最重要的。不将货币的电子化与货币的虚拟化等同是一个认识前提，在这一前提下，还需要进一步确认货币的虚拟化要求。货币由实体性货币转化为虚拟性货币，即货币实现虚拟化，并非需要金融机制或金融制度发生完全的改变，而是需要主权货币的发行当局对其发行的货币的认识发生根本性的变化，即必须确认主权货币就是信用货币，主权货币就是依靠国家信用发行的货币，作为信用货币的主权货币只起市场交易媒介的信用作用，不再承载历史上货币曾有过的非本质内容，不再具有商品性和价值性。

就纸币来说，不论是哪一个国家发行和使用的纸币，人们都从中看不出实体性货币与虚拟性货币的区别。一张纸币可以作为实体性货币存在，也可以作为虚拟性货币存在，纸币是不可能区分货币的实体性与虚拟性属性的。就电子化货币来说，不论是以何种技术方式存储和使用的电子化货币，从表面上更看不出实体性货币与虚拟性货币的区别。电子化的实体性货币与电子化的虚拟性货币的区别不在于电子化，而在于其实体性与虚拟性。所以，认识虚拟性货币的产生与存在不能从纸币和电子化货币的角度去把握，毕竟纸币和电子化货币都只是货币的表现形式，不是货币的本质性要求。其实，货币以纸币的形式表现，已经是社会的很大进步了，比起曾经的金属货币时代，使用纸币已经是方便多了。因而，货币以现代的电子化货币的形式表现，更是反映了社会在技术高度发达基础上所取得的前所未有的进步，不论是比起曾经的金属货币，还是比起现在还在一程度上使用的纸币，现时代的电子化货币都使人们感受到从未有过的方便和快捷。虚拟性货币产生的时代背景就是由新技术革命开启的货币电子化时代。一方面货币由实体性货币转化为虚拟性货币，另一方面纸币开始转化为电子化货币。虽然现在一定程度上社会还保留着纸币，但是，处于这个时代的人们一定要认识到，人类社会已经进入使用电子化的虚拟性货币的发展阶段。

电子化货币与纸币就货币的表现形式而言是不同的。其最大的不同，就是电子化货币不能提现。纸币是可以提现的，纸币用户可以从银行取出现金使用，因此，使用纸币，银行最怕挤兑。在实体性货币时代，银行怕挤兑提现；在虚拟性货币时代，银行依然怕挤兑提现。使用电子化货币，用户是只能消费或转账，不能提现。这就在新的货币形式下，避免了银行挤兑。也就是说，货币完全电子化之后，银行的业务机制可能会发生很大的变化，社会对于银行的监管难度也就更大了。

大量地使用电子化货币是未来的虚拟性货币的发展趋势。这一趋势表明，纸币发行的时代即将结束，纸币发行量过大的时代也即将结束。没有纸币的发行，肯定就没有纸币发行量的过大。但是，是不是没有纸币的发行，就没有货币发行量的过大，这在进入电子化货币时代之际，还是需要进行充分讨论的。一种好的前景是，从此再没有货币发行量过大的情况出现了。因为，电子化货币不必像发行纸币那样，事先发行很多的货币，而只能是根据人们的收入实际，支付给每一个人电子化货币，并记在每一个人的电子账户上。还有一种难以预测的前景可能是，从此货币发行量过大的情况更为普遍地出现了。只要银行允许信用卡客户有较大的透支额度，那么，至少从逻辑上讲，整个社会便将可能出现超过市场交易价格总额的虚拟性货币在流通领域的大肆活动。

无现金社会不等于无货币社会

不使用现金进行市场交易，古来有之。不仅赊销赊购早就存在，而且以物易物更是人类早期社会普遍的市场行为。但是，进入 21 世纪之后，人们自然地感受到，走向兴盛的货币电子化时代将创造一种无现金社会。所谓的无现金社会就是指所有的市场交易都不使用现金的社会。现在，已经没有必要评价无现金社会是好还是不好，几乎所有的人都能够预见到货币电子化发展的未来状态，就好像人们都能确定电子化支付将是必然的趋势，现金将会慢慢地退出人们的日常生活。而且，不用等到遥远的未来，现在的许多年轻人就已经是"身无分文"不带现金了，他们的一切生活需要全部依赖于手机，手机就是他们的钱包，他们的直觉就是他们属于这个时代，这个时代的货币电子化为他们开启了新的生活。当然，年轻人都是走在社会前面的人，他们对于电子化货币的宠爱将直接导致社会成为无现金社会。在现在的年轻人看来，如果时至今日还不接受使用电子化货币的生活方式，那简直就是愚昧不堪，跟不上现代社会发展的步伐。所以，从未来属于年轻人这个角度来说，未来的社会也必定要走向无现金社会。人们将不得不适应无现金社会的要求，自觉地接受电子化货币带来的生活便利。即使有人不太愿意使用电子化货币，有人十分怀念使用纸币进行交易的乐趣，也无奈大局已定，整个社会正在走向无现金社会。

但是，必须明确，无现金社会并不等于无货币社会。在现时代及以后更发达的时代，人们可以不使用现金进行市场交易，却不可能不使用货币满足生活的切实需要。电子化的货币依然是货币，虚拟性货币更是现代货币的存在形式。在无现金社会，人们的生活同样是离不开货币，人们只是在日常生活中不需要现金罢了，并不是不需要货币了。因而，在无现金社会，人们更需要强化货币意识，而不是淡化这种意识，更需要深刻认识作为现代货币存在的电子化货币和虚拟性货币。电子化货币是现代货币的表现形式，是人们对于用电子技术保存和使用货币的一种认可。电子化货币不是让人们与银行和金融领域的关系疏远了，而是让人们与银行和金融领域的关系更加密切了。网上银行和手机银行的出现使很多人将自己的银行账户放在了自己电脑上和手机上，他们从此不用再去银行的营业网点，可以随时地查阅自己的银行账户和办理自己的银行业务，他们的收入与支出全部都是借助电子技术和电子化货币完成的。与其说电子化货币时代人们不需要现金了，倒不如说在这一时代人们的市场交易全部要依赖于对电子化货币的使用了。虚拟性货币是不同于实体性货币的现代货币。看到了虚拟性货币的出现，就看到了货币的发展和进步。虚拟性货币利用电子化货币形式可以更好地完成货币的使命，虚拟性货币不以现金的形式出现更有利于人们对于虚拟化货币的使用。因而，未来的无现金社会是一个在电子技术普及背景下虚拟性货币得到更为广泛的使用的社会。

货币不是那么容易退出人类社会生活的。货币的产生是与私有制的起源密切相关的，或者说，没有私有制的起源，就不会有货币的产生。在私有制存在和发展的历史上，货币是始终存在的。最起码，现在的人类还离不开私有制，在现时代世界上各个国家都保留有私有制，即使是过去曾经一度消灭了私有制的国家，现在也都恢复和保护私有制的发展了。货币就是人们普遍拥有私有财产的表示，是为人们拥有私有财产服务的，所以，有私有制的存在，就会有货币的存在。不管货币是以什么形式或方式存在，总之在私有制社会是需要货币的。在私有制初期，贵金属成为最主要的货币形式，人们将贵金属看得很重，甚至认为贵金属是唯一的财富。后来出现了纸币，纸币既是实体性货币，也是具有商品性和价值性的货币，人们将纸币看得很重，以拥有纸币的数量衡量财富。到现在，货币已经发展为虚拟性货币了，货币的形式已经高度普遍地电子化了，但人们并没有因为货币的虚拟化而排斥货币、没有因为货币的电子化而无视货币的存在，相反，现代的人们更加重视货币，更加重视保护自己的私有财产，更加离不开货币的存储和使用。从目前来看，人们可以普遍地接受无现金社会，接受货币电子化带来的生活变化，但人们绝对不可能接受无货币社会，货币依然是人类社会生活的必需品。

就人类社会的历史演变进程而言，私有制的产生和存在的时期还是相对比较短的，这也就是说，人类使用货币的历史还是相对比较短的。原始社会是人类社会的初期，是非常野蛮和血腥的社会，原始人没有私人财产，更没有生存的安全感。待到社会发展到了私有制社会，虽然社会还存在着一定程度的野蛮和血腥，但确实是比原始社会进步了。私有制的产生给人类带来了新的生存方式，使人类的生活脱离了原始的愚昧和野蛮。货币就是伴随着私有制的产生而产生的，甚至可以说，货币的产生和存在就是私有制产生和存在的一种标志。现在，从根本上说，人类的生存还离不开私有制，不论是哪一个国家都要保持私有制的存在和发展，同样，人类的生活也离不开货币，人们的生活可以不用现金，但人们的生活还不能离开货币。人类社会发展到了今天，货币已经虚拟化了，但这虚拟化的货币仍然是人类生活所需要的货币，而且，货币并不会因虚拟化而"放弃责任"，虚拟性货币将更好地为社会服务。对于目前不能消灭私有制的社会来说，面对未来的无现金社会，现代的人类可以不用贵金属作为市场交易的媒介，可以不用贵金属作为发行货币的储备，可以不用纸币现金，但是，还是要生活在需要货币的社会之中，还是要依靠虚拟性货币生存。无现金社会只是现代社会的一种生活表象，无货币社会的时代还远远没有到来。

虚拟性货币是社会信用高度发达的标志

在无现金社会，虚拟性货币将起到货币的重要社会作用。虚拟性货币的电子化存在不仅体现了现代社会的技术高度发达，更是体现了现代社会的信用高度发达。人们不用现金，即不用纸币，更不用金属货币，只用电子化货币，是对货币信用的高度承认。对于虚拟性货币来说，作为信用工具是其本质，也是其一切。虚拟性货币没有别的属性，只是作为信用符号存在并发挥货币作用。现代的人们普遍使用虚拟性货币，就是对虚拟性货币的信用本质的普遍承认。在历史上，金属货币的信用得到人们的承认，是因为金属本身具有价值，对货币信用的承认是建立在金属具有使用价值和价值基础上的。在历史上，实体性货币不论是纸币还是其他代用货币，它们的信用之所以能得到人们的承认，是因为这些实体性货币依然具有价值性，即使它们本身不具有价值，但它们可以代表一定的价值量，因而对于这些实体性货币信用的承认是建立在这样的货币可以代表一定的价值基础上的。然则，在现实之中，人们对于虚拟性货币信用的承认，既不是因为其具有价值，也不是因为其可以代表一定的价值量，而只是单纯地承认国家信用的支撑作用，即对虚拟性货币信用的承认只是建立在对国家信用的承认和依靠基础上的。这也就是说，对于虚拟性货币的存在和使用来说，国家信用承担了一切，国家信用承载着虚拟性货币的本质，是虚拟性货币存在的根基，是虚拟性货币得以发挥货币作用的依靠。

国家是什么？作为政治地理学概念，国家是由领土领空领海、居住人民、自身文化和政府机构四个要素组成的实体，即从广义上讲，国家是指拥有共同的语言、文化、种族、血统、领土领空领海、政府及历史的社会群体。从狭义上讲，国家是一定范围内的人群所构成的生存共同体。从社会科学和人文地理范畴而言，国家是指被人民、文化、语言、地理区别出来的领土；被政治自治权区别出来的一块领地；与一个领地或者一定的行使主权的人民有关联的地区。一般认为，国家的行政管理当局即政府机构是国家的象征，政府属于拥有治理一个国家的权力的政治机构，政府在一定的领土、领空、领海内拥有外部和内部的主权。对于国家概念，有地域性的划分，有行政合法性的确定，即国家必然要拥有合法的权力。国家合法性是指国家政权存在的由法律作出的理性规定。理性规定是指国家的司法制度的建立健全。按照法律，国家作为社会组织可以容纳多个民族，但单一民族也可以国家化。对于货币发展到虚拟性货币来说，虚拟性货币的工具性本质是信用，即国家信用，国家是现时代每一个人或每一个家庭的整体生存屏障。整体生存屏障就是每一个人或家庭的生存都离不开的屏障，离开了就活不下去。在远古，这一屏障是部落，即部落是远古人们的整体生存屏障，离开部落的人是无法存活的。在国家产生之前，这一屏障是民族，即民族是民族时代各民族人民的整体生存屏障，离开了民族的人也是生存无法得到保障的。而到了现代，国家是世界的普遍存在，国家就成为现时代的人们的整体生存屏障。在现时代，几乎没有世界公民，即可以脱离国家屏障而生存的人。国家信用就是现时代国家所起到的人们整体生存屏障作用的一部分。

信用工具作为货币的本质，是自古至今都不变的。但信用本身是发展变化的。由市场信用发展到国家信用是信用所发生的最大的变化。现在的国家信用是支撑虚拟性货币发挥货币作用的根基力量。所以，对于虚拟性货币的本质，一是不能按照市场信用的含义来要求，不能只是就市场说信用，看不到信用本身的发展变化；二是还要明确国家信用本身也是要发展的，过去的国家信用达不到的信用程度并不是以后的国家信用也达不到的信用程度。信用是需要培养的。市场信用需要相当长的时间才能培养成熟，达到社会普遍认可的程度。国家信用也同样需要一定的培养时间，更需要各个国家的政府为培养成熟的国家信用付出相应的自觉的努力，造福于各个国家的民众。支撑虚拟性货币的国家信用不是实体性的，但也不是虚幻的，实际上其总是表现得很具体，很具有担当性。在这方面，有些国家高度重视并予以高度的原则把握。政府不能大包大揽，不能轻易增加自己的社会责任，就是一种培养国家信用的良好表现。政府的追求是培养成熟的即能够得到广大民众认可的国家信用，而不是一味地增加自己的责任。不负责任地一味增加政府的责任，脱离社会的实际需要，只会损害国家信用，而不会给民众带来任何的好处。政府只能做自己力所能及的工作，包括提供公共服务与公共救助，不可以取代市场解决民众生活水平提高的问题。国家信用并不是民众生活的基本依靠，而只能是作为民众生活使用的虚拟性货币的支撑力量。

欧元是欧盟的货币。作为现代货币，欧元也是信用货币，也是虚拟性货币。欧盟是欧洲众多国家的联合体，是新型的国际社会组织。欧元的本质依然是信用，这是欧元作为一种货币必须具有的本质。但欧元的信用基础不是市场信用，也不是单一的国家信用，而是欧盟所有国家的国家信用联盟。可以说，欧元的发行和使用依据的国家信用联盟是国家信用发展的一种形式，也是现代社会信用高度发达的一种表现。

随着虚拟性货币越来越广泛地被使用，国家信用将会在各个国家更好地发展下去。虚拟性货币的使用需要坚挺的国家信用，政府就应该提供坚挺的国家信用，即在随着时间推移的历史长河中，政府不仅要提供国家信用，而且必须提供坚挺的国家信用。现在，美元已经虚拟化了，不管人们承认不承认，美元都已经是虚拟性货币了。对于美国政府来说，对于国家信用的维护，就是对于美元的维护，对于虚拟化的美元的维护就是对于虚实一体化的美国经济的维护。就目前来说，美元这种虚拟性货币既是各国的外汇储备，也赋予了各国政府一定的债权。美国国债发向了全世界，世界上很多国家都持有美国政府发行的国债，一些经济总量比较大的国家更是持有了较多的美国政府发行的国债。由于美国国债的市场规模已经达到数十万亿美元之多，所以，美国政府每天要支付的国债利息就达两亿美元之多，也就是说美国政府一年要支付700多亿美元的国债利息。这是对美国国债市场的严峻考验，也是对美国政府所要维护的国家信用的严峻考验。比较幸运的是，自向全世界发行美国国债至今，美国政府还没有拖欠过国债利息，几乎每周都是按时支付的。在这方面，不得不说，美国政府维护了良好的国家信用。这一信用的维护对于支撑布雷顿森林体系崩溃后的美元走到今天，起到了极其重要的作用。可以说，就目前的情况来看，各个国家的政府基本上都像美国政府一样注重维护国家信用，以保障本国货币及经济的发展和稳定。虚拟性货币已经成为以走向成熟的国家信用为代表的当代高度发达的社会信用的标志。

——— 第四章 ———

虚拟性货币与金融创新

虚拟性货币的出现代表了人类社会货币发展的时代转折。以虚拟性货币替代实体性货币，这本身就是货币发展的创新。因而，虚拟性货币的实际运行必然牵涉到现代金融领域创新的方方面面。在本章，先要讨论现代的虚拟性货币对于传统的实体性货币的替代问题，还要深入地讨论虚拟性货币作为储蓄的货币和作为资本的货币的区别问题，然后再系统地研究和认识虚拟性货币的运行与现代金融领域创新的各个方面的问题。

虚拟性货币与实体性货币的相同应用

虚拟性货币与实体性货币的不同之处在于虚拟性货币没有商品性和价值性，只是一种起到市场交易媒介作用的信用符号。虚拟性货币的出现实质上代表了货币发展的进步。这种进步并不表明货币的用途扩大了或者是减少了，而只是表现为货币的内涵更加单纯了。至于货币的用途，可以说一点儿都没有发生变化。这也就是说，由实体性货币转化而来的虚拟性货币与实体性货币的用途是相同的，并没有因货币本身的虚拟化而改变货币的用途。所以，就货币的使用而言，虚拟性货币没有任何神秘的地方，人们对实体性货币是怎么使用的，对虚拟性货币也是怎么使用。也正是因此，在现时代的实际生活中，很多人根本就没有感受到货币的变化，即没有感受到货币的虚拟化，还是像过去看待实体性货币一样看待虚拟性货币。对于世界上绝大多数的民众来说，似乎也没有必要特别强调虚拟性货币与实体性货币有什么内涵上的不同，在他们看来，货币就是货币，只要能使用就行，没有必要再作实体性与虚拟性的区分。所以，在使用方面没有任何变化的前提下，在布雷顿森林体系崩溃之后，各个国家的主权货币迅速地虚拟化，这是静悄悄地进行的，不论在世界上的哪一个角落，都没有引起社会的动荡与不安，真正是"平和演变"的过程。这至少说明，虚拟性货币的产生和使用对于广大的民众影响不大，现在的人们使用虚拟性货币并没有感到与使用实体性货币有什么特别的不同。

作为货币的历史性进步，作为现时代发展了的货币，虚拟性货币可以同实体性货币一样使用是客观的和自然的。这实质上宣告了，任何对于货币的虚拟化持有否定态度的认识都是不可取的，虚拟性货币是客观地也是自然地走进了人类的生活之中，就像人们毫不犹豫地接受了电子计算机这一新技术革命带来的最重要的现代劳动工具一样，人们也都毫不犹豫地接受了虚拟性货币这一与传统的实体性货币用途相同的货币。人们接受虚拟性货币，不需要外在的压力，只因为人们的生活离不开货币，而虚拟性货币就是当今现实的货币。虚拟性货币不可能创造出与实体性货币完全不同的用途，虚拟性货币只是对传统的实体性货币的继承和发展，是可供人们更好使用的货币。对于已经进入虚拟性货币时代的人们来说，没有必要退回到原来的使用实体性货币的历史，唯一的选择只能是继续向前走，走向使用虚拟性货币的更为广阔的天地。如果说，在过去，实体性货币可以满足人们对于货币的所有的需要，即不仅可以满足人们所有的日常生活对于货币的需要，而且可以满足人们发展生产对于货币的所有需要；那么，就现实来说，毫无例外，虚拟性货币也同样可以满足人们对于货币的所有的需要，即不仅可以满足人们所有的日常生活对于货币的需要，而且也可以满足人们发展生产对于货币的所有需要。

现在是虚拟性货币时代，也是电子化货币时代。虽然电子化货币可以是虚拟性货币，也可以是实体性货币，但就现实来说，进入虚拟性货币时代后，电子化货币基本都是虚拟性货币。因而，在虚拟性货币与实体性货币的使用没有区别的前提下，目前的电子化货币还是使虚拟性货币表现出了新的活力。这个新的活力来自货币的电子化使用，与货币的用途无关，只是货币的使用方式借助了先进的电子技术而已。所以，相对来说，电子化的虚拟性货币的使用比传统的实体性货币的使用更方便了。在一样的用途下，虚拟性货币借助电子化的力量为使用货币的人们带来了更多的便利和乐趣。人们再也不用去商业银行的营业网点排长队办理简单的业务，人们通过手机银行和网上银行就可以解决一切市场交易所需要的虚拟性货币的收支问题。这让人们感到，现代的货币虽然与传统的货币相比用途并没有增加，但确实有助于人们更好地使用货币。这是电子技术发展为虚拟性货币使用所提供的助力，是时代的进步给人类生活带来的福祉。在电子化货币时代，虚拟性货币如鱼得水，可以更好地为每一个人服务，让每一个生活离不开货币的人都能够更好地依靠虚拟性货币生存于世。人们可以庆幸的是，金属货币时代和作为实体性货币的纸币的时代都已经或即将成为过去，现在的货币电子化所带来的所有便利只留给了虚拟性货币。

虚拟经济早已有之，并不是现代市场经济开创的。实际上，在传统的市场经济问世的时候，就已经有虚拟经济存在了。因此，准确地讲，虚实一体化的经济始于传统的市场经济年代。在那时，人们不仅将实体性货币用于实体经济领域，而且也将实体性货币用于虚拟经济领域。这也就是说，有了虚拟经济领域，货币就有了新的用途。需要明确的是，人类社会并没有因为发展而给虚拟经济领域另设货币，虚拟经济领域一直使用与实体经济领域一样的货币。当初的实体性货币，不论是什么形式，只要是能够投入实体经济领域使用的货币，就一样能够投入虚拟经济领域使用。相应地，到了虚拟性货币时代，虚拟性货币的使用同实体性货币的使用是一样的，也是既要用于实体经济领域，又要用于虚拟经济领域。只是，在虚拟性货币时代，虚实一体化的经济大为发展了，不光是实体经济领域极大地扩展了，出现了许多的新产业和新劳动，而且虚拟经济领域也是超乎寻常地形成了巨大的规模。如果说，现代市场经济与传统市场经济有重要的不同，那么毫无疑问，这个不同就体现在虚拟经济领域资本市场的规模显著地扩大上。因此，现代市场经济中的虚拟经济市场交易不是需要一点点货币，而是需要巨量的货币，在这一领域，虚拟性货币与实体性货币具有同样的用途，只不过虚拟性货币的投入量要大大地增加。

虚拟性货币与作为储蓄的货币

在实体性货币时代，总会有一部分货币成为储蓄货币，同样，进入虚拟性货币时代后，也总是会有一部分货币成为储蓄货币。虚拟性货币成为储蓄货币，与货币的虚拟性无关，只与人们的生活方式有关。如果人们都不喜欢储蓄，或都不在银行储蓄，那么，就不会出现储蓄货币。但实际情况恰恰相反，在世界各地，至少还是有一部分人是愿意储蓄的，而且是愿意到银行储蓄的，所以，在金融领域就有了一笔储蓄货币。对于货币持有人来说，储蓄就是延期消费，就是即期不使用自己的货币，将购买力让渡给社会，在一定的市场机制下由社会支配自己暂时不使用的货币。在储蓄方面，虚拟性货币与实体性货币没有不同，都会形成一定的储蓄货币。由于是货币持有者让渡自己的购买力，因此使用货币持有者让渡的购买力的一方，不论是用这些储蓄货币做什么事情，都需要给予让渡购买力的一方即储蓄的一方一定的补偿。如果储蓄货币是存在银行的，那么这种补偿至少在表面上看是由银行支付的。目前来看，经济越是发达的国家，储蓄率越低，即人们用于储蓄的钱占其收入的比例越低；而相反，在经济不那么发达的国家，在一些发展中国家，反而储蓄率比较高，即人们用于储蓄的钱相对比较多。对此，仅就人们用于消费的钱来说，不好作出储蓄是好还是不好的评价。因为储蓄是人们生活中的一种自然选择，实际让渡购买力也是一种市场机制，是无可厚非的。

在虚拟性货币时代，有一些人的收入提高了，包括一些科技精英和商业精英，还有传统的资本拥有者，他们有了更多的钱，而且他们并不因为货币是虚拟性的就放弃储蓄，这些能有高收入的人基本上都对虚拟性货币充满信心，或者说他们对于虚拟性货币的理解和认识是正确的，他们相信国家信用，就同中世纪的富人们相信金银一样，他们的储蓄热情来自他们真实的收入实力，他们拥有太多的用不完的钱，他们选择储蓄是一种自然的选择，也是一种明智的选择。据调查，储蓄货币主要来自富人或富人家庭，事实上他们用于储蓄的钱并不是他们的生产资金，而只是他们的闲置货币，是他们暂时不需要使用的生活财富。当然，在现代市场经济条件下，完全可以有一部分人合法地获取高收入，但是，也不排除一些人将自己非法获取的收入转为储蓄货币。对于来自非法收入的储蓄货币，社会需要给予严厉打击，银行也需要反洗钱，但这不是主要的，要认识储蓄货币的来源，主要还是要分析合法收入。只是，社会上的大多数人的合法收入中能够用于储蓄的货币是相对较少的，储蓄货币主要来自社会少数人的合法收入，这是一个基本的事实。正是由于有一些人能够有相当多的合法收入转作储蓄货币，而不是直接转作生产资本，银行等金融机构才有一定的储蓄业务可以做，储蓄货币作为社会总的流通货币的一部分才能发挥自身特有的金融作用。

在实体性货币时代，总会有一些储蓄货币是由个人或家庭收藏的，并不会受金融机构的掌控。金条是一定时期内人们最愿意保存的金属货币，纸币也是人们愿意留在家中的货币。这些货币是纯粹的储蓄货币，持有人不用，别人也无法使用。其实，将储蓄货币留在家中是很不安全的，不仅会引起别人的觊觎，还可能会因各种情况而丢失，比如家中失火也可能会造成货币损失，尤其是纸币，一场火可能便会将家中的储蓄货币全部化为灰烬。但是，一些日子过得殷实而谨慎的人家，还是愿意在自己的家中保存大量的货币，在一定的时期内，这些人家除了爱保存金条外，还爱保存银圆，他们将保存金银货币当作过日子的基本内容和原则，目的就是有朝一日能够用这些金银置办更多的地产，让自己今后的日子能够过得更好。后来，在取消私有制的国家，没有人再可以添置土地了，也没有人能够赚取金银货币留作自家保存的储蓄货币了。而且，过去家里能够储蓄货币的人都知道，货币是有用的，但是货币不能当饭吃，所以他们在家里储蓄货币的同时，也一定要在家里储备一定的粮食，不然，心里是不安稳不踏实的。这至少也说明，在那个年代，在家里储蓄货币与储备粮食是同等重要的。但是，进入现时代，进入虚拟性货币时代，进入电子化货币时代，进入商业繁荣与发达的时代，人们就几乎没有可能在家中再储蓄货币了，至少电子化的虚拟性货币是不能在家中保存的，必须存在电子银行即银行的电子账户里。这就是作为储蓄货币，虚拟性货币与过去实体性货币的一个显著的不同。

存在银行里的储蓄货币，主要会有两种转化形式：一种是转化为借贷消费资金，另一种是转化为生产借贷资本。不论是哪一种转化，都是银行业务功能的体现。对于将储蓄货币存放在银行的客户来说，银行将储蓄货币转化为借贷消费资金，还是转化为生产借贷资本，与他们是无关的，他们只需要关注的是银行给他们多少利息补偿。对于银行来说，它们是一定要将储蓄客户存放在银行的储蓄货币进行转化的，不是转化为借贷消费资金，就是转化为生产借贷资本。如果银行将储蓄货币转化为借贷消费资金，那么，从货币的用途讲，还是与储蓄货币是一样的，只不过储蓄货币是延期消费使用的货币，借贷消费资金是即期消费使用的货币，但都还是要用于消费的货币。在这方面，可能会出现一些消费结构方面的变化。比如，储户存入银行的货币是准备将来供孩子们上大学的钱，而银行可能将这些转化为借贷消费资金的钱都贷给了要买商品房的人。这就体现了现代金融的消费调剂的功能，既使得一部分人能够借贷买房，又不影响将来另一部分人供子女接受高等教育所需要的费用。在现实生活中，银行里的储蓄货币，除了一部分会转化为借贷消费资金，还有一部分会转为生产借贷资本。这也是在现代市场经济条件下，生产资本的一个重要来源。这种转化是将社会消费资金向社会生产资本的转化，是货币的完全不同的用途的转化。在社会生产资本总量不足时，这种转化有利于社会增加用于发展生产的资本，有利于社会经济的发展。但在社会生产资本本来就过剩时，这种转化会加剧社会生产资本的过剩。不过，这种社会生产资本过剩的情况是不常出现的。

虚拟性货币与作为资本的货币

按照马克思主义政治经济学的界定，货币不是资本，资本是能够实现价值增殖的货币。这一界定，适用于实体性货币，也适用于虚拟性货币。除了有一部分储蓄货币在银行会转化为生产借贷资本，更多的生产资本来自资本市场或民间的投资。不同于货币的资本，按其形态，分为货币资本、生产资本和商品资本。有一部分货币是专门充当货币资本的，在实体性货币时代就有一部分货币专门充当货币资本，在虚拟性货币时代也同样有一部分货币要充当货币资本，即用于实现价值增殖的货币。生产资本是指停留在生产阶段的资本，主要表现为人力与物力方面的生产投入。商品资本是指各类企业取得的劳动成果，它们在市场出售前是商品资本，出售后就转化为可以实现价值增殖的货币资本了。资本的循环自货币资本开始，到可以实现价值增殖的货币资本结束，中间经过生产资本存在阶段，又经过商品资本存在阶段，最后才能回到货币资本形态。这一过程实质上就是人类劳动的过程，是人类劳动在资本主义发展阶段上的体现。货币转化为能够实现价值增殖的货币即资本，是社会的进步，在这之前是封建社会的农业经济发展阶段，在这之后将是共产主义社会的知识经济发展阶段，而在资本主义的工业经济发展阶段便有了资本的产生，并能发挥生产的支配作用。所以，对于封建社会来说，发展到资本主义社会是进步，出现用于资本的货币是客观的，是社会发展的需要。

投入生产中的资本，包括投入社会大生产各个阶段各个环节的资本，即只要是资本的投入，在现阶段社会，都是要获得收益权的。这是一种社会的机制，也是市场经济中的一种准则，根据在于私有制的存在以及资本在这一社会发展阶段的劳动中起主要作用。资本的收益权存在是资本主义经济发展的一个先决条件，也是现代市场经济建设的一项基本原则。但是，并不是所有的资本投入都能够获得收益。在法治社会，资本的收益权是受法律保护的，只是能不能实际获得收益，还要看资本运作的情况，并不一定所有实际的资本投入都能够获得收益。过去，在经济理论研究中，认为资本收益是必然性的，这是不符合实际的。现在，必须明确在市场经济之中，资本主义性质的资本收益是或然性的，只有各种条件都具备之后投入的资本才可能获得收益。在现实生活中，没有能够得到收益的资本投入比比皆是，甚至有些资本投入是血本无归。比如，有的地方本来商场就很多，但还有人不知深浅，投入大量的资本建新的商场，结果还没有等到新的商场开业，投资商就宣布企业破产倒闭。这种情况，并不是极个别的，而是似乎各地都有过类似的案例。所以，有些不管不顾的资本投资，非要倾力投资市场已经饱和的行业，结果就只能是自讨苦吃，得不到应有的资本收益。由此，运作资本需要一定的驾取能力，或者说需要相应的专业能力，不是那么轻松就能获取收益的。当然，在资本主义工业经济发展时代，主流资本还是基本上能获得可观的资本收益的。

在虚拟性货币时代，许多的虚拟性货币都走向电子化了；而在虚拟经济领域虚拟性货币资本则基本上走向了证券化。这就是说，目前的资本市场基本已经是证券化的资本市场，而且在一些经济发达国家，这些证券化的资本市场早就高度发达了。这种高度发达的证券化资本市场的存在，应该是现代市场经济有别于传统市场经济的一个最明显的特征。有了高度发达的证券化的资本市场，货币资本就如鱼得水，更加活跃了。货币的供给，准确地讲，在现时代就是对高度发达的证券化的资本市场的虚拟性货币供给，必须到位。这体现了虚拟性货币在资本主义工业经济发展阶段的一个重要作用。在资本证券化时代，绝对不是说虚拟性货币能够满足人们购买商品和劳务的需要就可以了，实际上对于虚拟性货币需求量最大的是证券化的资本市场，这一市场是真正需要大量虚拟性货币的地方。如果社会只是注重商品交换市场需要的虚拟性货币，而对证券化的资本市场需要的货币不能予以充分的满足，那么证券化的资本市场的作用必然会打折扣，证券化的资本市场的发展必然会受到影响，进而对整个国民经济的运行和发展造成不利影响。在现代市场经济条件下，人们一定要明白经济的核心就是资本市场的作用，即高度发达的国民经济一定要依赖高度发达的证券化的资本市场充分地发挥作用，虚拟性货币的供给一定要满足高度发达的证券化资本市场的需求。因而，对于发展中国家来说，也需要像发达国家那样，高度重视证券化资本市场的发展，高度重视对证券化资本市场的虚拟性货币供给。

虚拟性货币与金融制度创新

　　虚拟性货币走进人类社会的经济生活，必然要引起社会最为基础的金融领域的各个方面的创新，其中首先是金融制度的创新。金融制度是各个国家以法律形式确立的货币金融体系以及关于构成金融体系的各类银行和非银行金融机构的职责规定和分工合作关系的制度安排，即所谓的金融制度就是指国家对于货币活动和银行系统及其相应工作的制度规定。目前，各个国家的金融制度都是在较长时期的社会经济发展中慢慢形成的，具有一定的复杂性和较完整的系统性。在现代市场经济体制下，金融制度的最主要内容是中央银行和商业银行分立的制度。那么，在实体性货币转化为虚拟性货币之后，金融制度将需要面临哪些创新呢？显然，并不是所有的金融制度都需要创新，尤其是一些最基础的金融制度是没有必要改变或修订的，需要创新的金融制度只是那些需要根据时代的变化而变化或创立的制度。

　　一般说来，最高层的金融制度，即由国家法律规定的金融制度，是不需要因货币由实体性货币向虚拟性货币转化而创新的。比如，在中国，《人民银行法》和《商业银行法》就是不需要在虚拟性货币时代重新修订的。《人民银行法》规定：中国人民银行是中华人民共和国的中央银行。中国人民银行在国务院领导下，制定和实施货币政策，对金融业实施监督管理。货币政策目标是保持货币币值的稳定，并以此促进经济增长。中国人民银行履行下列职责：

　　（一）依法制定和执行货币政策；

（二）发行人民币，管理人民币流通；

（三）按照规定审批、监督管理金融机构；

（四）按照规定监督管理金融市场；

（五）发布有关金融监督管理和业务的命令和规章；

（六）持有、管理、经营国家外汇储备、黄金储备；

（七）经理国库；

（八）维护支付、清算系统的正常运行；

（九）负责金融业的统计、调查、分析和预测；

（十）作为国家的中央银行，从事有关的国际金融活动；

（十一）国务院规定的其他职责。

而《商业银行法》规定，商业银行可以经营下列部分或者全部业务：

（一）吸收公众存款；

（二）发放短期、中期和长期贷款；

（三）办理国内外结算；

（四）办理票据承兑与贴现；

（五）发行金融债券；

（六）代理发行、代理兑付、承销政府债券；

（七）买卖政府债券、金融债券；

（八）从事同业拆借；

（九）买卖、代理买卖外汇；

（十）从事银行卡业务；

（十一）提供信用证服务及担保；

（十二）代理收付款项及代理保险业务；

（十三）提供保管箱服务；

（十四）经国务院银行业监督管理机构批准的其他业务。

在虚拟性货币时代，金融体系中间层的金融制度也是不需要有大的改变的，包括金融机构和金融监管机构的设立及其职责。在中国，这包括各种商业银行和非银行金融机构的设立及其业务工作的范围，以及银保监会和证监会的设立及其监管职责。

由于虚拟性货币对实体性货币的替代，就金融制度来说，最重要的创新是在基础层面上表现出来的，即市场化的金融活动和市场交易制度性的规定需要根据货币的变化而实现一定的创新。这就是说，在关于虚拟性货币活动的基层金融制度中，需要对市场的参与者活动规定某些方面的新的制度。金融市场的参与者主要包括：拥有富余的货币资金的人或部门、某些货币资金短缺的人或部门、有法定的金融许可证的金融中介机构、各类金融市场、国家金融监管当局。

银行业应当是率先创新电子银行设立制度的行业。因为货币虚拟化之后最为明显的变化是货币电子化，所以，银行业需要统揽这个责任，率先创立电子银行，解决市场交易中的电子支付问题，而不是将这份工作留给银行业以外的机构去做。现在，实际认识到这个问题还不晚，银行业应该及时弥补以往工作上的迟钝和不足，迅速地解决非银行机构进入电子支付领域的问题。这需要将其作为一种金融制度创新来对待。银行本身就承担着市场交易支付业务职能，在货币虚拟化、电子化之后，银行业的支付业务职能不是没有了，而是更加强烈地存在着，且银行业必须更好地履行自己的这份责任。如果责任旁落，一直由非银行机构承担电子化支付的业务职能，那么对于消费者平时的购物倒是没有影响，只是可能会造成社会金融秩序扭曲的问题，并可能由此引发社会金融危机，对消费者造成一定程度的经济损失。所以，面对虚拟性货币时代的金融制度创新，各个国家的银行业都必须担负起自己应该担负的责任，全面承接市场交易电子化支付业务，全面终止已经由非银行机构承担的这方面的电子化支付业务，不再任由非银行机构从事电子化支付业务，一定要让银行回归市场中介的角色，让银行做好市场交易的电子化支付工作。不论消费者买什么，银行的电子化系统都应迅速而准确地完成支付，保证不会留下任何遗憾。

另外，就金融制度创新来讲，商业银行还必须做好网络化贷款业务，不能任由非银行机构开展互联网金融工作。商业银行是负责贷款的，这一点不会因货币的虚拟化而改变，更不会由于互联网金融的兴起而改变。互联网金融的中心是金融，不是互联网，互联网只是完成金融活动的途径和手段。因此，互联网金融也需要银行业承担起社会责任，也不能任由非银行机构插手这项金融工作。然而，在一定时间内，互联网金融的兴起，主要是由一些非银行机构开展 P2P 业务推动的。

互联网 P2P 是指通过网络进行的个人对个人的借贷活动，又称点对点网络借款，属于民间小额借贷，是借助互联网出现的金融服务活动。然而，既然是借贷金融活动，就应该属于银行的业务，不应该脱离银行系统。但由于 P2P 借贷是非常小额度的资金汇集之后的借贷，主要是满足个人对资金的需求，与传统的银行借贷业务并不一致，于是，一开始并不是由银行业承揽这项业务，而是由一批网络信贷公司专做互联网金融即 P2P 业务。后来，又有更多的非银行机构参与到这项金融借贷活动之中，包括一些上市公司、政府企业。而推动业务发展的主体是民营网络公司，它们活动积极、风险很大。最后，才是银行系统进入 P2P 领域。这说明，关于这方面的金融制度创新是十分滞后的，本来银行系统应该走在最前面，充分利用互联网技术更好地满足人们出借和贷款的需要，但结果银行业走在了最后面，不仅没有发挥行业的引导作用，而且严格地讲是放弃了银行应该主动尽到的借贷责任。所以，根据现实的情况，今后还是需要使互联网金融回归到银行业务系统，不能在制度上允许非银行机构从事 P2P 业务，一定要使虚拟性货币的借贷活动始终保持正常的金融秩序。

虚拟性货币与金融市场创新

金融市场是指货币借款市场、外汇买卖市场即外汇市场、有价证券的发行和交易市场即证券市场、黄金等贵金属货币的买卖市场即黄金市场的总称，由直接金融市场与间接金融市场共同构成。金融市场还分为货币市场和资本市场，货币市场是短期金融市场，包括票据贴现市场、短期存贷款市场、短期债券市场和同行拆借市场等；资本市场是长期金融市场，包括长期贷款市场和证券市场。总之，金融市场是交易金融资产并确定金融资产价格的市场，蕴含着金融交易即货币与资本交易的市场机制。金融市场是现代社会的资金融通市场，发挥资金融通作用，可以在国民经济的运行中，运用金融工具调节资金的盈余，为所有的金融交易活动提供市场保障。在金融市场上，人们交易的股票、债券、储蓄存单等都属于金融工具。金融市场所做的资金融通工作就是融资工作，融资分为直接融资和间接融资。直接融资是指供求双方在金融市场上直接进行资金融通的活动，即金融市场资金需求方直接向有关投资机构或个人筹集资金。而间接融资是指通过金融中介机构所进行的资金融通活动，即资金需求方通过向银行等金融中介机构申请贷款的方式筹集资金。金融市场产生于实体性货币时代，是在商业信用和银行信用高度发达之后才产生的。在进入虚拟性货币时代之后，金融市场需要进一步地创新发展。

金融市场的交易体现了资金的所有权与使用权相分离的原则,可以将众多投资者的资金聚集起来,更好地发挥资本的生产作用。特别是,在证券化的资本市场,在接受市场价格的前提下,证券的买方可以买到他想买的数量,卖方可以卖出他想卖的数量,十分地方便。金融市场的这种交易性其实就是资金的流动性,金融市场开辟的流动性可以使资本在不同的时间、不同的地区和不同的行业之间进行转移,使金融资源得以更加有效地配置。在虚拟性货币时代,金融市场的作用就是要提供更加便捷的金融交易,同时依然要保持资金的流动性,因为这是金融市场不变的基础功能。甚至可以说,如果没有了集中流动性的功能,金融市场也就失去了存在的基础。而且,金融市场的集中流动性的作用还体现在交易机制的选择和变迁的方面,只有保持全面的流动性,才能更好地发挥金融市场的竞争性的作用。目前,金融市场分为两种形态:一种是传统的有形市场,即所有的交易者都集中在某一具备交易设施的固定场所进行金融交易的市场,很多在银行系统完成的交易都属于有形市场的交易。另一种是新兴的无形市场,即所有参与交易的人或机构分散在不同地点采用电子技术手段进行金融交易的市场,如各种场外交易市场、现代的全球外汇市场和世界各地的证券交易市场基本上都属于无形市场。在证券交易电子化之前,证券交易市场是典型的有形市场,而在采用数字化电子化交易系统之后,证券交易市场就成为新兴的无形市场。

已经使用虚拟性货币的金融市场创新主要体现在互联网金融市场的创新上,即互联网众筹的兴起上。众筹就是指大众筹资,是由发起人、跟投人、平台构成的金融市场活动。众筹具有低门槛、多样性、依靠大众力量、注重创意等特征,是一种通过网络上的平台连接起赞助者与提案者完成筹资的方式。众筹的资金用途是多方面的,包含灾后重建、民间项目建设、竞选、创业、影视制作、自由软件开发、设计发明、科学研究以及公共专案实施等。众筹利用互联网让小企业、艺术家或个人对公众展示他们的创意，争取大家的关注和支持，进而获得所需要的资金援助。相对于传统的融资方式，众筹更为开放，获得的资金也不再是以项目的商业价值作为参考标准。只要是网友喜欢的项目，都可以通过众筹方式获得项目启动的第一笔资金，为更多小本经营或喜欢创作的人提供无限的可能。发起众筹的人，无论身份、地位、职业、年龄、性别，只要有想法有创造能力就可以发起项目，而参加众筹出资的人，更是具有广泛性，全凭个人意愿决定，一般不是公司，而是个人。众筹能否成功取决于创意好坏，即发起人必须拿出自己好的能够吸引众人的创意才能成功。只有创意具有可展示的良好效果，才能通过众筹平台的审核，在平台发起筹资。只有一个简单的概念或者一个项目运作的点子，不具有可操作性，是无法进行众筹的。世界银行报告预测2025年世界众筹总金额将突破960亿美元，其中亚洲将占较大比重。

众筹网站使社会上任何有创意的人都能够向几乎完全陌生的人筹集资金，消除了传统的投资者和金融机构进行市场融资的许多障碍。众筹网站是众筹市场建立的关键。由于是进行金融活动，因此，设立众筹网站的应当是金融机构，不可以由非金融机构担负此重任。在众筹平台设定的天数内，达到或者超过筹资目标金额，众筹项目就算融资成功，发起人可获得众筹来的资金；获得资金的众筹项目开发完成后，支持者即所有的出资人将得到发起人预先承诺的回报，回报方式是多样化的，可以是货币或股权，也可以是实物或服务。但如果众筹项目筹资失败，没有筹集到预定的金额，那么筹资平台要将已获得的资金全部退还支持者即出资人。目前看来，传统的投资方式也可以与众筹相结合，或是说可以利用众筹方式获得必要的商业信息。因为投资必须有广泛的需求信息来源，在过去，投资项目的信息都来自关系网，或网络上零散发布的资料，而众筹平台则可为投资公司集中带来更多的项目，也实际拥有更高效的工作机制，通过对融资项目进行严格审核，能够更快地实现投融资双方的沟通，令社会融资决策的过程更加紧凑合理。对于高度市场化网络化的众筹平台，可以有千千万万的投资者使用它。这些投资者能够形成一个特定的专业群体，而众筹平台完全可以做到让这一群体尽情地相互交流，在日复一日的尽职调查中提供必要的帮助。在虚拟性货币的金融市场创新发展中，借助众筹平台的力量，社会化的市场化的融资活动会更加广泛而便捷，同时也能表现出更多的经济理性。只是公益性众筹不属于有偿融资的金融市场活动。

虚拟性货币与金融产品创新

在实体性货币时代，最多的金融创新是金融产品创新；在虚拟性货币时代，最多的金融创新依然是金融产品创新。金融产品亦称金融资产、金融工具和有价证券，是指货币资金在市场化的融通过程中的各种载体，包括货币票据、黄金、外汇、有价证券等，即金融产品就是金融市场的买卖对象。凡金融产品都是有价格的，买卖双方通过市场交易形成金融产品的市场价格，依据市场价格达到市场交易融通资金的目的。比如，人们持有的货币资金，这些货币都是虚拟性货币，且都是电子化货币，面对各种各样的金融产品，人们可以作出自己的选择，或者购买股票，或者购买债券，或者购买保险，不论买什么，都是自主交易，都是自觉自愿的，买对了可以使自己的金融资产增加，买不对就会使自己拥有的金融资产遭受损失。所以，购买金融产品是有一定的风险的，任何人购买金融产品都不能不谨慎小心。而对于金融产品创新来讲，也是有一定风险的，搞不好就会出现严重的问题。譬如：21世纪初，美国的次级贷就是一种典型的金融产品创新。由于美国进一步将次级贷打包证券化，使之成为面向全球发行的金融衍生品，并酿成大祸，引发了2008年的全球金融危机，给世界上许多国家带来严重的经济损失，当然美国自己也是损失十分惨重。这是在美元虚拟化之后遇到的第一次金融危机，也是现代美国金融界在金融产品创新方面跌的一个大跟头。

事实证明，次级贷是不可以随便实施的。所谓的次级贷，就是指一些金融机构向信用较差和实际收入不高的借款人发放的贷款。这是不合一般规矩的贷款，很难保证不出现问题。所以，一旦市场发生某种变化，贷款利率上升，很多次级贷的借款人就会无法按期偿还贷款，于是就会导致一些放贷的金融机构遭受严重损失甚至走向破产。这也就是说，金融产品的创新必须坚守安全性原则，必须是在保证整个金融业安全的前提下进行金融产品创新。没有安全性的保证，不论是什么样的金融产品创新都不能搞。美国的次级贷金融产品创新，给全世界都带来了深刻的教训。认真吸取这一教训，并不是不再搞次级贷就行了，而是要认识到所有的金融产品创新都必须高度重视安全性，不能再随意通过金融产品创新制造麻烦和损失。现在看来，人们吸取教训的做法可能并不到位，甚至可以说还没有触及灵魂深处。这表现在2008年美国次级贷引发国际金融危机之后，世界金融衍生品交易依然火爆，各种金融衍生品的产品创新层出不穷，这对世界金融造成了新的威胁。其实，如果不是金融衍生品泛滥，即如果不是美国将次级贷的产品创新进一步发展为金融衍生品创新，此次金融危机也不会给全世界造成那么大的损失。因而，就金融产品创新而言，对金融衍生品的产品创新的安全性更需要给予高度警惕，更不能轻易上市新的产品。

对于普通百姓来讲，接触到的最多的金融产品创新是在银行。目前，世界各地银行已经不再是单纯地接受储户的存款，而是开展了各式各样的理财业务。这些理财业务都是银行推出的金融创新产品。比如在中国，民生银行推出的一款理财创新产品，客户委托银行理财的起始金额为 1 万元，理财期限 35 天，收益类型为保本固定收益型，预期最低年化收益率为 2%，预期最高年化收益率为 8%，这款产品仅保证合同约定的最低收益，不保证超出最低收益的额外收益，具有一定的风险。但也吸引了很多人购买。而且，现在银行的理财产品种类众多，经常变换，为人们的闲置资金提供了很好的去处。在中国，自从关于国家认可的理财子公司的管理办法发布之后，大多数大银行在第一时间成立了理财子公司，并使之承接本银行原有的理财业务。而随着时间的推移，更多的小银行也加入其中开展专门的理财业务，甚至包括一些因为开展理财业务的规模太小可能会明显亏钱的小银行。小银行宁可亏钱也要参与理财，是因为如果迈不出金融产品创新这一步，未来小银行的金融市场活动空间便会遭到很大的限制。中国的银行理财业务的兴起，是中国的商业银行面临的一大挑战，其背后的推动力量是利率市场化改革下的金融发展。但就金融产品创新来说，理财业务其实也给了中国的商业银行极好的发展赶超机会，因为只要将理财业务做强做大，银行不但能够揽到更多的低成本货币资金，而且也能使银行的存量资产表现出较好的竞争力。

保险产品的创新也属于与人们的生活密切相关的金融产品创新领域。由于是面向广大的普通百姓，保险业的从业精英想方设法创新保险产品，以满足人们投保的需要；同时，以此保证本行业的经营业绩不出现问题。保险产品是各类专门的保险公司为社会提供的有形金融产品和无形人文服务的综合体。所有的保险产品都是由各个保险公司提供给客户并由客户进行选择的保险项目，或者说，保险产品就是在保险市场进行交易的金融工具。保险产品是一类重要的金融商品，像一般商品一样，具有自身的使用价值和价值。保险产品的使用价值在于，它能够满足人们的某种社会生活需要。比如，人寿保险中的死亡保险能够满足人们支付死亡丧葬费用和保持家庭其他人口继续生活的资金需要；年金保险可以补充人们对自己的教育、婚嫁、年老等所用费用；财产保险可以满足人们在遭受重大财产损失后迅速恢复生活或减少损失等的需要。同时，种类繁多的保险产品也都具有价值，保险业工作人员的劳动凝结在保险合同中，保险条款的规定，包括基本保障责任的设定、价格的计算、除外责任的规定、保险金的给付方式等都是保险业工作人员智力劳动的结晶。保险产品的创新，也就是保险产品的使用价值和价值的创新。由于保险产品是保险公司提供给被保险人的，所以，保险产品的任何创新都必须得到被保险人的认可。只有能够让被保险人满意的保险产品创新，才是有市场活力的，才是对社会有利的。

虚拟性货币与金融机构创新

金融机构的创新也是金融创新的重要组成部分。进入虚拟性货币时代后，仍然要一如既往地进行金融机构的创新。金融机构就是指从事金融业务的相关机构，是金融体系的实体性组成部分。金融业务包括银行业务、证券业务、保险业务、信托业务、基金业务、投资业务等。从事金融业务的金融机构包括中央银行、政策性银行、商业银行、非银行金融机构、证券公司、保险公司、投资公司、信托投资公司和基金管理公司等。这些金融机构分为四类：第一类是中央银行，比如在中国，中央银行是中国人民银行。第二类是各种开展具体金融业务的银行，包括政策性银行、大的商业银行、小的商业银行或合作银行、储蓄贷款协会、合作储蓄银行和信用合作社等。第三类是非银行金融机构，主要包括国有及股份制的保险公司、城市信用合作社、证券公司（投资银行）、财务公司、第三方理财公司、投资管理公司等。第四类是各种外资、侨资、中外合资创办的金融机构，如外资保险公司、中外合资保险公司、外国金融机构的代表处或办事处等。除此之外，广义的金融机构还包括金融监管机构，如银行业监督管理委员会、保险业监督管理委员会、证券业监督管理委员会等。从事金融业务的金融机构分为存款性金融机构与非存款性金融机构。存款性金融机构可以通过吸收存款的形式向公众举债而获得其经营资金，如大小商业银行、储蓄贷款协会、合作储蓄银行和信用合作社等，而非存款性金融机构则是不得开展吸收公众存款储蓄业务的金融机构，包括各类保险公司、投资银行或公司、信托金融机构、政策性银行以及各类证券公司、财务公司等。其中的政策性银行是担负国家政策性融资任务的金融机构。

金融机构的创新可分为银行类金融机构的创新和非银行类金融机构的创新。银行类金融机构的创新就是银行的创新。这包括两个方面：一个方面是扩大银行的数量，创办更多的银行。这是一种银行的外延式创新发展道路或模式。另一个方面是挖掘现有银行潜力，依靠技术进步，扩大现有银行业务规模，提升现有银行的业务水平。这是一种银行的内涵式创新发展道路或模式。现在看来，银行类金融机构的创新，在虚拟性货币时代，不能走单一的创新发展道路，即不能只是单纯走外延式创新发展道路或是单纯走内涵式创新发展道路，而是需要双管齐下，既走外延式创新发展道路又走内涵式创新发展道路，全面地进行银行类金融机构的创新。就外延式创新发展来讲，需要创办更新更多的银行，满足各行各业对于银行业务服务的需求。比如说，村镇银行，已经是最小的银行了，当然不能再办更小的银行，但是可以办更多的村镇银行，让有需求的村镇都能够办起自己的银行。对于新兴的供应链金融来说，还可以允许创办专门的供应链银行，这种银行不属于哪一个行业，金融业务可能涉及很多行业企业，但是这些企业都同处于一个供应链上，所以可以设立专门的银行为这些供应链上的企业提供专门的银行服务。就内涵式创新发展来讲，现有的大的商业银行可以开办更多的业务，除了办好网上银行和手机银行，除了办好理财业务，还可以让更多的人将自身作为金融依靠，更好地为更多的人提供融资服务，而不是只为极少数人提供融资服务。如果大的商业银行的融资服务对象扩大了一倍，就等于大的商业银行机构的工作能力有了创新性的发展。

非银行类金融机构的创新，也是分为外延式创新和内涵式创新两类。非银行类金融机构的外延式创新，就是创办更多的非银行类金融机构。非银行类金融机构的内涵式创新，就是挖掘潜力更好地发挥现有非银行类金融机构的作用。虽然非银行类金融机构的创新应以内涵式创新为主，但是，必要的外延式的创新发展还是不可缺少的。比如，在原先一些地理位置偏僻或经济欠发达的地区增设一批非银行类金融机构，以增加这些地区的融资能力和经济发展活力，这是十分必要的。因为很多地区的经济发展障碍就在于资金不足和市场活力不足，增加非银行类金融机构的设置，就等于提升了资本运作的能力和注入了新的资本市场活力，是十分有利于这些地区的经济发展的。这也是金融机构创新的根本意义所在。再有，非银行类金融机构的内涵式创新相对而言是更重要的。这是更好地发挥现有的非银行类金融机构作用的必由之路。与银行类金融机构的业务工作不同，非银行类金融机构主要不是通过吸收民众存款获取货币资金，而是依靠自身的不同方式筹集自己经营所需要的资本。非银行类金融机构的业务面向的主要是企业，通过提升自身的融资能力和服务能力，非银行类金融机构可以更好地为需要资金的企业服务，更好地刺激经济的发展和经济结构的调整，更好地发挥货币资金在资本市场中的作用。

不论是银行类金融机构的创新，还是非银行类金融机构的创新，也不论是外延式创新，还是内涵式创新，在虚拟性货币时代，关于金融机构的创新，最重要的是金融机构必须具有良好的研究功能。不论是哪一类的金融机构，面对创新，都需要认真地做好基础的研究工作。现在，有些金融机构是具有研究能力的，对于这些有研究能力的金融机构来说，它们需要将研究金融工作的依据从传统的实体性货币理论转为现时代的虚拟性货币理论，不再固守在传统的认识框架之内，要依据发展了的理论和发展了的现实进行深入细致的研究，以更好地从事自身担负的金融工作。而对于现在不具有研究功能的金融机构来说，它们需要高度重视研究人员的引进和研究工作的开展，需要依据虚拟性货币理论和虚实经济一体化的现实对本机构工作任务进行研究，以深入细致的研究工作保证本机构工作的顺利和稳定。金融机构研究工作的创新是金融机构最重要的创新。金融机构的研究创新最重要的是保障金融机构更好地发挥融资作用，更好地开展金融业务，更好地规避金融风险。一般说来，金融风险分为金融市场风险、金融信用风险、金融操作风险等。金融机构规避金融风险，就是要通过高水平的业务研究，有效避免金融市场风险、金融信用风险、金融操作风险等风险。金融市场风险就是指由于市场发生波动一部分投资者不能获得预期收益的风险。市场波动主要是资产价格或货币利率、外币汇率等在市场交易时发生的可能导致一部分交易者出现明显亏损的变化。金融机构信用风险是指与金融机构签订金融交易合同的另一方不履行合同的风险。金融机构操作风险是指金融机构的管理出现失控造成业务操作不当而引致损失的风险。在虚拟性货币时代，金融机构的创新就是要通过强化自身的研究功能竭力避免或降低这些方面的风险。

虚拟性货币与金融资源创新

金融资源是指金融活动领域中掌控货币或资本的金融服务主体与他们掌控的货币或资本等客体的组合构成体。金融资源不是自然资源，而是一种社会资源，是社会经济资源的重要组成部分。金融资源创新就是指金融资源数量的增加、金融资源质量的提高以及金融资源配置效率的提升。金融资源创新是金融创新的重要目的之一。

发行虚拟性货币，与发行实体性货币不同，没有黄金储备的限制，没有实物资产的约束，但是，这不代表虚拟性货币可以不受限制地发行。虚拟性货币依靠国家信用发行，但不能透支国家信用，只能是严格按照市场的需要发行，提供客体性的金融资源。至于主体性的金融资源，更是需要有一定的供给节制，不能搞成金融至上的社会人才结构。毕竟，国家的建设包括国家的经济建设，需要各个方面的优秀人才，尤其是高科技人才，高科技人才的质量是决定国家经济发展水平的关键。所以，在国家教育中，需要将培养高科技人才摆在第一位，而不能将培养金融人才摆在第一位。只是，对于一个国家的金融资源创新来说，努力培养一流的金融人才也是非常重要的。人才是一种决定性的力量。有了优秀的金融人才，才能有金融资源数量的增加、金融资源质量的提高以及金融资源配置效率的提升。对此，最重要的是不能见钱不见人，忽视金融资源创新中的人的作用。

　　努力增加金融资源的数量是重要的。这并不是说可以不管不顾地增加虚拟性货币的供应量和金融领域的就业数量，而只是说可以尽可能地开辟金融渠道，增加金融服务的供给量。比如，扩大股市规模就是增加金融资源。股市不应是政府企业的融资渠道，而应是民营企业的直接融资的主要来源。政府企业可以借助政府发行债券的方式解决企业的增资问题，不一定非要在股票市场融资。而民营企业是不能靠政府融资的，只能走市场化的上市融资道路。扩大股市规模，主要应是支持民营企业上市融资。事实上，在各个市场化国家，基本上都是不允许政府企业进入股票市场的，股票市场就是为民营企业直接融资而设立的。金融资源的创新应当体现在股票市场的扩大上，应当体现在为民营企业提供更好的金融服务上。再如，积极地鼓励有一定基础的股民开展融资融券活动也是一种增加金融资源的方式。融资融券是证券业提供的一种信用交易，是指有一定资质的股民向具有融资融券业务资格的证券公司提供担保物，借入证券公司的资金买入证券（融资交易）或是向证券公司借入证券并卖出（融券交易）的市场交易行为。进一步说，融资融券包括证券公司对股民的融资、融券，也包括其他金融机构对证券公司的融资、融券。从目前来看，融资融券已成为股票市场上一项基本的信用交易制度。问题在于，证券公司鼓励还是不鼓励股民融资融券呢？如果不鼓励，那么融资融券就是形同虚设。只有鼓励股民开展这项业务，才能实际增加金融资源供给。

　　如何提高金融资源的质量也是一个重要的创新问题。金融资源的供给是广泛的，但供给并不仅仅是一个数量问题，还是一个重要的质量问题。现在看来，各个国家的银行都在努力地工作，各个国家的非银行金融机构也都门类齐全，而且银行也都开设了网上银行和手机银行，但是，这些银行和非银行金融机构的服务如何，就关系到金融资源的质量问题了。首先，金融服务让客户满意就是一个十分棘手的问题。不用说，不论在哪里，大体上满意还是能够做到的。只是特别的满意还是很难做到的，这就存在一个提高质量的问题，解决这个问题才是银行金融创新工作的重点。要知道"没有最好，只有更好"的道理。只有知道银行服务工作的目标是无止境的，才能不断地提高银行的金融服务工作水平，保证银行金融资源的质量达到较高的水平。其次，非银行金融机构也是一样，也要不断地改进工作，提高服务水平，提高自身作为金融资源的质量。如果各类非银行金融机构都能将工作做好，为客户尽心尽力服务，不留死角，那就基本上可以说工作还是能够保证质量的。其中的关键在主体，即在金融从业人员的素质上。没有较高素质的金融从业人员，就难以保障非银行金融机构的服务质量。所以，提高金融资源质量，需要从认真培养与提高金融从业人员的素质做起。

最重要的创新是金融资源配置效率的提升。政府有政府拥有的金融资源配置效率的提升，银行有银行拥有的金融资源配置效率的提升，非银行金融机构有非银行金融机构拥有的金融资源配置效率的提升，这方方面面的金融资源配置效率的提升都是金融资源创新的基本要求。在实际工作中，政府提升金融资源配置效率，必须采用市场化运作方式，不能按行政方式进行金融资源的配置。如果政府进行非市场化运作，不按市场规矩办事，那很难保证金融资源的配置有效率。对于银行来说，更是需要严格按照市场要求做事，其中最关键的是要降低不良贷款率。只要出现较高的不良贷款率，就说明银行的金融资源配置效率需要进一步提升。在中国，曾经有一段时间，银行不给农户贷款，而只是一味地给国有企业贷款，认为给农户贷款收不回来，给国有企业贷款没有问题。结果，许多国有企业还不上银行贷款，给银行造成严重的损失。而后来，银行试着给农户发放小额贷款，没有想到的是，几乎所有的农户都全额返还了贷款。因而，从银行贷款来说，中国的很多商业银行曾经走过弯路，降低了金融资源的配置效率，甚至造成了很大的金融资源的浪费。至于非银行金融机构的金融资源配置效率的提升也是不可忽视的。无论在哪里，只要是在市场经济国家，非银行金融机构就拥有很多的金融资源，因此，高度重视提升非银行金融机构金融资源的配置效率，也是整个金融领域金融资源创新的重要内容。

虚拟性货币与金融科技创新

虚拟性货币时代也是金融科技兴起的时代。金融科技就是在金融领域对于科技的应用。金融科技的创新就是指通过创新各类科技手段达到创新金融产品和服务的目的，同时提升金融领域的运营效率并有效降低相应的运营成本。金融科技创新在金融创新中具有重要的地位和作用，是金融领域跟上新的智能化时代发展潮流的重要保障。即金融科技是现代金融的翅膀，现代金融科技创新是现代金融腾飞并更好地服务于社会的重要基础。

如果没有高科技介入金融领域，那么，现代金融业的发展是很难起步的。试想，如果没有计算机计算数据，银行还是依靠人工计算利息和各类存款的储蓄余额，算对算错不说，那效率必然很低。更不用说，现在若是没有网上银行和手机银行，那商业银行的各个营业网点会有多挤了。人们通过电子技术在网上银行和手机银行办理业务不仅节省了时间，更重要的是解决了商业银行营业网点的拥挤问题，将银行的服务变得十分简单明了。这就是金融科技的力量，这就是改变传统金融的科技力量，依靠科技的力量，许多过去金融界不敢想不能做的事情，现在不仅能做了，而且可以做得很好。现在的金融界，已经离不开科技手段的辅助功能了，并且，随着金融业务的发展，金融业的各种机构都迫切需要实现进一步的金融科技创新。2019年9月，有消息称，中国工商银行推出新的"无感支付"服务，即将客户的自驾车车牌号与客户的工商银行卡捆绑在一起，并与客户签订免密支付协议，利用新的技术手段实现客户在停车场、高速公路、加油站等地方的自动交费，不必再用手机交费，只要一扫车牌，就可以在银行扣款了，而且，中国工商银行表示，如有差错，保证理赔。这一次的金融科技创新，使中国工商银行走在了一些互联网企业的前面。

金融科技创新涉及的技术更新具有跨界、混业等特点，是大数据、人工智能、区块链技术等前沿重要技术与金融业务的深度融合，主要包括全球化的大数据金融、高端人工智能金融、专门的区块链计算金融以及日常的量化金融四个核心部分。全球化的大数据金融重点关注世界金融大数据的获取、储存、处理分析与可视化。其技术覆盖各地基础底层的数据存储以及各地的管理层、计算处理层的数据分析与可视化，包括简单数据分析、高级数据分析以及对相应的分析结果的可视化展示。全球化的大数据金融还致力开发互联网技术和发达的通信技术，探索全球资金融通、支付和投资等新型金融业务模式的研发。高端人工智能金融主要是通过人工智能技术处理金融领域的各种问题，包括股票市场价格预测、消费者行为和支付意愿分析、商业信用评分、商业保险的承保与理赔、金融风险管理与压力测试、金融监管与监测等。人工智能技术的创新主要体现在机器学习理论上，即涉及监督学习、无监督学习和强化学习等方面的最新技术要求。专门的区块链计算金融技术是数字世界里一切有价物的总账本记录技术，是分布式云计算的一种具体网络化应用。未来专门的区块链计算金融技术创新将直接改变互联网金融的治理机制，导致互联网金融的全面智能化，产生基于新的技术算法的金融新业态，使金融市场的交易达到空前的高水平。只不过，专门的区块链计算金融技术的创新将是一个需要很长时间的过程。日常的量化金融是指以金融工程、金融数学、金融计量和金融统计为抓手开展的各种金融业务，是利用数理手段和计量统计理论，定量而非定性地开展的金融工作，其主要服务于金融高频交易、算法交易、金融衍生品定价以及解决某些金融风险管理的问题。日常的量化金融是金融业高端资本与高智力相结合的领域，科技含量极高，创新难度也是极大的。

金融不是社会经济发展中的决定性因素，但是社会经济发展中的极为重要的因素。在当今世界上，凡是金融不发达的国家，都是经济发展落后的国家；凡是经济发展较好的国家，也都必定是金融发达的国家。在计划经济体制中，国家财政是核心；在市场经济体制中，国家金融是核心。因此，在现代市场经济条件下，国家金融的安全直接关系到国家经济的安全，金融科技创新的首要任务是保证国家金融安全。这就是说，面对复杂的形势，必须动用一切科技手段，切实起到保证国家金融安全的作用。现在，随着金融科技的创新发展，收集各类金融市场的基本数据和进行数据分析已经相对容易，可以最大限度地减少市场信息不对称问题，通过人工智能技术与大数据的使用基本上能够较好地揭示金融市场的价格发现机制，大幅度提升市场交易速度，有力地促进提高金融市场的流动性，不断提升金融市场的功能效率和稳定性。这样，借助金融科技创新的力量，国家金融监管机构、主管部门就可以更高效地分析、预警和防范金融市场的系统性风险的发生。关键就是，要让科技发挥作用，而不再是按老规矩办事，要通过最先进的技术掌握金融领域的市场动向，要依靠金融科技创新将影响国家金融安全的所有的不利因素全部消灭在萌芽之中，以切实保证国家的金融安全和经济安全。

金融科技的创新依靠的是科技人才。保证实现金融科技创新必须延揽大批科技人才进入金融机构工作，切实地发挥科技人才的作用。对于金融发展来讲，必须有足够的金融人才。而对于金融科技创新来讲，就是必须要有足够的金融科技人才。金融科技中各种智能技术的运用，包括利用人工智能技术来改变银行服务，降低银行员工劳动强度，都是发挥金融科技人才作用的结果。目前，不论在哪里，已经进入金融机构的科技人才都还是远远不够的。今后，仅就各类金融机构的金融科技创新来讲，还需要大批量地引进科技人才。这与以前是大不一样的，以前只是金融人才进入金融机构，而现在金融机构也同制造业一样需要大批量的科技人才。这就是现代金融的变化，这就是现代金融对于金融科技的需要。没有大批量的科技人才，金融服务的电子化和智能化是无法实现的，老百姓是无法在金融领域享受到现代高科技成果的。尽管如此，对于金融界来说，还是没有必要创办专门的金融科技大学，培养专门的金融科技人才。只要各个金融机构大力引进各个理工科大学的高才生就够了，现有的高等教育是能够满足金融业对于科技人才的需要的。关键是金融机构一定要用好科技人才，要充分地调动科技人才的创新积极性，坚定地支持科技人才钻研业务，而且，还应让科技人才接受一定的金融教育，要让他们既懂科技又懂金融，这样才能更好地发挥他们的金融科技创新作用。

虚拟性货币与金融管理创新

现代的金融管理是对虚拟性货币的运行和交易实施的管理。金融管理的创新也是对虚拟性货币进行管理的创新。更准确地说，现代的金融管理是指国家为了实现虚拟性货币供求平衡、稳定虚拟性货币币值和虚实一体化经济的增长目标而对虚拟性货币资金或资本所实行的管理。现代的金融管理创新就是指国家为了更好地实现虚拟性货币供求平衡、稳定虚拟性货币币值和虚实一体化经济的增长目标而用新的方法或手段对虚拟性货币资金或资本所实行的管理创新。各个国家的中央银行是代表国家实施金融管理和金融管理创新的主管当局。金融管理创新的目的就是使国家金融领域的活动更加健康有序，保证更好地实现货币供求平衡、币值稳定和经济增长目标。在市场经济体制下，维护市场秩序是维护市场公平的需要，而市场公平是经济运行效率的保障。这也就是说，金融管理的创新是更好地维护金融市场秩序的需要，更好地维护金融市场秩序是更好地维护金融市场公平的需要，而更好地实现金融市场公平是提升金融运行效率的有力保障。任何时候，都需要摆正公平与效率的关系，不能是效率优先，兼顾公平；而必须是首先保证公平，必须认识到没有公平就没有效率，因为公平代表着秩序，如果没有秩序那就根本谈不上有效率。所以，金融管理的创新必须注重维护金融市场秩序，以确保可以获取更好的金融运行效率。

在市场经济体制下，金融管理创新的一项重要内容是必须进一步去行政化管理。行政化的管理与市场化的金融发展要求是格格不入的，是难以保证金融领域的运行平稳高效的。金融管理是一种专业性很强的经济管理工作，必须保持高度的管理独立性，不允许有来自行政部门的干扰，更不能由政府行政部门代替金融主管当局进行管理。如果是政府行政部门插手金融主管当局的工作进行金融管理，就是金融的行政化管理。金融管理创新要求的去行政化，就是断绝政府行政部门对于金融主管当局工作的插手干预。这种行政化的金融管理在计划经济体制中是不可回避的，是体制本身所具有的机制。而在实现由计划经济体制向市场经济体制转化之后，这种行政化的金融管理就是不能被新体制接受的。当然，体制的转变需要一定的过程，去行政化也需要一定的时间，只是，在经过一段时间之后，必须实现体制的彻底转换，不能再保留原体制所残留的机制，将行政化的金融管理方式继续留存在新的市场经济体制之中。金融管理创新就是要彻底地解决这个问题。事实证明，走市场化的道路是大势所趋，所有的市场经济国家的金融管理都必须走市场化的管理道路，都不允许政府行政部门插手金融主管当局的工作强行实施行政化的金融管理，必须明确不去行政化的金融管理是市场经济体制不完善的一种表现。

国家金融主管当局负责制定金融业的经营准则，要求各个金融机构遵守统一的制度规定。在规范管理下，国家金融主管当局对各个金融机构业务经营的一些重大事项，如最低资本金储备、企业负债表审核、资本金使用、违反法律规定的处罚等，都有明确的制度进行管理和监督，但对金融机构的日常业务、财务管理、人事安排等方面的事情都不加干涉。并且，金融管理的创新需要体现在对金融管理手段的完善上。比如，把资本充足性管理放在金融风险管理之中的做法已被世界主要国家普遍采用。因而，1988 年统一资本充足率的国际标准开始实行。对此，每一个接受统一标准的国家的金融管理都要遵照这一标准执行。再比如，开展公开市场业务是市场经济国家实施货币政策的重要内容。这一业务就是指中央银行通过在公开的市场上买进或卖出有价证券，向商业性的金融机构发放或收回一定的基础货币，以有效调节货币供应量的活动。中央银行的这种证券买卖与一般的金融市场的证券买卖不同，中央银行进行的这种交易不是为了营利，而只是为了有效实施货币政策，调节货币供应量。实际操作是，当中央银行要收缩银根时，就卖出一部分证券，收回相应的基础货币，减少商业性金融机构的可用货币资金；相反，当中央银行要放松银根时，就买入一部分证券，拿出相应的基础货币给商业性的金融机构，增加商业性金融机构的可用货币资金。中央银行开展的公开市场业务具有主动性、灵活性和时效性的特点，是不可缺少的宏观金融管理工具。问题就在于，中央银行要开展这项业务，各个商业性的金融机构必须准备接受有价证券的买卖；不能是中央银行要买有价证券时，商业性的金融机构没有相应的有价证券；也不能是中央银行要卖有价证券时，商业性的金融机构没有准备买这些有价证券。对此，必须引起高度重视。一般来说，中央银行开展公开市场业务买卖的有价证券主要就是国债，又称国库券，因而，各个商业性的金融机构必须成为国债的购买者。

坚持金融管理创新还必须严格落实制度管理。金融管理是专业性很强的管理，不仅要依法管理，更需要严格执行制度管理。没有制度的，必须完善制度；有制度的，必须严格执行制度。比如，贷款损失准备金制度是一项重要的金融管理制度，必须严格执行，任何商业银行都不能例外。各个大小商业银行，都必须按照贷款损失准备金制度的规定，从自家银行的收益中扣除一部分备用，以弥补可能出现的银行贷款损失。这一制度规定贷款损失准备金是银行资本的一部分，虽不是核心资本，但确实是反映商业银行经营状况和资本实力的重要指标。如果商业银行贷款损失准备金没有按照制度规定进行提取，那么极有可能会给客户和金融市场传递错误信息，引起有关方面的误判或误导。所以，在实际工作中，中央银行在检查商业银行提取的贷款损失准备金时，必须严格按照制度办事，严格审查商业银行提取的方法是否得当，提取的数量是否符合要求。如果商业银行没有按照制度规定提取贷款损失准备金，那么中央银行需要强制商业银行按照制度规定提取，或从商业银行的当期收入中扣提，或从商业银行的资本金中提取。再有，严格制度管理，不仅要严格管理银行和非银行金融机构，而且随着现代金融领域的不断创新，国家金融管理的对象还要包括那些业务性质与银行类似的准金融机构，如新的投资机构、地方贷款协会、商业银行的附属公司或商业银行的持股公司，对这些准金融机构开展的金融市场业务也要实施严格的制度管理，甚至对某些临时进入金融市场开展相关业务的机构和从业人员也要实施严格的制度管理。

虚拟性货币的发行

虚拟性货币是现代货币，是主权货币，是信用货币，也是走向全面电子化的货币。研究虚拟性货币，也需要高度重视货币发行问题，其中包括货币发行依据。就虚拟性货币来说，这只能根据虚实一体化经济的实际需要来确定，既要做全面的考察，又要进行具体的分析，不能有任何大的方面的遗漏，也不能有不符合实际的添加。凡是超出市场客观需要的货币发行，都属于货币的超发。凡是不能满足市场客观需要的货币发行，都属于货币的少发。不论是货币的超发，还是货币的少发，都是实际金融工作需要极力避免的。在现时代，虚拟性货币的发行，需要的是适量发行，也就是实现完全符合货币发行依据的发行。

虚拟性货币的发行依据

货币发行量是指一定时期货币发行的总量，包括所有的流通货币量与非流通货币量，其中流通货币量是指一定时期内发行的现金数量。一个国家或地区的虚拟性货币的发行量必须等于相对应的市场对货币的需求量。诚然，虚拟性货币是信用货币。按照目前大学教材的说法，"信用货币流通规律与纸币流通规律相同。信用货币的流通不再以自由兑换金属货币为条件。信用货币可以以国家信用为基础，也可以以银行信用、商业信用（企业与企业之间所发生的信用关系）为基础。信用货币的流通量只限于它象征性地代表的流通中货币的需要量。如果信用货币供给量大于货币需求量，信用货币就会贬值，物价就会上涨，从而导致通货膨胀。相反，如果信用货币供给量小于流通中所需要的货币量，信用货币就会升值，物价就会下降，从而导致通货紧缩。信用货币的投放必须以货币流通规律为基础"①。所以，问题就在于，怎样认识货币流通规律。

目前，实体性货币理论给出的货币流通规律是：一定时期内流通中所必需的货币量＝商品价格×商品流通量/单位货币流通速度＝商品价格总额/单位货币流通速度。这就是说，货币流通规律取决于两个因素：一个是商品价格总额，另一个是单位货币流通速度。一般来说，随着经济的增长，一个国家或地区的商品价格总额也是要增长的；而单位货币流通速度总是稳定的，基本不会发生大的变化，除非在极特殊时期。长期

---

① 《马克思主义政治经济学概论》编写组：《马克思主义政治经济学概论》，人民出版社、高等教育出版社，2011，第64页。

以来，实体性货币理论认为，货币发行的依据就是商品价格总额。那么，虚拟性货币的发行依据是不是也同样是商品价格总额呢？准确地讲，理论上虚拟性货币的发行依据与实体性货币的发行依据应当是一样的，但是，现实中虚拟性货币的发行依据却不是商品价格总额。因为，在虚实一体化经济条件下，将货币发行依据仅限于商品价格总额是不对的。目前现实流通中需要的货币，至少还需要包括劳务价格总额，即所有的劳务价格的加总，更需要包括虚拟经济领域所有的市场交易即市场运行对于货币的总需求。过去的实体性货币理论所阐述的货币发行依据是不能作为现今虚拟性货币发行的依据的，即过去所讲的货币流通规律明显与现在的实际不符，不仅忽略了劳务价格总额，而且对于虚拟经济领域的货币需求视而不见。因此，在讨论虚拟性货币发行依据时，必须弥补以前认识上的不足。并不是以前的实体性货币发行不需要考虑虚拟经济领域的需要，而是说其实虚拟性货币的发行依据与实体性货币的发行依据是一样的，只是原有的实体性货币理论对此认识不足。

实体性货币理论将货币发行依据局限于商品价格总额，忽略了劳务价格总额，其认识停留在 19 世纪，是因为 19 世纪的劳务社会化程度很低，几乎可以略而不计。但是，实体性货币理论将货币发行依据局限于实体经济领域，不涉及虚拟经济领域的货币需求，绝对是理论脱离实际的典型表现。可以讲，货币的发行依据包不包括虚拟经济领域的货币需求量，并不是一个需要进行理论探讨的问题，而是一个非常实际的对于现实经济的认识问题。如果虚拟经济领域不使用同实体经济领域一样的货币，而是另有一种货币供虚拟经济领域使用，那么，在实体性货币理论对于货币发行依据的概括中当然可以不考虑虚拟经济领域对于货币的需求，但是，事实上，自有虚拟经济以来，虚拟经济领域就一直使用同实体经济领域一样的货币，而不是另用一种只供虚拟经济领域单独使用的货币，所以，在构建虚拟性货币理论时，必须从实际出发，实事求是地将虚拟经济领域对货币的需求纳入货币发行的依据，而且应将其作为重要的依据。从现实来讲，社会发展到了 21 世纪，虚拟经济领域的规模很大，虚拟经济领域的市场交易范围广泛，虚拟经济领域对于货币的需求量巨大，再不将虚拟经济领域对于货币的需求量计算在货币的发行量之中是不可思议的。所以，关于虚拟经济领域同样需要货币的问题，在虚拟性货币的发行依据研究中必须予以高度的重视和弥补。

　　从 21 世纪的实际出发，虚拟性货币的发行依据主要包括三大部分：一是所有的商品交换需要的货币，二是所有的市场化提供的劳务需要的货币，三是虚拟经济领域所有的经济运行需要的货币。按照原有的货币理论的说法，对于商品交换需要的货币，应做一定的扣除和补充。扣除是对赊购商品价格总额的现实扣除和对于生产者之间以物易物交换的价格总额的现实扣除。补充是对到期债务价格总额的货币需求补充。而对市场化提供的劳务需要的货币，现在也不能轻视，随着社会的发展，这方面的经济活动越来越活跃，甚至劳务贸易都已经发展得具有很大规模了。劳务劳动市场化程度的提高已经是现代经济极为重要的特征。依靠为社会提供劳务劳动而谋生的劳动者越来越多，而且，在网络经济发达的条件下，劳务劳动的提供又有了网络化这种新形式，互联网为劳务劳动的大发展增添了新的动力。也许在不久的将来，劳务劳动领域需要的劳动力和货币，都将远远超过实物性商品生产对劳动力和货币的需要。更重要的是，客观上，虚拟经济领域对于货币的需求既是不可少的也是具有特殊性的。在市场经济条件下，虚拟经济是一个重要的经济领域，并构成了虚实一体化的国民经济。实现经济现代化，前提就是实现虚拟经济的高度发展。所以，满足虚拟经济领域对于货币的需求是极其重要的。当然，虚拟经济领域市场经济运行对于货币的需求是不同于实体经济领域的，有些证券化交易不需要全额货币，只需要交易者支付少量的保证金就可以进行市场交易。所以，对于虚拟经济领域所需要的货币，不能按市场交易额计算，只能按市场经济运行实际需要使用的货币量计算。即使这样，在现代发达的市场经济条件下，虚拟经济领域市场经济运行所需要的货币量也是很大的，而且，国民经济、虚拟经济越发达，社会所需要的货币量越大。虚拟经济领域市场经济运行所需要的实际货币量，需要根据各个国家或地区具体的市场运行情况进行分析和计算。可以说，在实际经济工作中，没有哪个国家或地区会阻止虚拟经济领域使用货币。只是，在历史进入虚拟性货币时代之后，在货币理论的研究之中，货币发行的依据必须包括虚拟经济领域的货币需求，货币的发行必须在理论认识上高度重视对虚拟经济领域的货币供给。

虚拟性货币的偏多发行

虚拟性货币有可能出现偏多发行的情况。所谓的偏多发行，就是指货币的超发。超发货币并不是说现在的货币发行比以前多了，而是指现在的货币发行量比现在市场对货币的客观需求量多了，超出了货币发行依据所需要的量。应该说，在经济日益复杂化和多样化的社会背景下，这种货币超发情况的出现是难免的。关键是货币发行依据所需要的量是不太容易计算的，即使在大数据时代的今天，要想完全准确计算市场对货币的需求量也是做不到的。实际货币的发行是靠经验估测的，即根据经济增长的预测值作出基本规划。这也就是说，目前各个国家或地区发行货币，基本上都知道不能超过市场对货币的需求量，但实际工作中都是依靠经验。

如果每年的货币发行只是超发了一点点，那问题是不大的。人们对于这种略微超出客观需要的超发，一般是没有感觉的，而且即使是积累多年之后，有了一定的显性变化了，人们也是能够接受的，毕竟这种缓慢的变化不会给社会造成强烈的冲击。对此，理论界也要保持默许的态度，允许这种没有太大社会危害的常态性的超发存在。这就如同吃饭难免掉饭粒一样，货币的发行也不容易做到完全的适量，只要不是超发很多，原则上不会对国民经济造成太大的影响。只是在理论上要明确，超发就是一种发行量的偏多，即使多得不多也是多，不能对这种偏多给予批评，但也不能将这种偏多视为正常。对于金融管理机构来说，一旦发现少量超发货币的情况，还是需要尽量去补救的。中央银行可以进行微调，开展必要的公开市场业务，适当收缩银根，保持金融稳定状态。因此，货币的少量超发不是十分严重的金融问题，在灵活的市场化的金融管理体制之下，可以有办法进行一定的妥善处理。而且，即使事后的补救不到位，沉积下来的问题也不会造成太大的负面影响。实际上，就金融工作的现实状态而言，基本上各个国家或地区，总会保持一定的容忍度，对超发的少量货币不会缺乏必要的消化能力。

如果每年的货币发行并不只是超发了一点点，而是每年都超发很多，那就是严重问题了。这种情况是不应该出现的，在现代严格的金融管理之下，出现大量超发货币的情况是反常的，也是让社会难以承受的。在人类的货币史上，曾经有过某些国家或地区大量超发货币的情况，但那都属于非正常时期的现象，都是社会金融发生极端混乱后的结果。在虚拟性货币时代，出现有意的大量超发货币的情况恐怕是不太可能的，现代金融的理性已经可以使各个国家或地区竭力避免多发货币。一般可能出现的情况就是，经济出现了问题，经济增长目标没有实现，而货币已经按照高出经济增长目标预期值的几个百分点发行了，由此造成货币的实际超发。这样的情况的出现，问题不属于金融管理部门的问题，而属于经济发展中的问题。一种情况是对于经济增长的预期值过高，造成实际经济增长不能实现目标要求，进而造成按照高出实际经济增长目标几个百分点发行的货币量过多。再有一种情况是，本来对于经济增长的目标设定并非不符合客观要求，但自然灾害或经济危机的发生，使大量的农产品歉收或大量的企业倒闭，社会经济发展遇到了特大的困难，因此也造成按照高出实际经济增长目标几个百分点发行的货币量过多。不论是第一种情况，还是第二种情况，都会对货币发行造成重大影响，但也都是难以避免的。

货币大量超发的原因很复杂，而货币大量超发的后果很严重，必然会引起一定程度的通货膨胀。这种通货膨胀会给市场造成混乱，会给人们的生活造成不利影响，阻碍本国或地区的经济发展。其实，任何数量的货币超发都会造成相应的通货膨胀，只不过少量的货币超发只会造成轻微的通货膨胀，而轻微的通货膨胀是社会能够容忍的，也是人们能够接受的。然而，严重的通货膨胀任何时候都会引起人们的恐慌，因为它将严重干扰人们的日常生活，甚至可能会使人们的生活陷入困境。所以，人们不是害怕货币超发，而是害怕货币超发引起的严重的通货膨胀。在虚拟性货币时代，人们还无法完全避免严重的通货膨胀出现，社会必须高度警惕和极力避免出现严重的通货膨胀。对于任何国家或地区来说，一旦出现严重的通货膨胀，都必须抓紧治理，尽快恢复国民经济的正常秩序，决不可掉以轻心，置通货膨胀造成的严重后果于不顾。只是，治理通货膨胀可以下猛药，但是不能以经济发展停滞为代价。如果对通货膨胀的控制，造成社会经济发展停滞，那就造成了更为严重的问题。因而，在虚拟性货币时代，即使出现货币大量超发，即使出现极为严重的通货膨胀，也不能单纯只讲治理通货膨胀，必须要在保护经济基本正常发展的前提下，开展对于通货膨胀的治理工作。

虚拟性货币的发行不足

虚拟性货币也有可能出现发行不足的情况。所谓的发行不足，就是指货币的少发。少发货币并不是说现在的货币发行比以前多发货币的时候少了，而是指现在的货币发行相对于现在货币的市场客观需要少了，不能满足货币发行依据所需要的量。货币的少发与货币的多发都是违背市场客观需要的，而且，都是对社会经济的发展有害的。多发了货币会引起通货膨胀，少发了货币会引起通货紧缩，都是有违经济运行正常秩序的表现。一般情况下，人们对货币多发是有深刻感触的，也是深恶痛绝的，但是，人们对货币少发是没有感觉的，似乎不太在意货币少发，或是说，不太了解货币少发的危害性。其实，货币少发虽然是不太常见，但也会造成一定的经济损失。货币发行少了，银行用于贷款的钱就少了，于是，可能有些企业就得不到急需的银行贷款，从而影响企业的正常生产。企业不能正常生产，企业员工的收入就可能受到影响，其家庭生活就会受到影响，其工作的积极性就会受到影响，以至于全社会的安定团结就会受到影响。这还只是从微观经济的角度看货币少发的影响，如果从宏观经济的视野来看，货币少发最大的危害是影响经济发展的活力，对国民经济的发展会造成一定的阻碍，可能会造成比较严重的失业问题或财政困难。所以，同对待货币多发一样，对货币少发可能造成的不利影响也是不能掉以轻心的。

  造成货币少发的原因也是比较复杂的。但从主观方面讲，最主要的原因还是过于谨慎。对于货币发行，当然需要谨慎，只是过于谨慎就不好了，过于谨慎就容易导致少发货币的问题。具体来说，就是对于宏观经济形势没有做到准确认识，判断有误，因而低估了市场对于货币的需求量，少发了货币，没有达到货币发行适量的要求。比如，将经济增长目标只定在2%，将货币发行的增量只定在3%，结果实际经济增长达到了4%，显然货币的发行就相对少了，这会使整个社会感到货币不够用，到处闹钱荒。这种情况往往是发生在经济由疲软转向兴盛的过渡时期，由于经济突然转好，市场摆脱疲软，货币的发行才相应地没有跟上。如果经济还是疲软的，那就不会有太多的货币需求，相应地也就不会出现货币少发的情况。如果经济一直是兴盛的，当局对于货币的发行就不会过于谨慎，甚至可能会多发一些货币，而不会出现少发货币的情况。出现少发货币的情况一定是有原因的。对于具体原因需要作具体分析，不能笼统地一概而论。倘若是经济增长目标的制定偏低，那就要在经济增长目标制定方面寻找原因，要查一查为何制定的目标低了。倘若是货币发行的增长目标制定偏低了，那就要在货币发行的增长目标制定方面寻找原因，要仔细地检讨制定货币发行目标时的问题。倘若是市场突然走出了疲软，突然活跃起来，那也需要认真地查一查原因，作出较为理性的市场分析，为今后的工作积累一定的宝贵经验。

  对于已经出现的货币少发的情况也不能听之任之，应有积极应对的态度。对于金融管理部门来说，在虚拟性货币时代，对待货币少发的情况，也要像对待货币多发一样，及时地采取一定的补救措施，即再发一些货币。中央银行可以购买商业银行手中的证券，以此发放一些基础货币。这是比较通用的做法，也是比较实用有效的做法。只要商业银行拥有足够的证券，中央银行就可以达到增发货币的目的。一般来说，商业

第五章　虚拟性货币的发行

银行拥有的证券应该是国债，即国库券，而这是商业银行之前用货币向国家财政购买的证券，实际上，商业银行先是以货币换国债，然后又以国债换回货币，不多不少，还是那么多的货币，因此，就货币的总量来讲，并没有发生变化，只是在市场上货币不足时，减少了证券，让一些证券进入中央银行，以迅速地解决一部分钱荒问题。所以，这只是微调，是补救措施，不是大的手段。还有一个微调措施就是降准。降准就是降低商业银行的法定准备金率。商业银行的准备金是商业银行按照库存的货币现金以一定的比例保存在中央银行的不能动用的部分。中央银行要求商业银行存放准备金是为了保证商业银行在遇到突发性大量提款时，有足够的应对能力。而在现代经济中，法定准备金制度已成为中央银行调节货币存量的一个手段。按照这个制度规定，中央银行提高法定准备金率，商业银行就要将更多的货币现金存放在中央银行或以库存现金形式自己保存；中央银行降低法定准备金率，商业银行就可以将相应部分的货币现金取出来使用。因此，在货币少发的情况下，中央银行降准，也是对货币不足的一种微调和补救措施，可以通过商业银行减少一部分准备金给市场迅速增加一部分货币供给。

为了避免出现货币少发的情况，需要提高金融管理部门对于国民经济发展形势的认知能力，也就是要让发行货币的管理层做到更准确地把握宏观经济的走势。在目前情况下，不论是哪一个国家或地区，实现这一要求都还是有一定难度的。问题就在于，准确地把握宏观经济的走势，不能光凭经验，必须有相应的理论指导，而各国理论方面的研究是相对滞后的。如果对于宏观经济走势的把握只局限于金融领域，那肯定是不行的。金融虽然重要，但不是推动社会经济发展的决定性因素，所以，单单研究金融，并不能完全准确地把握宏观经济的走势。按照现代经济学理论的创新认识，推动社会经济发展的决定性因素是劳动，是劳动内部的智力因素。劳动的智力发展水平决定整个社会劳动的发展水平，整个社会劳动的发展水平决定着社会经济的发展水平。更进一步具体地讲，整个社会劳动的发展水平，以各个国家或地区为单位，都无一例外是以生产技术水平为代表的，因此，不仅生产技术水平决定着社会经济发展水平，而且，生产技术水平的提高和稳定也决定着社会经济发展形势的向好和稳定，高新技术将在现代经济发展中起到决定性的作用，高新技术的运用将支撑整个宏观经济的发展走势。因此，在虚拟性货币时代，要准确地把握宏观经济的走势，从实际的生产技术运用对社会经济影响的层面入手开展分析，以科学性认识作为基本保障，再加上必要的工作经验认识，就能大体上避免不能准确判断市场货币需求量的问题。

虚拟性货币的适量发行

在现代市场经济条件下，虚拟性货币需要尽力做到适量发行，也就是每年的货币发行基本上符合客观的发行依据要求，发行量符合市场的客观需求量。货币发行适量是国民经济保持良好运行秩序的基本条件。不论货币发行过多还是过少，都会对国民经济运行造成干扰和阻碍。对于金融领域的经济工作者来说，做到货币发行适量，也是最基本的要求。国民经济的发展需要有良好的金融环境，良好的金融环境的塑成必须以货币发行适量为基点。不用说是国家宏观经济管理部门，就是极为普通的市民、农民等老百姓，也都十分关注货币问题，无不希望本国货币稳定，不出现通货膨胀，也不出现闹钱荒的情况。货币发行适量，是金融管理部门的责任，关系到全国人民的切身利益。在虚拟性货币时代，不

第五章 虚拟性货币的发行

论是哪个国家还是地区，都更加需要高度重视货币发行适量的问题，都应对与实体性货币的发行基本要求一致的虚拟性货币的发行采取更加严密的措施，以确保虚拟性货币的发行能够做到年复一年基本适量，不出现大的差错，不给国民经济运行增添大的麻烦。

应该说，做到货币发行适量，不论是在实体性货币时代，还是在虚拟性货币时代，都是相当不容易的。尤其是在虚拟性货币时代，由于经济高度发展并高度复杂化，要做到货币发行适量，相比之下，更是不容易。这就是因为适量不好把握。货币发行的适量是相对于经济发展的适当而言的。因而，在经济发展不适当的情况下，或是在不能确定经济发展适当还是不适当的情况下，都很难说货币的发行是适量的。如果经济的发展是过于强劲的，超出了应有的经济增长速度，投资过大，基础设施建设规模过大，或是工资增长过快，社会消费水平提升过快，市场对货币的需求大大超出了正常状态，那么，在这样的情况下，不论是货币的发行能够满足市场的需要，还是货币的发行不能满足市场的需要，都很难说货币的发行是适量的。也就是说，出现这样的市场疯狂，会让货币发行的有限理性似乎无所适从。另一种情况是，经济表面上风平浪静，不论是投资还是消费，都在人们的预期之内运行，但就是这样的预期可能导致货币的实际发行量拖了经济本可以更快发展的"后腿"，投资不能满足市场需求，工资不能正常增长，消费水平无法合理提高，那时，人们自然会发现，货币的发行不可能是适量的，缺少货币已经严重地压制了经济的增长，也就是经济并没有实现高质量发展。

进一步说，确定货币发行是否适量，其困难还在于非生产劳动的存在。非生产劳动也是社会劳动的组成部分，货币的发行也要满足非生产劳动的需要。问题在于，非生产劳动到底规模多大才是适当的。如果非生产劳动的存在规模不适当，那么，对这部分社会劳动发行的货币怎么可以说是适量的呢？非生产劳动主要包括生产奢侈品的劳动、娱乐性劳动和消极性劳动。其中不论哪部分劳动扩张都会直接影响货币的发行，造成货币发行过多或过少，难以达到适量的水平。生产奢侈品的劳动成为非生产劳动，就是因为即使在现代经济条件下，生产奢侈品也是人类劳动的一种浪费。给生产奢侈品的劳动发行货币，使这些劳动者得以生存，只能适可而止，不能过度。如果货币的发行满足了过度扩张的生产奢侈品的劳动对于货币的需求，那么这样的货币发行能够被认为是适量的吗？娱乐性劳动成为非生产劳动，也是因为即使在现代经济条件下，一部分人专业化职业化地从事娱乐性劳动也是人类劳动的一种浪费。唱歌是一种娱乐活动，打球也是一种娱乐活动，将唱歌、打球作为职业劳动，就成为非生产劳动。这些娱乐性劳动的过度发展对社会是十分不利的。所以，如果货币的发行做到了满足娱乐性劳动过度发展的市场需求，那么货币的发行就不是适量的，应该不能为理性的经济人所接受。再有就是消极性劳动，但这部分劳动的总量不多，在讨论货币发行是否适量时，可以略而不计。

确定货币发行是否适量，更大的困难在于社会生产中的中间效用的存在。在社会总的劳动成果创造中，包括终点效用与中间效用。终点效用是指最终供人们生活消费或生产消费的效用。这就是说，凡是成为人们最终生活消费或生产消费的商品或劳务，它们具有一般化的有用性，即终点效用。在生活消费领域，人们实际得到的终点效用消费是福利，是社会福利的提供，以满足人类生存延续的需要。每一个人在衣、食、住、行等方面的消费，都是对终点效用的消费。在生产消费领域，人们在生产过程中必需消费的劳动成果效用是终点效用。一般说，这种必需的生产消费主要是对属于生产资料的实物效用或知识效用的消费。而中间效用是指不属于人们最终生活消费和生产消费的效用，是只能帮助人们实现终点效用消费作用的劳动成果效用。一般说，中间效用的主要存在方式是劳务效用，包括实体经济中的一部分劳务效用和虚拟经济中的全部效用创造。从历史上看，当出现社会商业大分工时，中间效用也就产生了。当社会经济高度发展时，劳务交换比重大幅度提高，中间效用的比重也就相应大幅度地提高。从现代经济学的角度来看，中间效用的创造过多或过少都不是国民经济发展的正常状态。货币的发行如果只能满足过少中间效用创造的需求，那不能说货币的发行是适量的。而如果货币的发行能够满足过多中间效用创造的需求，也同样不能说货币的发行是适量的。总之，在中间效用的创造过多或过少的情况下，对货币发行的量是很难掌控的。只有国民经济的调控做到了保证中间效用创造的适度，同时保证非生产劳动的发展不过度，保证国民经济的发展和运行处于基本正常状态，这时，根据货币发行的客观依据发行的货币才有可能符合适量发行的要求。

虚拟性货币与权益货币

以往，按发行方式是否导致社会债务增加，将货币区分为非债务性的权益货币与债务货币。这是实体性货币时代所作的区分，进入虚拟性货币时代之后，是否还要作权益货币与债务货币的区分，是需要进行深入研究的。虚拟性货币是主权货币，是信用货币，也是债务性货币，与权益货币有联系也有区别。权益货币是非债务性货币，其发行只会增加非金融的各行各业企业和个人的权益而不会增加这些企业和个人的债务。债务货币的发行一定会增加非金融的各行各业企业和个人的债务。在虚拟性货币时代，货币的发行一般是债务货币，即由实体性货币转化而来的虚拟性货币都属于债务货币。比如，中央银行向商业银行和其他非银行金融机构买入国债、企业债、金融债、短期融资券等而投放的货币，基本都是债务货币，中央银行通过商业银行以再贷款、再贴现方式投放的货币，也都是债务货币。各类商业银行的资金主要是用于购买债券和发放贷款，都是要增加社会债务的。在实体性货币时代，在债务货币发行量大、债务重、杠杆率高的国家，企业可能背负高额债务，压力过大，如果对此国家的解决的办法只是减少债务货币的发行，那么那些负债企业将无法借新债还旧债，资金将更加紧张，企业将更加困难，甚至引致系统性的金融危机。因此，对于这些国家来说，首要的不是减少债务货币的发行，强行去杠杆，而是要稳杠杆。只有稳住杠杆，才能通过控制债务货币的发行促进金融系统稳定。除此之外，还可以通过发行权益货币，有效降低金融机构的资产负债率，达到既保持金融稳定又去掉一定的杠杆的目的。

回顾实体性货币时代，一般来说，发行权益货币的方式主要有：第一，央行购买股票、股票型基金等权益类资产。第二，央行直接多印钞票并发出去。第三，政府通过央行给居民发放钞票或购物券。第四，央行直接给中央汇金投资公司、国家投资公司、国家社会保障基金等国家战略性金融机构注资，这些机构再通过购买股票、股票型基金等方式进行股权融资。如此发行的货币都是只增加非金融的各行各业企业或个人的权益，而不会增加他们的债务。在四种权益货币的发行方式中，第一、二种根本不可取，第四种似乎还可以考虑，只有第三种是较为可取的，即让央行代表政府给每个居民发钱，这样既能促进消费或投资，降低金融机构负债率，又能在一定程度上缩小贫富差距。在中国，只有澳门特区政府这样做过，给每一位澳门人直接发钱，但不是为了解决经济困难，而是为了给居民增加社会福利。更有意思的是，拿到政府发的钱的居民，根本分不清这是权益货币，还是债务货币，在居民看来，都是一样的钞票。

　　事实上就是，对于一张纸币来说，没有人能够从其印制形式上发现权益货币与债务货币的区别，就像没有人能够从纸币上看出实体性货币与虚拟性货币的区别一样。而且，社会经济是发展变化的，金融领域也是不断进步的，就此而言，在虚拟性货币时代，似乎已经没有必要再作权益货币与债务货币的区分，因为虚拟性货币是债务货币，也是信用货币，没有相应的价值承载量，直接可以发挥货币最本质的信用作用，不用再依靠权益货币的发行减少债务负担，更没有必要依靠权益货币的发行解决经济上的困难或促进社会公平。过去认为，美国发行的美元是在金融债务产生的同时发行出来的，而且将在金融债务被偿还的同时进行销毁。市场流通中的每一美元，都是一张金融债务欠条，而这些欠条在每一天里都将产生利息，并且按利滚利的方式增加着，然而，这巨量的利息收入将归发行美元的银行系统。这些利息是原有货币发行总量之外的部分，因而这必然要求再发行新的用于支付利息的债务美元，这就是说，银行的贷款越多，收获的利益就越多。债务与货币纠缠在一起，其运行的结果可能是，债务将不停地增加，直到债务货币遭到社会抛弃或是债务货币利息压垮社会经济发展，从而最后导致金融体系崩溃。由此说来，债务货币无节制发展且没有有效的对冲机制，是实体性货币时代最为严重的潜在的不稳定的金融因素之一，因为债务货币的发行是以透支未来财富的方式来满足今天的需求。而现实地讲，这个问题已经解决了，解决的方式不是取消债务货币，而是将所有的债务货币都由有价值承载的实体性货币转化为没有价值承载的虚拟性货币。就美元来说，其早已成为通用于全世界的虚拟性货币。

　　通过对债务货币发行的分析，我们可以更清楚地认识到在新的时代货币由实体性货币转化为虚拟性货币的现实性和必要性。债务货币并不可怕，但有价值承载的实体性货币会因经济发展的总量越来越大而不堪重负。且不说现在的货币发行没有那么多的黄金作抵押，就是用劳动成果实物作依据也是天量的数额。所以，货币要更本质化，就是要走向信用货币，即用国家信用作为保障的货币。不能说，过去在货币问题上人们没有看透其本质，只能说现在人们对于货币的本质终于可以看得很清楚了，这是随着时代的进步人们所取得的认识成果，是在新的时代货币可以轻装上阵的基础。在新的时代，不论是在哪一个国家还是地区，都是一样的，没有货币就没有经济，没有国家信用就没有货币，国家信用是最重要的，是在任何时候任何情况下，都必须坚决维护的。必须用发展的眼光看待现实的问题，不能继续停留在旧的时代。债务是客观的存在，是现实的经济机制下的货币的对应面，有多少债务货币，就要存在多少债务，不能多也不能少，货币多了而债务少了是不对的，货币少了而债务多了也是不正常的。靠给老百姓发权益货币解决社会资产负债率高的问题和社会贫富不均的问题，不是现代市场经济解决问题的方式方法。所以，在债务货币问题上，现在需要的是虚拟性货币，需要的是国家信用的牢固和稳定。可以明确地讲，不需要用权益货币的发行来解决债务问题，具有信用货币性质的虚拟性货币的发行是可以面对所有的债务保持强盛生命力的，也是完全可以遵照客观的市场发行依据达到基本适量的发行要求的。

第六章

虚拟性货币与资本市场

在虚拟性货币时代，更需要认真地研究货币与资本以及货币与资本市场的关系。这需要进一步地阐明货币与资本的关系、市场经济与资本市场的关系，需要明确资本市场在现代市场经济中的地位和作用，明确货币进入资本市场后的性质变化。而且，由于资本市场是多样化的，需要对每一类资本市场进行概要地分析。在此基础上，还应讨论资本市场对于作为资本的虚拟性货币的需求问题以及在资本市场中虚拟性货币资本的活力问题。

货币与资本

货币不是资本。资本是能够实现价值增殖的货币。资本有三种形态：货币资本、生产资本和商品资本。货币资本与货币的关系最为直接，货币一旦进入资本循环过程就转化为资本了。就全社会来说，资本是周而复始地不断循环的。货币资本是生产前的资本存在的形态，或者说是上一次资本循环的最后形态。生产资本是资本进入资本主义生产过程后的存在形态。商品资本是资本主义生产过程结束后的资本存在状态，即资本全部表现为一定的劳动成果了。资本在资本主义经济中是一个特有的范畴。然而，在市场经济中，不论哪一个国家还是地区，都是将资本作为最基本的经济范畴，而不是单纯突出资本的资本主义经济的特殊属性。相应地，在市场经济中，资本就是对生产资料的统称，有生产资料就有资本的存在，没有生产资料就等于没有资本。在资本主义社会发展阶段，生产资料包括自然条件和资产条件，其中，资产条件是起主要和支配作用的。用于购买生产资料和为其他市场契约付费的货币是货币资本。对进入生产过程的生产资料以及其他生产要素的费用付出是生产资本。最后取得的劳动成果在资本主义社会发展阶段成为商品资本，商品资本是包括劳务劳动成果在内的。货币与资本有着紧密的关系，货币资本的存在形态就是一定量的货币存在，虽然这些货币已经是资本了，但是它们在进入生产阶段之前还保持着货币的本质。商品资本的结束也是以卖掉商品得到货币而结束的。即使在生产资本循环阶段，也需要有一部分货币来支付主体性生产要素费用。

虚拟性货币

　　资本具有收益权。这是资本主义社会发展阶段的法律确定的准则，也是资产条件在社会劳动中起主要和支配作用的内在要求。在资本获得的收益中，有一部分是资本的拥有者获得的剥削收入，还有一部分是对生产资料投入的货币形式的收回，这一部分收益主要是为了便于再次购买生产资料，其中含有固定资产的折旧费用，并非所有的资本收益都是剥削收入。资本收益权的兑现往往是货币的兑现，即资本的收益一般是以货币的形式取得的。维护资本收益权在资本主义社会发展阶段是极为重要的，因为这是对生产资料最好的保护。假定没有资本收益权，那么人们就不会注意保护生产资料，甚至可能会有意无意地破坏生产资料。如果是那样的话，人类的生存将面临一种极大的威胁。没有生产资料，人类就无法继续从事生产活动，人类就无法养活自己，就无法在大自然中生存下去。这也就体现了资本收益权的重要性。对于资本收益权，不能光看到它可以保护剥削收入，更重要的是要看到它对生产资料的保护，对生产的保护，对人类生存的保护。在现代社会，哪里对生产资料保护得好，哪里社会就安定，哪里的经济发展就顺利，哪里的人民生活水平就高。相反，在现阶段，不论是哪里，只要是取消了资本收益权，不能运用这一经济机制很好地保护生产资料，社会就难以安定，经济发展就无法顺利，人民生活水平就高不起来。

　　在市场经济中，资本的增加就是生产实力的增加。而增加资本需要积累，首先是货币的积累。但并不是积累的货币越多越好，而是要进行适度的积累，即一方面提高人民的生活水平，另一方面进行必要的货币积累。积累了更多的货币用于资本，就意味着有更多的劳动成果要成为生产资料，而不是生活资料。所以，保持生产资料与生活资料之间的比例适当是非常重要的，即保持用于生产资料的货币与用于生活资料的货币之间的比例适当是非常重要的。如果是社会投资过大，那就是用于生

120

产资料的货币与用于生活资料的货币之间的比例不太适当，用于生产资料的货币过多了。当然，相反的情况也是不太好的，那就是社会投资的增长过少，也没有能够使用于生产资料的货币与用于生活资料的货币之间的比例适当，用于生产资料的货币过少了。对于各个国家或地区来说，不能不重视货币积累的作用，不能不重视资本增长的作用，如果需要产出更多的社会劳动成果，就必须有更多的货币积累并转化为货币资本，不可能在没有更多的资本投入下获得更多的社会产出。经济贫困的国家或地区，要想改变落后面貌，赶上发达国家或地区，第一要务就是增加资本投入，或是将本国的货币更多地转化为资本，或是引进国外的大量资本进行本国的经济建设，不能是只保持本国货币的增加而没有资本的增加。

在虚拟性货币时代，由货币转化为资本的货币都是虚拟性货币。由虚拟性货币转化为资本的资本与由实体性货币转化为资本的资本是没有任何区别的。这也就是说，在现代社会，货币的虚拟化并没有对资本的存在造成影响。原先由实体性货币转化成的资本是怎样运作的，现在由虚拟性货币转化成的资本依然怎样运作，并不会出现大的变化。只不过，现在货币的性质是信用货币，是没有相应的价值承载的货币，但这并不会改变资本的性质以及资本收益权的存在。资本依托虚拟性货币应该说是更加如鱼得水，可以更好地发挥自身的作用。严格地讲，货币对于资本的支撑只占资本循环的一部分，并非资本从头到尾都是以货币的面目出现的，所以，不可夸大货币与资本的关系。但是，同样也不可忽视货币与资本的关系，毕竟，资本循环的起点是货币资本。对于资本，必须予以全面认识，不可以只停留在货币资本阶段，忽略生产资本和商品资本阶段的存在，尤其是不能忽略生产资本的构成与作用。资本发挥作用最重要的阶段是生产资本阶段，并不是货币资本阶段。如果资本不经过生产资本和商品资本阶段，只是始终停留在货币资本阶段，那么，就可以说它不是资本，只能是货币。只有货币资本真正能够成为生产资本，或者说，整个社会必须保持庞大的生产资本的存在和发挥生产资本的作用，现实市场中的一部分货币才能够转化为资本。

市场经济与资本市场

市场经济分为传统的市场经济与现代市场经济，在实体性货币时代，人类社会就进入了现代市场经济发展阶段，所以，在虚拟性货币时代，人们直接面对的就是现代市场经济。迄今，人类社会只经历了三种社会经济形态：自然经济、商品经济和市场经济。市场经济是不同于自然经济、商品经济的社会经济形态。不论是传统的市场经济，还是现代市场经济，都是具有市场经济社会经济形态共同特征的，只不过现代市场经济比传统的市场经济发展得更加成熟。那么，市场经济社会经济形态与自然经济社会经济形态、商品经济社会经济形态有何不同呢？概括地讲，自然经济的特征是不存在市场交易关系，劳动者的生产资料是自有的，劳动者生产出来的劳动成果是自用的。商品经济的特征是存在一种市场交易关系，即劳动成果市场交换关系。从某种意义上讲，在商品经济社会经济形态中生产劳动成果的人或组织的生产资料也是自有的，只是他们的劳动成果可能除了自用以外还有一部分是用于交换的，也可能全部劳动成果都是用于交换的。只要有了部分的劳动成果交换，人类社会就进入商品经济时代。而市场经济的特征是存在两种市场交易关系，即比商品经济多出了一个生产要素市场，这是市场经济与商品经济的根本不同，也是市场经济发展的结果。这就是说，在商品经济条件下，只存在劳动成果交换市场；而出现生产要素市场之后，人类社会就从商品经济时代进入市场经济时代。

从只有劳动成果交换市场到生产要素市场与劳动成果交换市场并存，是市场的发展，也是人类社会经济发展历程中的一次重大飞跃。这首先表现出市场交易关系的复杂化。在商品经济中，市场交易关系只表示市场交换关系，即商品经济中的所有市场关系都是市场交换关系，除此之外，没有别的市场关系。而发展到市场经济之后，市场交易关系就分为了两种：一种还是市场交换关系，另一种就是新出现的市场契约关系。这就是生产要素市场特有的市场契约关系。市场经济的市场交易关系比商品经济的市场交易关系，多出了一个市场契约关系。需要认定的事实就是，这种市场契约关系不存在于劳动成果交换市场，只存在于生产要素市场。生产要素市场的产生表明市场契约关系的出现。这也就是说，在生产要素市场，人们之间的交易体现的不是交换关系，而是契约关系。生产要素市场主要包括：土地及其他矿产资源市场、资本市场、劳动力市场。由于生产要素市场的发展已经高度资本化，所以，在现代市场经济中，土地及其他矿产资源市场已经为资本市场所涵盖，生产要素的配组仅仅限于资本市场与劳动力市场的运作。而在资本与资本之间、劳动力与劳动力之间、资本与劳动力之间，它们的市场关系就表现为契约关系，而不是交换关系。由生产要素的配组而形成的企业是契约组织，在这一组织内，资本与资本之间不是交换关系，劳动力与劳动力之间也不是交换关系，资本与劳动力之间更不是简单的交换关系，它们之间全都是市场契约关系，是生产要素组合间的市场契约关系。这是一种市场高度发展之后才出现的经济关系，是不同于市场交换关系的又一种市场交易关系。在这种市场关系中，交易的双方或各方并不是相互交换劳动成果，而是将自己所拥有的生产要素与他人所拥有的生产要素组合起来，形成新的生产能力，同时组合中的各方之间签订契约，以确定组合中的各方在生产中的权力和责任以及对劳动成果如何进行分配。在资本市场进行这种组合是契约关系，在劳动力市场进行这种组合也是契约关系。现代新制度经济学研究的契约理论主要就是研究这种契约关系，从双头合约到多头合约，讲的都是生产要素配组中握有产权的人们之间的契约关系，这是对市场经济中新的市场交易关系作出的新的研究和概括。①

新制度经济学的理论研究表明，在市场经济条件下，不能将所有的市场关系都归纳为市场交换关系，在传统的市场交换关系之外，还有反映企业契约组织形成的市场契约关系，这是生产要素市场的交易关系，是构成社会生产组织的市场化关系，是超越简单的市场交换关系的又一种市场经济关系，是与市场交换关系在市场经济条件下并存的又一种市场交易关系。新制度经济学理论解释了 19 世纪经济学无法解释的问题，即只用交换关系无法解释所有的市场交易行为，包括资本家与雇佣工人之间的经济关系。站在 21 世纪的高度，人们对于市场经济不同于商品经济的特征看得更清楚了，即对于市场的发展形态有了更进一步的理性认识。在此基础上，现代经济学可以对不同于自然经济和商品经济的市场经济作出以下认识：市场经济是在商品交换市场发达的基础上发展形成生产要素市场的社会经济形态。

所以，概括地讲，自然经济是没有市场存在的社会经济形态，商品经济是只有一种商品交换市场的社会经济形态，而市场经济是有两种市场的社会经济形态，即既有商品交换市场又有生产要素市场。很明显，由商品经济发展而来的市场经济与商品经济的不同，主要就在于商品经

① 参见陈佳贵等编著《企业经济学》，经济科学出版社，1997。

济不存在生产要素市场，而市场经济存在生产要素市场。一般讲，市场经济是通过市场配置资源的，指的就是通过生产要素市场配置资源。如果只有商品交换市场，没有生产要素市场，那就只是商品经济，那就只能是生产者通过市场实现各自的劳动成果的交换，而无法通过市场进行生产上游的资源配置。

因此，只要是出现了生产要素市场就是形成了市场经济，而不再是商品经济了。那么，应该如何认识传统的市场经济与现代的市场经济的区别呢？对于这一问题，还是需要从市场的发展角度来认识。最重要的就是，在传统的市场经济中，生产要素市场还不够发达；而现代市场经济中生产要素市场已经高度发达了，其中最为重要的是资本市场已经高度发达了。所以，与传统的市场经济相比，现代市场经济最主要的标志就是建立了高度发达的资本市场。这也就是说，高度发达的资本市场是现代市场经济的核心，是现代市场经济发展所依靠的最重要的市场力量。因而，要发展现代市场经济，除了要发展科学技术，在金融领域，最重要的就是发展资本市场，充分发挥资本市场的融资作用，竭力保证货币资本的供给，实现资本市场对金融资源的优化配置。可以说，没有资本市场的发达，就没有现代市场经济的发达。在虚拟性货币时代，尤其需要对这一点给予高度重视。任何国家或地区，都不能只是强调市场经济的重要性，而不强调资本市场的重要性。离开了高度发达的资本市场，离开了通过运作货币资本进行资源配置的资本市场，就不是现代市场经济，就无法按照市场经济的要求去发展现代经济，就是有名而无实的市场经济，就会跟不上现代社会经济迅猛发展的步伐，即毫无疑问现代资本市场的发展在一定程度上决定着现代市场经济的发展。

资本市场类别

在现代市场经济的发展进入虚拟性货币时代之后，高度发达的资本市场并非仅指借贷市场和股票市场，更是包含有更多内容的资本运作关系市场的构成，主要包括以下各类市场。

（一）借贷市场

借贷市场是指提供长期贷款业务的市场。借贷市场是最基本的资本市场，是为企业提供间接融资服务的市场。通过借贷市场发放各类贷款的主要是商业银行，商业银行从事借贷业务有三个基本运作原则：一是项目择优放贷。商业银行必须按照合同和市场的需要，区别不同的行业、企业的融资项目，并择优发放贷款；借款单位则必须择优确定申请借款的项目，并按照合同规定的数量和用途使用贷款。二是物资保证原则，即要求借款企业必须拥有与贷款金额相适应的适用适销物资作保证。只有资金运动与物资运动紧密结合，贷款的增减与企业的物资增减相适应，才能实现按市场需求对资金与物资进行合理配置和使用。三是按时偿还与计息。银行对融资企业发放贷款，必须以其具有偿还能力为前提，发放贷款时必须规定偿还时间，同时按照规定对企业计收利息，而获得借款的企业必须按期还本付息，与银行保持良好的协作关系，只有这样才能源源不断地从银行得到借贷资金支持。

中国实行改革开放之后，国民经济运行中变化最大的是银行业。银行业的改革已成为中国市场经济体制改革的一个重要领域。目前，国有银行上市发行股票、资本市场的改革与发展、人民币的市场化汇率形成机制等，都显示了中国推动金融改革的决心。国家对借贷市场的调控，已经不是单纯调整利率、准备金率，而是要将银行业推到国际轨道上去，要将借贷市场的运作与国际市场的融资方式直接接轨。目前，在国际上，不论是哪个国家还是地区，其商业银行的借贷规则都是一致的，既有原则性，又有灵活性。这样务实地要求合法性和可行性的借贷管理惯例是改革后的中国银行业应该学习借鉴和理性接受的。中国的银行业不能再沿袭传统既烦琐又不实用的做法，那些做法总是会造成很多的呆账、坏账，而且，夹杂着许多的人际关系或权势旨意。这就是说，中国银行业借贷市场的整顿重点在于促进市场与国际惯例的接轨，在于从制度的改观上进行宏观调控。这是中国在金融领域进行的又一种对资本市场的宏观调控，这种宏观调控的作用将大大地改变中国借贷市场的面貌，将使遵守国际惯例的规范的借贷市场在中国实现工业化的进程中乃至更为长久的市场经济建设中发挥出更大的作用。

在借贷市场中，必须坚决制止违法违章的集资、拆借等活动。但是，现在的借贷市场服务并不局限于商业银行，一些非银行金融机构也开展了借贷业务。更有甚者，随着互联网的兴起和应用，一些互联网企业也进入了借贷市场，开展了借贷服务工作，并且声势很大。这既是借贷市场在新时代的发展，也是需要金融管理部门进一步加强管理并予以规范的。

（二）股票市场

股票市场是重要的资本市场，也是最大的市民化的证券市场。股票市场自其诞生起，就具有融资功能和保值功能，这是股票市场作为资本市场存在的本分，是不会随着社会经济的发展而改变的。多少年来，上市公司看中的一直都是股票市场的融资功能，即通过溢价发行股票，直接地为企业扩充巨额股本。年复一年，股票市场的融资功能不断地得到强化，越来越多的企业希望能够通过上市融资造就企业新的辉煌。只是，也有例外的时候，股票市场有时会丧失融资功能，甚至丧失保值功能。从根本上说，股票市场不仅要具备融资功能，更需要强化保值功能。其只有具备了保值功能，才能具有融资功能。而且，股票市场具备保值功能不仅仅是市场健康发展的需要，更重要的是维护现代金融市场秩序稳定的需要。按照强化保值功能的要求，在股票市场稳定的前提下股价渐渐地提升应是常态，而非常态的股价跌落也是难以完全避免的，这总会在某些时期以不同的程度出现。正常的股价跌落是由于货币升值。市场炒作的股价跌落归根结底是不会决定大局的，那只是一种起起落落的表现，不会影响基本面。有时，不正常的股价跌落也会进一步地推动货币贬值。在明确区分虚拟经济市场与实体经济市场的年代，买股票的钱应该好好地待在股票市场，搞生产和过日子的钱应该始终在实体经济领域中流通，相互之间不能乱窜，即买股票的钱是在虚拟经济领域投资的钱，不能再回到实体经济领域，搞生产和过日子的钱也不能无端地脱离实体经济领域进入虚拟经济领域。而股票市场如果出现不正常的价格跌落就表明，可能有大量的买股票的钱离开了虚拟经济领域又回到了实体经济领域。这是正常和规范的市场所不能允许的，是虚拟经济市场秩序的严重混乱。由此引起的后果是实体经济领域的货币突然增多，物价上涨，货币贬值。

在正常情况下，股票市场必须强化保值功能，必须在一定程度上保持股价的刚性，因为不正常的股价跌落对于国民经济正常运行的影响是巨大的。现在需要研究的基础理论问题在于，虚拟性货币已经普遍地被应用于实体经济与虚拟经济领域，虚拟性货币是现代社会普遍使用的货币，股民购买股票，不会管自己手中的货币是实体性货币，还是虚拟性货币，但是，经济学对金融市场的研究，是一定要区分虚拟性货币与实体性货币的，不能将虚拟性货币混同于实体性货币，更不能用对实体性货币的解释来解释虚拟性货币。从货币理论研究的角度来看，至今几乎所有的理论内容都是针对实体性货币的，并且所有对货币问题的解释都是依据这些理论作出的。从根本上讲，不是人们不懂得基本的逻辑，而是在货币形式发展的问题上，基本的逻辑还没有与虚拟性货币对上号，还没有与进入股票市场的虚拟性货币对上号。

作为重要的资本市场，股票市场应当主要是各行各业大的民营企业的直接融资渠道。如果股票市场容纳的民营企业过少，那么必定不符合市场经济体制的要求，也与股票市场本身的功能作用相悖。这也就是说，政府控股的企业应当尽量少地进入股票市场。上市银行是兼具证券风险和银行风险的企业。因此，在上市公司中，上市银行是风险相对较大的群体，必须特别加强监管，防止证券市场出现银行的经营风险问题。如果上市银行产生这样或那样的信用危机，那影响将是巨大的，将是极具市场震荡作用的，将会冲击整个国家的金融体系。

（三）企业债券市场

企业债券市场就是指发行和买卖企业债券的市场。企业债券市场是重要的资本市场，是范围最广的企业直接融资渠道。从资格上讲，企业不可能都上市发行股票，但企业都可以申请发行本企业债券。企业债券是指企业发行的债券，大多是股份公司在一定时期内为追加资本而发行的借款凭证。企业债券的购买者无权参与发券企业的管理活动，只可每年向企业收取自身应得的利息，并且利息收入顺序先于股东分红，若企业破产，破产清算时企业债务购买者亦可优先收回本金。企业债券一旦到期，发行债券的企业必须偿还本金，赎回自己发行的债券。

发行企业债券是一种市场化的要约行为。发行企业债券的企业一般通过发布企业债券发行章程或者发债说明书方式进行要约，承认和接受要约条件并愿意支付相应资金的投资者，才可成为企业债券投资人。凡是购买企业债券的投资者，就等于认可接受了要约，必须履行要约上的义务和有权获得要约规定的权益。在企业债券发行过程中，企业必须在债券发行章程或发债说明书上明确企业债券的所有要素内容，包括发行人、发行规模、发行对象、募集资金用途、期限、利率、付息方式、担保人以及其他选择权等。一般地说，发行企业债券包括公募发行和私募发行两种方式。所谓的公募发行就是面向社会不特定的公众投资者公开发行，这种方式要求比较严格，需采取公示制度。所谓的私募发行就是以市场特定的少数投资者为对象的发行，其发行条件相对宽松，也不必采取公示制度。

企业债券的发行对于发行债券的企业而言，是一件重大的事情。这属于企业向社会投资者出售信用、增加企业负债的重大融资行为，因而，发行企业债券需要企业决策机构，如董事会、股东大会等批准，企业的经营管理层不得擅自决定发行企业债券，而且，发行债券募集的资金不可以用于偿还银行贷款。由于发行企业债券涉及社会重大信用，对稳定社会经济秩序、维护投资者权益都有重大影响，企业发行债券必须报经有关监管机构批准或核准，或者到有关监管机构登记、注册，否则，就属于违法行为。企业债券的还款来源是企业的经营利润，然而任何一家企业的未来经营都存在很大的不确定性，因此购买企业债券的投资者承担着损失利息甚至本金的风险。只是按照收益与风险成正比的原则，较高风险的企业债券需提供给投资者较高的回报收益。企业债券分为记名债券和不记名债券，记名债券在券面上登记持有人姓名，支取本息要凭持有人印鉴，转让时必须背书并到债券发行单位登记；不记名债券的券面上无须注明持有人姓名，获取利息及流通转让仅以企业债券为凭，不用登记。企业为扩大生产规模拓展资金来源而发行的债券是普通企业债券，企业为清理自身债务而发行的债券是改组企业债券，企业经债权人同意而发行的用以换回原来发行的较高利率债券的较低利率的新债券是利息企业债券，企业征得债权人同意后可延长偿还期限的债券是延期企业债券。

企业债券的发行方式有三种，即面值发行、溢价发行和折价发行。如果其他条件不变，企业债券的票面利率高于同期银行存款利率，企业按超过债券票面价值的价格发行，属于溢价发行。这种溢价是发债企业为以后支付利息而事先得到的补偿。如果企业债券的票面利率低于同期银行存款利率，企业按低于债券面值的价格发行，就是折价发行。这种折价是发债企业为以后少付利息而预先给投资者的一种补偿。如果企业债券的票面利率与同期银行存款利率基本相同，企业实际按票面价格发行，即为面值发行。按照规定，企业债券可以转让。其中，企业债券在证券交易所上市交易的，按照证券交易所的交易规则转让。企业债券的市场交易价格由转让人与受让人协商约定。

金融机构发行的企业债券也称金融债券。金融债券诞生于日本，是在日本特定的金融体制下产生的债券品种。日本的金融债券不同于企业债券，由不同的法律法规予以调整。借鉴日本经验，改革之后的中国也曾经发行金融债券，主要是为了解决国有商业银行信贷资金不足的问题，但1992年以后我国就不再发行金融债券了。

还有一种企业债券是可转换公司债券。可转换公司债券的全称是可转换为股票的公司债券，是指企业依照法定程序发行企业债券后，在一定期限内依照约定的条件可以将其转换为股票的债券。这是一种比较特殊的企业债券，对于一些企业来说也是比较实用的债券。

（四）市政债券市场

市政债券市场是发行和转让市政债券的市场，是一个新兴起的资本市场。市政债券是指地方政府的分支机构以及地方政府的授权机构或代理机构发行的证券。市政债券起源于 200 年前的美国，由于当时的美国城市建设需要大量的资金投入，美国各地的政府部门开始通过发行市政债券的方式为城市建设筹集资金。然而，20 世纪 70 年代之后，世界其他一些国家也逐步兴起和建立了市政债券市场。

市政债券与地方政府债券有所不同，即市政债券并不完全是地方政府发行的债券。市政债券分为两类，一类是一般责任债券，另一类是收益债券。一般责任债券是由地方政府发行的，以地方政府的税收能力为后盾，其信用来自地方政府的税收能力。正由于是以地方政府税收能力作为信用基础，一般责任债券违约的情况极为罕见，在实际市场中本金和利息都能得到定期足额支付，因此一般责任债券也被称为信息与信誉完备债券。这种债券的发行与各级地方政府的财政收入预算联系在一起，因此这些债券属于地方政府债券。而收益债券就不是地方政府债券，收益债券是由为了建造某一基础设施而依法成立的代理机构、委员会或授权机构发行的债券，如修建医院、大学、机场、收费公路、供水设施、污水处理设施、区域电网，或者港口的机构或公用事业机构等发行的专门的建设债券，其偿债资金来源于这些设施有偿使用带来的收益。收益债券就是以此得名的。由于收益债券与地方政府的财政预算没有直接关系，地方政府不为此类债券的偿还进行担保，不属于地方政府债务，所以，不能将其归于地方政府债券。

美国将地方政府债券性质的一般责任债券和非地方政府债券性质的

收益债券作为统一的一类市政债券来管理，是与美国特定的经济体系和制度有直接关系的。在美国，私人经济和公共经济是分开管理的。对于一般的竞争性行业和企业，政府除了征税，其他一概不管。而对于类似医院、大学、机场、图书馆、收费公路、供水设施、污水处理设施、区域电网等公共工程或公用事业，政府会通过各种方式给予支持，包括资金筹集方面的支持。因此，政府对市政债券是免征联邦所得税的。正是基于这种情况，市政债券才得以产生和发展。医院、大学、机场、图书馆、收费公路、供水设施、污水处理设施、区域电网等公共工程和公用事业的建设，不同于其他需要政府投资建设的公共工程和公用事业，如警察系统、消防系统、城市道路及相关设施等，前者的使用是有收益的，而后者是完全免费的。但对于公共产品，不管是不是免费的，政府都要给予支持。对于公众免费使用的警察系统、消防系统、城市道路及相关设施，地方政府可以通过发行一般责任债券来筹集资金；对于可以收费并有收益的医院、大学、机场、图书馆、收费公路、供水设施、污水处理设施、区域电网等公共工程或公用事业，政府可以通过发行收益债券来筹集资金，并且购买这些债券的人所获得的投资收益是免税的，因为这些同样属于地方政府有责任进行操作的事情。所以，在美国，要将地方政府债券性质的一般责任债券和非地方政府债券性质的收益债券放在一起作为市政债券进行管理。

（五）国债市场

国债市场就是指国债发行和流通的市场。国债市场是现代市场经济中高度发达的资本市场的重要组成部分，是重要的证券市场，也是现代市场经济条件下国民经济运行的晴雨表。国债市场的运行机制不完善，会影响资本市场作用的发挥，也影响国家对整个国民经济的宏观调控。

作为一种信用工具，在现代市场经济中，国债是政府用来进行经济建设投资的，同时也是供进行宏观金融调控的中央银行开展公开市场业务使用的。

国债属于财政收入，是一种财政信用收入。国债又称国库券，就是一种有价证券。政府通过证券市场发行和偿还国债，意味着国债进入市场交易过程。国债市场是证券市场的构成部分，同时也对证券市场具有一定的财政制约作用。

按照国债交易的不同阶段，国债市场分为两个部分：一是国债发行市场；二是国债流通市场。国债发行市场是指国债发行场所，又称国债一级市场或初级市场。国债发行是国债进行市场交易的初始环节。通常由证券承销机构一次全部买下政府发行的国债。国债流通市场是国债二级市场。国债流通是国债进行市场交易的第二个环节，一般是国债承销机构与国债认购者之间的交易，也包括国债持有者与国债认购者之间的交易。国债二级市场分为证券交易所交易和场外交易两类。证券交易所交易是指在证券交易所并以证券交易所为中介进行的交易，不在证券交易所进行的交易即为场外交易。在中国，国债一级市场是以差额招标方式向国债一级承销商出售可上市国债；以承销方式向承销商，如商业银行和财政部门下属国债经营机构，销售不上市的储蓄国债（凭证式国债）；以定向招募方式向社会保障机构和保险公司出售定向国债。这样的发行市场的运作属于多种发行方式的搭配使用，是适应当前实际的发行市场构成。国债二级市场的场外交易不断萎缩，而场内交易稳步发展。目前场内交易主要集中在四家交易场所：上海证券交易所、深圳证券交易所、武汉国债交易中心、全国证券交易自动报价中心。这些场所的管理相对规范，信誉良好，市场统一性强，因而保证了场内交易量的稳定增长。当前我国已形成以场内交易为主、证券经营网点的场外交易为辅的基本格局，基本上符合当前国债市场的实际需要。

国债市场还包括国债回购市场。所谓的国债回购，是指国债持有者在卖出一笔国债的同时，与这笔国债的买方签订协议，承诺在约定期限以约定的价格购回同笔国债的交易活动。如果市场交易程序相反，则是国债逆回购。国债回购是国债市场中的一种融券兼融资活动，具有一定的金融衍生品交易的性质。国债回购为国债持有者、国债投资者提供融资，是国债投资者获得短期资金的重要渠道，也为中央银行的公开市场业务提供了操作工具。因而，开展国债回购对于国债市场的发展具有重要的推进作用。但是，如果国债回购不规范，也会产生负面影响。如果买空卖空现象严重，回购业务无实际债券作保证，回购资金来源混乱以及资金使用不当等，都会冲击金融市场正常秩序。

还有，就是在发达的国债市场中，还存在着国债期货市场。国债期货市场就是进行国债期货交易的市场。国债期货交易就是买卖国债的双方签订交易合同时不付款也不交付债券，等到约定的交割时间才付款和交付债券。国债期货交易有四个约定：时间、价格、国债品种和交易数量约定。国债期货市场是国债市场发展到一定程度的产物，具有独特的市场功能。

（六）产权交易市场

产权交易市场就是指双方进行产权交易的市场。产权交易市场具有产权交易信息积聚功能。所谓产权交易信息积聚功能，就是指产权交易市场能够提供所有的真实的产权交易信息，并服务于市场的买卖双方。产权交易市场可以公开价格和其他相关信息，使有需求的交易者通过市场建立固定的联络渠道，使具有交易意愿的双方或潜在的买卖双方通过恰当的形式相遇。产权交易市场还具有产权交易价格发掘功能。所谓的产权交易价格发掘功能，就是指产权交易市场可以做到价格规范。通过建立市场而进行规范的市场交易，可以使得发现交易价格的成本大大降低。而且，产权交易市场也可减少议价成本。市场可使当事人更容易发现以什么样的价格可以成交。这就是说，市场交易信息的公开，能够起到约束交易双方的议价幅度并使交易价格趋于平均水平的作用。因此，产权交易市场可以使各方面的市场交易者对价格作出合理的估算，减少交易成本、促进市场双方达成满意的交易价格。中介服务是产权交易市场最基础的功能。所谓的中介服务功能，就是指产权交易市场能够通过实行进场交易委托中介代理制，大大简化产权交易手续，大大缩短产权交易过程，有效提高产权交易效率。

从生产资料市场来看，一般生产资料的交易往往集中在某一有形市场内完成，然而，产权交易市场中的生产资料交易活动要突破各种有形市场的约束。而且，对于企业产权实体的考察、评价以及对于交易的决策都是在场外进行的。通过对产权交易市场进行考察，就能够明确产权交易行为是在比有形的生产资料市场更为广阔的空间内进行的。因此，产权交易市场所进行交易的范围比各种生产资料的实体交易范围要广泛得多，而且，产权市场交易的活动也是极为复杂和多样的。在现代产权交易市场上，可以实施各样形式的交易，如产权承包、产权租赁、参股、企业拍卖、企业兼并、企业收购以及分股买卖等。产权交易的资金支付方式也可以多样化，既可以一次性现金支付，也可以分期付款，还可以以资产抵押、证券抵押以及承担债务等方式进行支付。产权交易市场的业务活动包括卖方的广告活动、卖方的调查活动、市场的中介活动以及产权转让价格的确定活动等，比一般的实体性生产资料的买卖活动要复杂得多。产权交易市场的交易不仅包括工业产权交易、商业产权交易，还包括农业产权交易以及服务业产权交易。

产权交易市场是资本市场的重要组成部分，是现代市场经济中不可缺少的生产要素配置市场。中国的产权交易市场，最初是从交易国有企业的产权起步的，所以，一直是以政府部门组建事业单位的方式操作的。这样的市场形成历史，具有中国特色，也是颇为艰辛的。国有企业的改革长期徘徊不前，在很大程度上影响了产权交易市场的发展和作用发挥。进入 21 世纪后，随着中国经济的腾飞和国有企业改革的推进，产权交易市场的作用将在资本市场中越来越大和越来越重要。产权交易市场不仅为国有企业的产权交易提供服务，而且还要面向全社会发挥市场交易作用。在进一步的发展中，产权交易还需向更大的市场拓展。现在北京市的产权交易市场就是以知识产权的交易为主，其他地区开展了共有产权的交易。但从今后市场发展的现实要求讲，产权交易应在大型企业对中小型企业的跨行业跨地区跨所有制的并购重组方面进行拓展。

（七）保险与再保险市场

保险市场就是进行保险商品交易的市场。保险市场由为保险交易活动提供各类保险商品的保险公司和购买各类保险商品的个人或企业以及具体的进行交易的各类保险商品共同构成。现在，一些保险中介人也成为构成保险市场的必要因素。在中国，保险监督管理部门是指中国银行业保险业监督管理委员会（简称"银保监会"）。银保监会监管的主要目的和作用是维护保险市场正常秩序，规范保险公司业务，保护被保险人的权利和利益以及社会利益。在现代市场经济条件下，对于保险市场，还有一些政府监管机构实施监督管理，如工商管理机构、劳动管理机构和税务管理部门等。

保险市场是现代市场经济中直接的风险市场。由于保险市场交易的对象是保险商品，这些商品要对投保人转嫁给保险人的各类风险提供经济保障，所以这一市场的交易直接与风险有关。保险市场在现代市场经济中又是一个非即时清结市场。所谓的即时清结市场，就是指市场交易结束时买卖双方马上就能确切知道交易结果的市场。而保险商品的交易，因为市场的不确定性和保险商品的特殊性，买卖双方都不能确切知道交易结果，所以不能马上清结。同时，保险市场还是现代市场经济中的一个特殊的期货交易市场。由于保险具有射幸性，即在保险市场成交的任何保险商品交易，都是保险人对被保险人未来风险所造成的经济损失进行补偿的承诺。所以，相比其他金融市场，保险市场可以作为一种特殊的期货市场存在。

如果保险市场上有数量众多的保险公司，任何保险公司都可以自由进出市场，每个保险公司都不能够单独决定保险商品价格，而市场可以自发地调节保险商品价格，那么这种保险市场就是完全竞争型的保险市场。在完全竞争型保险市场模式中，保险公司的资本可以较为自由地流动，市场供求规律可以较充分地发挥作用，因而，国家监管机构对于保险公司的管理相对是较为宽松的，保险业协会可在行业管理中发挥一定作用。如果保险市场完全由一家大的保险公司控制，这家保险公司的性质可以是公营的，也可以是私营的，那么，这一保险市场就是完全垄断型保险市场。在完全垄断型保险市场上，市场供求规律会受到限制，难以发挥调节作用。在这样的市场上，没有竞争，没有可替代的保险商品，也没有可供选择的保险公司，这家控制市场的保险公司可依靠垄断获得超额保险利润。完全垄断型保险市场有两种变通模式：一种是对专门的保险商品实施控制的完全垄断经营模式；另一种是区域型的保险完全垄断经营模式。如果保险市场上大小保险公司并存、少数大保险公司占据垄断地位，那么这种保险市场属于垄断竞争型保险市场。如果在保险市场上只有少数的大保险公司，那么，这一保险市场就是寡头垄断型保险市场。

发达的保险市场意味着成功的市场经济体制和发达的现代市场经济。对企业保险进行市场化的改革，就是要将企业资产保障的任务推向保险市场，而不是由政府行政统包下来。因此，在现代市场经济条件下，在进一步推动资本市场的发展过程中，任何发展中国家都需要像发达国家一样，积极地推进发展企业资产的保险和再保险，促使各类保险市场尤其是再保险市场在实现工业化时期和以后更长时期内获得长足的发展。国家物权法的实施为企业资产的保险奠定了市场运作的基础。再保险与保险的市场发展是紧密相连的，只有保险市场发展了，再保险的市场才能跟进。

（八）金融衍生品市场

在现代市场经济中，作为虚拟经济领域最重要的资本市场，金融衍生产品市场就是指进行金融衍生品交易的市场。金融衍生品就是指以杠杆或信用交易为手段，在货币以及债券、股票等证券交易的基础上派生出来的金融工具，如期货合同、期权合同、互换及远期协议合同等金融交易合同。

金融衍生产品市场分为金融期货市场、金融期权市场、金融远期市场、金融互换市场等。金融衍生品市场的既定功能：一是风险转移。通过市场套期保值和获取满意风险头寸，起到转移风险、稳定现货市场的作用。二是价格发现。金融衍生品与基础证券具有内在联系，这可以增加金融衍生品市场的有效性，提高市场效率，进而发挥价格发现功能。三是增强市场流动性。在市场深度开发的基础上，通过金融衍生品交易，可以增强金融市场的流动性。四是有助于新的货币资本形成。

金融衍生品在设计和创新上具有很强的灵活性。可以通过对基础工具和衍生工具进行各种组合，创造出大量的特性各异的金融衍生品。金融机构与投资者个人进入金融衍生品市场的目的，主要有三种：一是保值，即求得自己的金融资产或交易品不贬值。二是利用市场价格波动进行投机交易获取暴利。三是利用资本的强势特征和市场供求的暂时失衡套取无风险的超额利润。而各种复杂的市场交易目的，需要有各种复杂的经营品种，以适应不同市场交易者的需要。金融衍生品的设计就是根据各种交易者所要求的时间、杠杆比率、风险等级、价格等参数进行的，具有相当大的灵活性。因而，发展金融衍生品市场，必须仔细地分析市场，更好地监管市场。

相对于虚拟经济领域的其他交易品而言，金融衍生品交易是较为复杂的。这是因为，一方面对金融衍生品如期权、互换的理解和运作已经不易掌握，另一方面由于采用多种组合技术，金融衍生品特性更加复杂。这种情况导致金融衍生品的设计，要运用高深的数学方法，大量采用现代决策科学方法和计算机科学技术，能够仿真模拟金融衍生品市场运作。同时，这也导致大量金融衍生品的市场中新产品难以为一般投资者所理解，风险难以明确，完全正确地运作难度较大。监管金融衍生品市场，需要基本掌握各种金融衍生品的设计理念和设计目的，只有这样才能有针对性地保持金融衍生品市场的虚拟中间效用创造的适度性。

金融衍生品市场交易的特殊性表现在两个方面：一是集中性。从交易能力看，金融衍生品交易主要集中在大型投资银行等机构进行。此次国际金融危机爆发之前，美国金融衍生品市场交易占了全球相当大的比重，但是在美国也只有300多个金融机构能够从事这一市场交易，而且，美国10家大型机构的金融衍生品交易量占据总交易量的90%。二是灵敏性。从市场情况看，有一部分交易是通过场外交易方式进行的，即以投资银行作为中介进行交易，这种方式的交易具有一定的灵敏性。而且，金融衍生品的市场运作一般采用财务杠杆方式，即通过交纳保证金的方式进入市场交易。这样的市场交易者只需动用少量资金即可控制资金量巨大的交易合约。期货交易中交纳保证金和期权交易中交纳期权费就属于这样的情况。于是，这不可避免地带来巨大的市场风险。也就是说，这是一个具有高风险的资本市场。

资本市场对于货币资本的供给与需求

货币是随着社会的发展而发展的，社会是随着人类劳动的发展而发展的。与货币不同的资本也是随着人类劳动的发展而产生和发展的。当人类劳动发展到内部的资产条件因素起主要作用，在社会生产中居于支配地位时，社会的发展进入资本主义社会发展阶段，此时社会的生产对于资产条件有很强的依赖性，即只有促进形成更好的资产条件，才能更好地发展社会生产。而与资产条件相对应的实际就是资本。在资本主义社会发展阶段，包括与这一阶段同时存在的社会主义初级阶段，社会的生产对于资本有强盛的需求，其中首要的需求是货币资本，其中一部分是通过资本市场获得的货币资本。所以，资本市场建立的首要任务并不是市场化地供应货币，而是市场化地供应货币资本。在资本市场，对于货币资本的需求是客观既定的，是社会生产发展产生的客观需求，是货币资本供给的依据，即有多少市场需求就要相应地有多少市场供给，市场的货币资本供给不能满足市场的需求是市场的供给不足，市场的货币资本供给远远超过市场的需求是市场的供给过剩。不论是市场供给不足，还是市场供给过剩，都是资本市场的运行处于非均衡状态，都是需要积极地进行调整治理的。不过，相对来说，在发展中国家，资本市场往往呈现供给不足情况，而在发达国家，资本市场往往呈现供给过剩情况。

资本市场对于公营资本的供给主要体现在国债市场上，而不是体现在股票市场上。在现代市场经济中，规范的股票市场主要是民营企业的直接融资渠道，不是公营经济的融资平台，各级政府控股的公营企业不应该成为上市公司，不应该通过股票市场发行股票增加股本。准确地讲，各级政府控股的公营企业应该通过国债市场募集的资金扩大企业的再生产，或是建立新的公营企业。通过发行国债获得的资金是国家的财政信用收入，这种财政信用收入不同于国家以税收方式获得的财政收入。国家以税收方式获得的财政收入要用于国家行政性开支，包括国防费用的开支，属于消耗性的开支。而财政信用收入一般要用于国家经济建设开支，主要是用于扩大公营经济规模的资本金，属于经营性的开支，即通过经营可以获利，而且获得的收益可以回报市场偿还财政信用收入。国债市场的融资主要起这个作用，即国债市场主要是为公营经济服务的。当然，国债的发行并不仅仅是为了国家经济建设，为了给公营企业增加资本金，它还发挥着其他重要的金融作用。但是，国债市场供应的货币资本主要用于公营经济领域是确定无疑的。因此，国债市场的货币资本供给量，是由公营经济对于货币资本的需求量决定的。在国家经济建设需要政府投入大量财政信用资金时，就需要积极地扩大国债市场的货币资本供给，反之，在国家经济建设不需要政府投入大量财政信用资金时，国债市场就没有必要大量供给货币资本，即国债的发行必须根据国家经济建设中政府信用投资的决策来保持适度。

资本市场更多的货币资本要提供给民营企业。民营企业对于货币资本的需求，除了依靠自身积累以外，主要依靠资本市场供给。对于民营企业发展来说，资本市场，包括股票市场、企业债券市场和借贷市场是非常重要的。对于大型民营企业来说，进入股票市场融资，成为上市公司，是十分必要的。除了提供货币资本，股票市场还能对上市的民营企业给予更多的管理规范，扶持上市的民营企业健康成长。所以，上市的民营企业越多，国家经济越发达，越是可以体现出股票市场作为资本市场的重要作用。而对于更多的没有进入股票市场的民营企业来说，它们需要更加高度地重视企业债券市场的作用，通过企业债券市场获取自身所需的货币资本，以更好地实现企业扩大再生产的目的。其实，利用发行企业债券融资与利用发行企业股票融资，是民营企业可以选择的并行的两条路，可以两条路都走，也可以只走其中的一条路。即使某些民营企业只能选择利用发行企业债券融资，这对这些民营企业的发展来说也是相当重要的。因为企业与债券市场的连接，也是企业与资本市场的连接。在现代市场经济条件下，民营企业不可能脱离资本市场，必须紧紧地依靠资本市场来求得自身的发展。利用发行企业债券融资是可以迅速扩大企业资本的，而企业有了更大的资本在正常情况下就可以有更大的作为。当然，借贷市场对于民营企业，包括一些上市公司更是不可缺少的。这不是杠杆高低的问题，而是企业经营的需要，企业的负债就是企业的信誉，企业负债的能力越高，说明企业的经营能力越高。

更重要的是，在现代市场经济条件下，资本市场对于货币资本的供给是有选择的，并不是会满足市场中的一切对于货币资本的需求，也没有必要满足市场中的一切对于货币资本的需求。虽然资本市场中的货币资本都将成为资本的货币，但是对于将货币资本用在哪一个行业的哪一个项目上，结果则是不一样的。所以，需要资本市场作出选择。一些条件好的龙头企业可以优先上市发行股票，就是这样的一种市场选择的结果。在市场经济条件下由市场配置资源，其中股票市场就担当着这样一份责任。说到底，市场配置资源就是生产要素市场配置资源，其中包括资本市场配置货币资本资源。发行企业债券也是有条件的，并非任何企业的任何资本需求都可以通过发行企业债券得到满足。企业只有效益好、发展后劲强，才能优先得到发行企业债券的机会，通过发行企业债券扩大企业资本规模。企业债券市场也会作出选择，不是企业有需求，市场供给就能予以满足。借贷市场的选择可能更加严格和慎重，企业要想获得贷款并非十分容易。总之，资本市场的选择是必要的，也是残酷的。但即使经过市场的选择，也还是有可能会出现资源配置不当的问题，即出现一定的货币资本供给差错，造成一定的社会损失。有的企业可能上市发行股票后一蹶不振，有的企业发行企业债券后到期无力偿还甚至破产，可能更多的还是有些企业借贷后经营不善，使银行的贷款成为不良贷款。所有这些都是在现代市场经济中通过资本市场配置货币资本需要尽力避免的不当选择。

资本市场的发展与虚拟性货币资本的活力

拥有高度发达的资本市场是现代市场经济的标志，即现代市场经济与传统市场经济的区别就在于资本市场的发达程度。目前，各个国家或地区，不论发达与否，其资本市场都在进一步地发展之中，即发达的资本市场在进一步发展，不发达的资本市场也在进一步发展。不发达的资本市场的发展是要走向发达，发达的资本市场的发展是要走向更加发达。资本市场的发展是与社会经济的发展休戚相关的，是社会经济发展中的非常重要的一部分，是与社会经济的发展同步的。资本市场不是可以独自超前发展的，而是要受到社会经济发展的约束的。资本市场也不是可以滞后发展的，而是必须跟上社会经济发展的大局，切实发挥自身的作用。追求实现高度发达的资本市场应是现代市场经济建设的既定目标，任何国家或地区，在现代市场经济建设或完善中，都必须高度重视发展资本市场，高度重视发挥资本市场的作用，不能够将资本市场看作可有可无的市场或必须严加限制的市场。如果哪一个国家或地区只是笼统地承认资本市场的作用，而对于具体的资本市场发展不给予切实的支持，比如对于股票市场让其长期处于萎靡状态，使绝大多数的民众不敢进入股票市场投资，就是一种对资本市场发展没有给予高度重视的表现，是会影响国民经济健康发展的。

在现代市场经济中，资本市场需要的是全面发展。在任何国家或地区，都不能是只单纯发展一种资本市场，而置其他的资本市场发展于不顾。借贷市场的发展是不可少的，但是也不能只注重发展借贷市场，而不发展股票市场和企业债券市场。股票市场是重要的资本市场，上市发行股票对于一些企业来说就是能够实现脱胎换骨的机遇，企业可以就势起飞，做强做大。而若股票市场很小，没有一定的发展规模，很多的优秀企业就会得不到上市发行股票的机会，就只能眼巴巴地看着别家企业走上"康庄大道"加速前进，而自己却还只能在崎岖的小路上挣扎。再说，股票市场也给全国民众创造了很好的投资机会，可以让每一个人任意选择投资目标，但要是股票市场发展不规范，缺乏必要的保值功能，那么，股票市场就不能发挥资本市场作用，不仅民众不敢投资，而且企业也无法上市融资。企业债券市场也是一样，也需要随着企业的发展而更好地发展，这一市场不同于股票市场，但是可以比股票市场发挥更大的融资作用。不光是不上市、不发行股票的企业可以发行企业债券，就是已经上市已经发行股票的企业也可以发行企业债券。每个追求经济发达或已经实现经济发达的国家或地区，都不可以没有发达的企业债券市场。然而，在发展股票市场和企业债券市场的同时，也同样不能忽略借贷市场的发展规范，随着各个国家或地区经济体量的增大，借贷市场的规模不需要急剧地扩张，只有平稳才能更好地为企业服务。如果让企业削足适履，将就资本市场的既定规模，必然会影响国民经济的健康成长。除借贷市场外，其他各类资本市场都需要通过国民经济发展扩大货币资本需求，取得更大更好的发展成效。

在当今虚拟性货币时代，资本市场的发展也是借助虚拟性货币资本的活力而实现的。虚拟性货币资本比实体性货币资本更有活力，并不是因为虚拟性货币是信用货币，虚拟性货币没有价值量的承载，而是由于虚拟性货币时代是一个高科技发展的时代，是一个经济智能化发展的时代，科学技术的普遍应用使得以国家信用为依托的货币更加具有活力，即货币的活力来自科学技术的力量。以股票市场为例，现在的股票市场可以说是最活跃的资本市场，变化的不是股票的买和卖，而是股票的怎样买和怎样卖。现代科技给股票市场插上了腾飞的翅膀。不管股民要买多少股票，或是要卖多少股票，只要成交，瞬间就可以结清，不费丝毫之力，交易者尽可以放心去接着做下一笔交易，电子化的交易系统早已将各种交易数据列在交易者的账户上，不差分毫，即时报账。而若没有电子化的交易系统，依然是人工操作，那不仅差错是难免的，效率也是极低的，更不会允许股民坐在自己家里点点电脑的鼠标就可以买进卖出股票了。所以，现在的股票市场与传统的股票市场有着天壤之别，真正是今非昔比了，不仅市场的规模可以发展到巨大，而且市场运行的效率和速度也都是极高的。这就是高科技给虚拟性货币资本带来的活力，这就是高科技给资本市场带来的发展前景，没有最好，只有更好，人们无不相信科学技术的力量，无不相信资本市场借助科学技术的力量可以发展得更强大更为理想。

虚拟性货币资本的活力还源自虚拟性货币的稳定。虚拟性货币不是具有价值承载能力的货币，只是最为纯粹的信用货币，是仅仅依托国家信用发行的货币。但是，自从实现实体性货币向虚拟性货币的转化以来，不论是哪一个国家或地区，货币都是基本稳定的，即使遭遇了 2008 年严重的国际金融危机，各个国家或地区的货币也都基本稳定。这一方面是由于不断的金融创新，给予了仅仅依托国家信用发行的虚拟性货币更好的市场保护；另一方面也在于国家信用的巩固，各个国家或地区都更加注重保护自己的国家信用，不敢在国家信用的维护方面打任何折扣。由此才能实现虚拟性货币的存在和运行稳定。巩固国家信用对于虚拟性货币而言是极为重要的，任何对国家信用的损害都是对虚拟性货币的损害。没有了对国家信用的保持，就没有了虚拟性货币存在的可能性。可以庆幸的是，自虚拟性货币问世以来，尽管至今人们对其认识仍不足，但是各个国家或地区对于国家信用的维护都更加重视和审慎。这种重视和审慎还需要继续保持下去，并且不断地增强理性的保护力量。正是由于虚拟性货币一直保持着市场稳定状态，虚拟性货币资本才有了前所未有的活力，各个国家或地区才形成了现代市场经济条件下最有活力的资本市场。而且，人们可以相信，只要虚拟性货币资本继续增强活力，各种类型的资本市场就都将更好地实现创新发展，更好地发挥资源配置作用。

虚拟性货币的国际流通

同实体性货币一样，虚拟性货币也需要进入国际流通领域。这就不是单纯地满足国内对于货币的需求，而是要随着商品、劳务、技术等在国家与国家之间的交易而走进国际市场，包括商品交换的国际市场和生产要素交易的国际市场。货币在国际市场发挥的作用依然是交易媒介的作用，并不因市场的国际化而有所改变。但是，不论是商品交换，还是生产要素配组，货币在国际市场的使用都与其在国内市场的使用有所区别，存在着国家与国家之间的信用关系。这种国际信用关系在虚拟性货币时代，需要逐步地走向成熟。

国际市场流通中的货币

货币不会因虚拟化而停止国际流通。虚拟性货币将步实体性货币的后尘，继续在国际市场发挥货币作用。不是货币本身一定要成为国际货币，而是经济的发展使得国际市场的形成需要国际货币，即需要货币国际化。在经济全球化时代，没有哪个国家或地区可以关起门来拒绝融入国际市场，即使是经济体量很小的国家或地区也都同国际市场存在千丝万缕的联系。某些国家过去很穷，主要的原因是这些国家自我封闭，没有实行对外开放，而实行对外开放之后，就渐渐地富了起来，且前后对比的差异是十分令人震惊的。所以，国际市场的出现和发展壮大，是不可抗拒的，不仅落后国家或是弱小国家需要国际市场，发达国家同样也需要国际市场。在人类劳动的内部由资产条件起主要作用的历史发展时期，各个国家或地区对于进入国际市场或拓展国际市场的欲望，同封建社会时期强国开拓疆土的欲望是类似的，都有一种无休止的冲动。货币也就是在这样的冲动下成为国际货币的。应该说，出现国际市场多少年，出现国际货币就有多少年。只不过，最初成为国际货币的都是贵金属货币，是当初各个国家或地区都能接受的货币，也就是说，在国际市场刚刚出现时，担负交易媒介的货币中还不存在国家信用，有的只是市场信用在贵金属货币上的体现。贵金属本身具有的价值使其自然而然地由各个国家或地区的货币转化成国际货币。

国际市场最初认可的是各个国家或地区都在使用的贵金属货币，贵金属货币打破了各个国家或地区的市场界限，支撑了国际市场的诞生。

虚拟性货币

国际市场对于贵金属货币的承认和使用一直延续到了今天，即至今国际市场依然认可贵金属货币，至少贵金属货币的影子始终都在国际市场游荡，没有任何一个国家或地区公开宣布不再继续使用贵金属货币，即使不将贵金属货币作为交易媒介使用，也要将其作为当然的货币储备留存。而且，历史表明，国际市场交易从使用贵金属货币作为媒介发展到使用纸币作为媒介也是经历了一个依赖贵金属货币作保障的过渡时期。布雷顿森林体系的建立便是以黄金作为美元的保障，并非一开始就让国际市场完全接受美元，纸质的美元成为国际货币经历了一个黄金陪伴的过渡期，走过那个过渡期并不是很轻松的。历史证实了布雷顿森林体系的作用，尽管布雷顿森林体系崩溃了，但是，也不能否认这一体系的功绩，不能否认这一体系曾经发挥的重要作用。如果没有布雷顿森林体系，恐怕在很长的时期内国际市场还难以接受纸质的美元成为各个国家或地区通用的国际货币。而建立了布雷顿森林体系，就完成了支持纸质的美元成为国际货币的历史任务。这在人类货币发展史上是一件大事。这不仅为纸质的美元国际化开辟了道路，而且带动了更多的纸质的主权货币成为国际货币。

同时，历史也表明，纸质的美元的国际化道路是坎坷的，除美元外，任何纸质的货币国际化也都是不容易的，更重要的是并非每个国家或地区的纸质货币都可以成为国际货币。这也就是说，任何国家或地区的贵金属货币成为国际货币都是可以的，但是，一个国家或地区发行的纸质货币要进入国际市场流通并被国际市场接受是有条件的。从历史上说，很多国家或地区发行的实体性的纸质货币都没有能够在国际市场流通，都没有成为国际货币。那么，进入虚拟性货币时代之后，这些国家或地区发行的虚拟性的纸质货币要想在国际市场流通，成为国际货币，就更会受到一定条件的约束。一个国家或地区发行的纸质货币能够由国内市场流通扩大到国际市场流通，首先还不是看货币本身如何，而是看本国或本地区的经济发展如何。在现时代，只有经济发达国家发行的纸质货币才有可能成为国际货币进入国际市场流通。经济欠发达国家或地区不能幻想在本国或本地区经济发展起来之前实现本国或本地区发行的纸质货币国际化。因而，经济发展是一个先决条件，不一定经济高度发达，但是，必要的经济发展还是要实现的。退一万步说，一个贫穷落后国家或地区发行的纸质货币是不可能被国际市场接受并成为国际货币的。再有，能够使本国或本地区发行的纸质货币成为国际货币，还需要本国或本地区的经济体量足够大。经济体量小的国家或地区发行的纸质货币不太可能为国际市场所接受成为国际货币。

在虚拟性货币时代，成为国际货币的主权货币都已经是虚拟性货币。货币的虚拟化并不影响纸质的主权货币继续作为国际货币投入市场流通使用。而事实上，虚拟性货币是信用货币，是只以国家信用为依托发行的主权货币，不承载任何价值。虚拟性货币作为国际货币使用，唯一的要求就是国家信用更加有保障。这就是要求在国际市场的范围之内承认国家信用。如果国家信用不坚挺，那么虚拟性货币是无法取得国际市场信任的，也就无法继续在国际市场流通。这与贵金属国际货币不同，虚拟性国际货币只能是依靠发行虚拟性货币的国家的国家信用存在。没有了国家信用，就没有虚拟性货币的一切，就不可能存在虚拟性国际货币。现在，对已经国际化的纸质货币是实体性货币还是虚拟性货币问题，必须要进行明确，要在讨论主权货币的国际化中进行明确。这是不容混淆的问题，是有助于深化认识金融的问题。不必为这个问题的明确而担忧。应该说，明确认识货币的虚拟化，对于美元作为国际货币更有利，这样只是要求美国政府必须更好地维护国家信用，使美元在国际市场继续保持应有的地位和作用。这也就是说，对于国际货币，承认其是信用货币，是没有价值承载的货币，并不可怕。这种承认不会导致国际货币体系瓦解，只会更好地增进世界各个国家或地区对于虚拟性国际货币的理性认识，更好地维护纸质货币在国际市场的流通秩序。

国际货币基金组织与特别提款权

1944 年 7 月，布雷顿森林会议决定，成立国际货币基金组织，于是在 1945 年 12 月 27 日该组织与世界银行同时成立、并列成为当代世界两大国际金融机构，1947 年 3 月 1 日正式运作。1971 年，布雷顿森林体系被宣告结束，但国际货币基金组织被保留了下来，依旧保持着不可动摇的国际金融机构地位。目前，有 189 个国家参与的国际货币基金组织在维护国际货币的信誉和作用方面发挥着重要作用。从成立至今，国际货币基金组织始终奉行促进国际货币合作的宗旨，为国际货币的运作和协作提供方法，支持国际贸易的扩大和平衡发展，将促进和保持成员国的经济发展作为组织工作的首要目标，并致力于稳定国际汇率，使各成员国之间保持有秩序的汇价安排，尽力避免竞争性的汇价贬值。同时，国际货币基金组织还努力协助各个成员国建立经常性交易的多边支付制度，消除妨碍国际贸易的外汇管制，在有保证的条件下向成员国临时提供国际货币资金，以使其能够避免采取危害本国或国际繁荣的措施来纠正其国际收支的失调，有效缩短其国际收支不平衡的时间及减轻不平衡的程度。国际货币基金组织的主要职能是：制定成员国间的汇率政策和经常项目的支付以及货币兑换方面的规则，并进行监督；对发生国际收支困难的成员国在必要时提供紧急资金融通，避免其他国家受其影响；为成员国提供有关国际货币合作与协商等会议场所；促进国际金融与货币领域的合作；促进国际经济一体化；维护国际汇率秩序；协助成员国之间建立经常性多边支付体系等。

1980 年 4 月 17 日，国际货币基金组织通过了由中华人民共和国政府代表中国的决议，确认了中华人民共和国在国际货币基金组织中的合法席位。同年 9 月，国际货币基金组织将中国份额从 5.5 亿特别提款权增加到 12 亿特别提款权；同年 11 月，中国份额又随同国际货币基金组织的普遍增资而进一步增加到 18 亿特别提款权。2001 年 2 月 5 日，中国份额增至 63.692 亿特别提款权，并由此获得了在国际货币基金组织有单独选区的地位，从而有权选举自己的执行董事。2008 年国际货币基金组织改革之后，中国份额增至 80.901 亿特别提款权，所占份额仅次于美、日、德、英、法五大股东国，投票权上升到 3.65%。2015 年 10 月 1 日，中国首次向国际货币基金组织申报本国的外汇储备。2015 年底，根据改革方案，国际货币基金组织的份额再增加一倍，并要将约 6% 的份额向有活力的新兴市场和代表性不足的发展中国家转移。由此，2016 年 1 月 27 日，中国成为国际货币基金组织的第三大成员国，即第三大股东。中国份额从 3.996% 升至 6.394%，排名从第六位跃居第三位，仅次于美国和日本。2016 年 3 月 4 日，国际货币基金组织宣布，将从 2016 年 10 月 1 日起在其官方外汇储备数据库中单独列出人民币资产，以反映国际货币基金组织成员国的人民币计价储备的持有情况。

特别提款权是国际货币基金组织于 1969 年创设的一种储备资产和记账单位，亦称"纸黄金"，是国际货币基金组织分配给成员国的一种使用资金的权利。若成员国出现国际收支逆差，可用特别提款权向国际货币基金组织指定的其他成员国换取外汇，以偿付国际收支逆差或偿还对国际货币基金组织的贷款，此外，特别提款权还可与黄金、自由兑换货币一样充当国际储备。但由于特别提款权只是一种记账单位，不是真正的货币，看不见摸不着，而只是一种账面资产，使用时必须先换成其他国际货币，不能直接用于贸易或非贸易的结算。由于这是对国际货币基金组织原有的普通提款权的一种补充，所以称为特别提款权。2011 年 1 月 1 日，国际货币基金组织规定特别提款权中的纸质货币所占的比例分别为：美元占 41.9%、欧元占 37.4%、日元占 9.4%、英镑占 11.3%。2015 年 11 月 30 日，国际货币基金组织宣布将特别提款权中的纸质货币所占的比例调整为：美元占 41.73%，欧元占 30.93%，人民币占 10.92%，日元占 8.33%，英镑占 8.09%。这是人民币成为国际货币基金组织特别提款权货币的开始，非常有利于推进人民币的国际化进程，新的有人民币加入的国际货币基金组织特别提款权于 2016 年 10 月 1 日正式生效。国际货币基金组织总裁说，人民币加入特别提款权是中国经济融入全球金融体系的重要里程碑，也是国际货币基金组织对中国过去几年改革货币和金融体系所取得的进展的认可。

国际货币基金组织在国际市场中发挥的作用毕竟是有限的。有些经济学家认为，国际货币基金组织的经济援助都是有条件的：受援助国必须实行国际货币基金组织建议的经济改革，这样做会影响这些国家的社会稳定，甚至可能会适得其反。例如：阿根廷于 20 世纪末采用了国际货币基金组织提出的经济政策，但 2001 年该国出现了灾难性的金融危机，不少人认为这是由国际货币基金组织倡议的紧缩财政预算和使重要资源开发项目私有化所致的。紧缩的财政预算削弱了政府提供基础建设、福利、教育服务的能力。阿根廷的金融危机加深了南美洲国家对国际货币基金组织的怨恨，这些国家指责国际货币基金组织要为南美地区的经济问题负责。再例如：原本肯尼亚的中央银行控制了该国货币的流动性，国际货币基金组织提出提供协助后，要求放宽货币政策。调整后肯尼亚不但外商投资大减，而且亏空了数十亿的肯尼亚先令，财政状况变得比之前更差了。再有，国际货币基金组织曾经误判英国经济形势的实例也一度在世界各地广为传播。由此可见，国际货币基金组织的某些行动影响了自身声誉。其实，有些国家出现经济问题，通常是它们数十年管理不善的结果，这并不为外界所知。管理不善导致国家陷入多年的经济困境，国际货币基金组织通常于这时提供协助，于是有的人就把经济崩溃与国际货币基金组织的介入联系起来，让国际货币基金组织成为替罪羊。但是，自 1980 年代以来，有超过 100 个国家经历银行体系崩溃，并且国内生产总值下降 4% 以上，而国际货币基金组织对这些国家的经济危机的反应迟缓，以及采取了一些效果不佳的亡羊补牢的措施，从而遭受指责，并且也导致不少的经济学家提出需要改革国际货币基金组织。

然而，在现代国际经济中，国际货币基金组织最主要的角色只是核数师，其工作主要是记录各个国家或地区之间的贸易数字和债务数字，并主持制定国际货币经济政策。国际货币基金组织的作用是不同于世界银行的。世界银行可为各个国家或地区提供长期贷款，其工作类似商业银行或投资银行，还可向公司、个人或政府发行债券，将所得款项借予受助国发展经济。国际货币基金组织没有这样的金融市场功能。国际货币基金组织成立的主要目的是稳定各国的货币，以及监察外汇市场。虽然，国际货币基金组织也有储备金，也可供成员国借用，以便稳定各国货币，但这只能够起到短期的作用，不能产生更大更强更直接更持久的金融影响。

虚拟性货币的汇率与货币错配

货币的国际化是国际金融领域的一件大事。能够实现国际化的货币就能成为国际货币。国际货币与国际货币之间的交换，以及国际货币与非国际货币之间的交换，都是市场的交易行为，都有一定的市场交换比率，这种不同国家货币之间的市场交换比率就是汇率。各个国家或地区的实体性货币转化为虚拟性货币之后，汇率依然是存在的，只是汇率已经由实体性货币之间的市场交换汇率转化为虚拟性货币之间的市场交换汇率。在现代市场经济条件下，固定汇率的数值是由实行固定汇率制度的各国政府制定和公布的，只能在一定幅度内波动；浮动汇率的数值是由各个国家或地区的货币交换市场即外汇市场决定的，其涨落基本自由，各国的货币市场原则上没有维持汇率水平的义务，但必要时政府可进行一定的干预。不论是政府制定的汇率，还是市场形成的汇率，都会因银行储蓄利率、借贷市场利率，货币的币值变化、通货膨胀或通货紧缩，各个国家的政治和经济状况等原因而变动。因此，汇率成为一种金融手段，可为各个国家或地区所利用。特别是，汇率的变化对各个国家或地区的进出口贸易有着直接的调节作用。对于任何国家来说，都是一样的，只要能够在一定条件下使本国货币对外贬值，即让汇率上升，就会起到促进本国出口、限制本国进口的作用；反之，只要使本国货币对外升值即汇率下降，则可起到限制本国出口、有利于本国进口的作用。因此，汇率是国际贸易中最重要的调节杠杆，也是国际金融市场中最重要的影响因素。

第七章　虚拟性货币的国际流通

汇率的制定或调整属于各个国家或地区的主权。但是，政府操纵汇率是为国际货币基金组织和世界贸易组织所明确禁止的。因此，在国际市场上，汇率是一个十分复杂的因素。一方面因为汇率制度规定涉及一个国家的主权，另一方面因为汇率的作用只属于金融市场作用，并不涵盖进出口贸易全部问题，而且国际上负责管辖汇率的是国际货币基金组织，不是联合国，也不是其他政治组织。一般认为，汇率操纵国的出现是不能为国际市场所容忍的。所谓的汇率操纵国，就是指一个国家有意地操控汇率使之相对的低，以便于其出口，使本国生产的商品可以更多地进入其他国家的市场。汇率操纵国对于本国货币的有意贬值将导致进口其商品的国家出现一定的就业流失，即它会依靠不正常的汇率去牺牲别国利益，而通过更多出口为本国创造更多就业机会。其实，就现代市场经济而言，这样解释和禁止汇率操纵是过于简单化的。因为不论是哪一个国家或地区为了扩大出口而有意进行货币贬值都是得不偿失的，因为本国货币在国际市场上贬值不利于本国进口，也会直接影响本国的对外贸易收入。就国际贸易理论来说，首先扩大出口并不一定需要价格低廉，即国外并不一定是因为价格低廉而进口某些商品，更不必说即使是因价格低廉而进口也是有利于最终消费者的了，最后实际受损失的必然是这些价格低廉的商品的生产者，而且，如果这些生产者为生产这些价格低廉的商品还需要进口一定的原料，那么本国货币的贬值对于本国的生产者而言就是更不利的。再说了，任何一个国家或地区，在对外贸易中，都不可能只是出口，没有进口。因而，汇率操纵有何意义呢？

从国际贸易的实际情况来说，不论是有意还是无意或无奈，只要出现了本国货币在国际市场上的贬值，就必然导致货币错配。所谓的货币错配，就是指一个权益实体（包括主权国家、银行、非金融企业和家庭）的收支活动分别使用了本币和外币计值，其资产和负债的币种结构不同，本币贬值导致其净值或净收入（或者兼而有之）对汇率的变化非常敏感，不可避免地会出现经济损失。20世纪后期，随着发达国家的高新技术在全世界得到普遍应用，许多发展中国家的经济取得了较大的发展，但货币错配现象也随之在这些国家出现，且货币错配程度逐步加深。就外部原因讲，为了发展经济，发展中国家不得不引进外资，这些外资主要是按美元计价的，而这些国家的经济运行基本是以本币计价的，这就导致可能产生货币错配的风险。而更重要的是内部原因，即发展中国家的金融市场不发达、金融制度不健全、金融监管不得力、金融政策不合理以及国家的政治和经济管理存在较大的不确定性，导致本币出现连续的贬值或严重的贬值。而且，使用外币，缺乏规避风险的对冲手段。因此，发展中国家一方面得到了外资，为经济发展创造了一定的条件；另一方面对于本币的管理缺乏足够的能力，既没有很好地发展本国的金融市场，又没有健全的金融管理制度，包括有效的金融监管制度，缺乏主动地规避汇率风险的意识，造成本币出现较大的贬值，不得不接受货币错配的严重后果。

在现时代，不使用外资外币的国家寥寥无几，绝大多数国家需要外汇市场的资金供给，尤其是发展中国家更是离不开运作外币的资本市场的助力，几乎不可能不以外币计值借债，其中很多的借债无疑是美元债。因此，为了避免货币错配的损失，在发展经济不能不借外债的前提下，发展中国家需要着力做到的就是保持本币与外币的汇率不发生严重问题，即本币不出现严重的单边贬值。如果本币与外币的贬值是同步的，那么，本币贬值的危害性是可以通过外币贬值得到对冲的。如果本币能够始终保持汇率稳定不贬值，那么，货币错配的风险就可以归零了。而要做到保证本币不贬值，那就要既维护本国市场的物价稳定，保护市场价格的刚性原则，又要保证货币不超发，即目前各个国家或地区所发行使用的虚拟性货币不超发，始终保持国民经济处于良好的运行和发展状态。一个国家或地区只有将本国经济管理好并发展起来，才有可能在国际市场上不吃亏，不轻易出现货币错配的经济损失。对于发展中国家来说，要知道发达国家的货币也会贬值，美元也会贬值，有的时候本国货币出现轻微的贬值也是难免的，最重要的是本国货币的贬值不要超过发达国家货币贬值的幅度，不要出现本国货币的严重贬值。同时，为了保险起见，发展中国家要避免货币错配的经济损失，在必须使用外币外债的前提下，一定要启动套期保值的资本市场运作，有效规避外汇市场风险，缓和可能出现的被动局面。

虚拟性货币的国际投资

国际投资就是投资者为获取资本收益而将资本在本国以外的其他国家投入实体经济的生产领域或者虚拟经济的证券金融领域的经济活动。在虚拟性货币时代，国际投资使用的也是虚拟性货币资本。但在国际货币资本运作的基础上，进行国际投资的资本可以是多样化的，既有以实物资本形式直接表现的生产资本，如机器等设备、生产用的原材料等，也可有一定的无形资产，如品牌、商标、专利技术、管理系统、情报信息、商业秘密等；还可以是金融资产，如债券、股票、衍生证券等。国际投资的主体可以是官方机构，也可以是非官方机构；可以是法人，也可以是自然人，包括跨国公司、跨国金融机构以及众多的个人投资者，但跨国公司和跨国银行是从事国际投资的主要力量。国际投资属于国际资本运作，既不属于国际贸易，也与单纯的国际信贷活动不同。国际贸易一般是商品、劳务、技术的国际流通与交换，属于劳动成果交换的市场活动；国际信贷活动主要是国际货币的借贷与回收，虽然国际信贷活动也属于国际资本运作，但在国际资本的运作过程中，国际资本的贷款人对其借出的货币资本没有实际控制权，也不承担其转化为生产资本的经营责任。而国际投资的实体经济投资则是国际资本投入社会生产的全过程的运作活动，依靠企业的实体性经营获取资本收益；国际资本在虚拟经济领域的投资是国际资本在国际证券金融领域的自负盈亏的经营活动，可以获得投资成功的收入，也需要承担市场交易可能出现的损失。

在虚拟性货币时代，同国内投资一样，国际投资也是为了追求资本收益。但是，同国内投资相比，就实体经济领域来说，国际投资可以有更多选择机会，有更大的社会发展空间。国际投资是在全世界的范围内寻找投资项目，那当然是有更多的好项目可选择，投资者可以选择在发达国家进行投资，也可以选择在发展中国家进行投资。应该说，不论是发达国家，还是发展中国家，在现阶段，都有不少的好项目等待投资者去投资，只是相比之下，发展中国家比发达国家更盼望国际投资的进入。发达国家一般有相对比较好的治安环境，有基本完善的法律制度，有承揽高消费的市场体系和对市场进行严格监管的管理体系，国际投资的安全性是可以得到保障的。发展中国家一般有比较好的发展前景的市场，有相对比较低廉的人工成本，有比较优惠的税收政策支持，国际投资是可以受到热烈欢迎的。但是，各有利弊。发达国家的人工成本较高，市场饱和度也相对较高，而且一般没有优惠的税收政策可以享受，所以，在发达国家投资的收益率相对不是很高。而在发展中国家进行投资，应该说风险相对比较大，尤其是社会环境的稳定性难以得到保障，例如：前些年投资者在利比亚、叙利亚等国家的国际投资基本上因战乱而血本无归。而且，发展中国家的法律体系不完善，人们做事的法律意识淡薄，

对于国际投资而言也是极为不利的因素。所以，国际投资投向发达国家不是没有顾虑的，投向发展中国家也不是没有顾虑的。现在，最好的国际投资准则应当是不论在发达国家，还是在发展中国家，都需要找到既有安全保障又有较好收益的投资项目。

在现时代，某些虚拟经济领域的证券市场是高风险的投资市场，即并不是所有的证券市场都是高风险的投资市场，而只是有一部分证券市场是高风险的投资市场。然而，对于进入虚拟经济领域的国际投资来说，好像市场的风险越大，其投资的兴趣或热忱越高。因为很多的投资者相信，风险与收益是对等的，风险越大，收益越大。因而，在世界范围的高风险证券市场上，从不缺少国际投资者，从不缺少国际投资。只是，有高风险存在，高收益就是或然的，可能有，也可能没有。而且，一旦遇上金融危机，那就不是个别投资者所能掌控的，风险可能就会实实在在地产生。这种情况不是没有发生过，也不是今后不会再发生。需要国际投资者警惕的是，不能将高风险证券市场的每一天都想象得那么美好，风平浪静的日子是有的，而惊涛骇浪的出现也不可避免。对于高风险，国际投资者必须给予高度警惕，切不可抱有任何的侥幸心理，切不可不做预防风险的准备。事实上，有一些国家或地区的高风险证券市场对国际投资者是不开放的，国际投资者只能是在对外开放市场的国家或地区进行高风险的证券投资，并以此获得投资收益。一般说来，国际投资者都是投资经验十分丰富的投资高手，都是抗风险能力较大的市场参与者，甚至有的投资者还能掀起虚拟经济领域国际投资市场的巨大波澜，因此，在高风险的现实市场的威胁下，他们并不认为获得基本的投资收益很难。

不论是在实体经济领域，还是在虚拟经济领域，国际投资者始终需要高度关注的还是货币的贬值问题，包括货币资本的贬值和资本收益货币的贬值。这一点，相比过去的实体性货币时代，在现今的虚拟性货币时代，更是需要人们加倍重视的。因为仅就货币来说，虚拟性货币相比实体性货币，更容易出现贬值。虚拟性货币是信用货币，是没有任何价值承载的货币，发行虚拟性货币不会受到较多的金融性的约束，往往可能每年都多发一点点，而每年一点点累计起来就很多了，会导致比较明显的贬值。所有的现时代的国际投资者都必须清楚这一点。而且，现时代所有的国际投资者还都面临着用于投资的国际货币贬值和在投资国取得的投资收益的投资国货币贬值的双重压力。当然，不论是国际货币，还是投资国货币，在现时代，都是相对较容易贬值的虚拟性货币。为此，在实体经济领域投资的国际投资者需要尽力缩短货币资本转化为生产资本的时间，因为生产资本是实物资产，不仅不贬值，还有可能升值，尽快转为生产资本可以有效减少货币资本的贬值损失；同时还需要有针对性地进行资本的套期保值运作，以尽量减少经济损失；或是拿出一部分货币资本去寻找低风险高收益的证券投资项目，取得一定的收益并弥补实体经济投资产生的货币贬值损失。而对于在虚拟经济领域投资的国际投资者来说，为了避免或弥补货币贬值的损失，他们更需要积极地进行高收益的证券投资运作，以获得更多的投资收益，因而，在虚拟性货币时代，比以往任何时候，都更需要发展规范的国际证券市场，以保证国际投资者可以开展投资运作。

对外贸易结算

在现时代，国际投资使用的都是虚拟性货币，同样，国际贸易也使用虚拟性货币。国际贸易的结算使用的就是虚拟性货币，这些用于结算的虚拟性货币有的是虚拟性的国际货币，有的是虚拟性的非国际货币。

对外贸易中的货物进出口运输都需要约定时间和办理交接手续，都存在着一定的经济风险，而且，双方要根据各自国家的相关法律、金融管理、货币制度和外汇管理等规定进行交易，同时，国际金融市场不稳定，汇率时时变化，利息不断出现升降，对双方的利益都会产生较大的影响，因此，在进行国际贸易时，现在使用虚拟性货币的双方都必须像过去使用实体性货币一样对于货款的结算作出事先的约定。

现汇结算是对外贸易结算的一种通用方式。这种方式规定进出口双方需要通过银行进行结账，买方付款，结清一笔交易再进行下一笔交易的结算。买方通常采用汇付、托收或信用证和银行保证书等方式付款。有的买方还会使用政府信用和国际组织提供的信用等付款。在实际结算中，使用最多的是以凭单付款为基础的信用证支付方式。不管使用何种方式结算，使用的货币或是本国货币，或是对方国家的货币，或是国际货币（大多是美元）。

对外贸易还有一种通用的结算方式是记账结算。这种方式是根据双方政府签订的相关协定，由各自的国家银行或各自国家指定的其他银行相互开立清算账户进行结算。这种结算方式使用的货币，一般是对方国家的货币，即我方使用你方的货币，你方使用我方的货币，有时都使用国际货币。清算账户有计算利息的，也有不计算利息的；有定期进行结算的，也有根据双方的贸易情况通过协商实施不定期结算的。

通过对外贸易结算，就知道一个国家或地区的对外贸易是平衡的，是顺差，还是逆差。如果是平衡的，那么在对外贸易依存度适当的情况下，对一个国家或地区而言是最适宜的。如果一个国家或地区的对外贸易依存度很高，那么除了特殊的个别情况，一般这个国家或地区的经济结构是存在问题的，即使不存在明显的问题，也一定存在潜在的问题，尤其是对于大国而言，更是这样。也就是说，相比对外贸易平衡，对外贸易依存度过高，是更不容忽视的问题。而要是在对外贸易依存度过高的前提下，对外贸易失衡，不是有较大的顺差，就是有较大的逆差，那问题就更严重了。出现较大的对外贸易顺差，分两种情况，一是整个国家的对外贸易的结算结果是顺差，二是本国整体上对外贸易平衡但对某些国家或地区的贸易是顺差。而整体上对外贸易存在较大顺差也分两种情况，一是国家的对外贸易依存度不高，二是国家的对外贸易依存度过高。如果是第一种情况，那么需要查清顺差的原因，即使不作国民经济的结构调整，也是要努力扩大内需，努力减少顺差，尽快恢复国家对外贸易平衡。如果是第二种情况，即在对外贸易依存度过高的情况下出现较大的对外贸易顺差，那是一定要进行国民经济结构调整的，首先要减少出口，积极扩大国内市场容量，让更多的企业转向为国内消费者服务，使国家的对外贸易依存度降下来，降到合理的区间，必要时还应当适度减少进口，以保证国家的对外贸易依存度能够顺利调整到合理的区间。不论是减少出口，还是减少进口，都是为了降低国家的对外贸易依存度，都需要大力调整国民经济结构，当然，其中主要是减少出口。这一点，对于大国而言尤其重要。因为大国的生存空间较大，不用过多依靠国际市场生存，过多依靠国际市场生存，反而会影响国家的经济安全，一旦不可控的国际市场出现大的问题，对于本国经济来说就是灾难。所以，大国的生存必须立足于自给自足，适当发展对外贸易。如果出现国家的对外贸易顺差问题，应该尽快解决，决不能使本国的对外贸易长期处于顺差状态。再有，如果不是国家整体上对外贸易顺差，而只是本国对某些国家或地区的贸易存在较大的顺差，那也是需要顺差国予以高度警惕的，不能任凭这种情况长期存在，因为这对逆差国是十分不利的，最起码会影响两国之间的友好贸易往来。对于顺差国来说，解决这一问题，也许不需要多大的智慧，但是必须保持足够的理性，具有不达目的不罢休的决心。如果国家的对外贸易依存度不是很高，还有一定的上升空间，那么顺差国可以考虑适当增加对逆差国的进口，以抵消已有的贸易顺差。但如果国家的对外贸易依存度已经很高，几乎没有上升的空间了，那么顺差国便难以考虑适当增加进口而只能明智地考虑如何减少出口。即使出口不易减少，顺差国也要大力推动本国民众前往逆差国旅游，将本国贸易顺差挣的钱花到逆差国去。

对于任何国家或地区来说，无法实现对外贸易平衡，出现逆差，也是不能允许的。这也分为两种情况，一是整个国家的对外贸易的结算结果是逆差，二是本国整体上对外贸易基本平衡但对某些国家或地区的贸易是逆差。如果是第一种情况，即整个国家的对外贸易是逆差，那也要看国家的对外贸易依存度。只要国家的对外贸易依存度不在合理区间，那就要首先调整国家的对外贸易依存度。如果国家的对外贸易依存度偏低，那就要积极地扩大出口，一方面减少对外贸易逆差，另一方面提升国家的对外贸易依存度。而要是国家的对外贸易依存度适当或者偏高，那就不能盲目地扩大出口，只能在进出口结构上想办法，努力提高出口商品的收益，努力替换高价格的进口商品，即有效减少进口商品的货款付出。这当然涉及对国民经济结构进行一定的调整，要从生产的源头上调整本国的对外贸易结构，要通过国民经济结构的调整恢复国家的对外贸易平衡。如果是第二种情况，即国家的对外贸易基本平衡但对某些国家或地区的贸易存在逆差，那么作为逆差国既要对顺差国展开有理有节的谈判，又要积极地进行本国的国民经济结构的调整。通过谈判，促进顺差国以后更多地进口本国的商品。通过调整国民经济结构，有力地改善本国的进出口结构，增加本国的出口收益和减少本国的进口支付。对此，提高本国的关税是不明智的，因为提高关税并不一定能够阻止顺差国的进口但一定会增加本国购买进口商品的负担。

在虚拟性货币时代，不论是哪个国家或地区开展对外贸易，不论是使用何种货币进行对外贸易结算，最重要的都是必须高度重视虚拟性货币可能难免的贬值问题。一方面要下力气保持本国货币的汇率基本稳定，另一方面要努力防止虚拟性的国际货币贬值可能造成的本国对外贸易结算损失。

虚拟性货币的外汇储备

在虚拟性货币时代，即在全球各个国家或地区的货币都由实体性货币转为虚拟性货币之后，全球各个国家或地区的外汇储备都是虚拟性货币，其中主要是虚拟性的国际货币，也有少量的虚拟性非国际货币。只是，时至今日，各个国家或地区对于外汇储备的虚拟性认识还不足，即对于现在使用的虚拟性货币的认识并不清晰。19 世纪和 20 世纪初，全球各个国家或地区的外汇储备主要是英镑；20 世纪和 21 世纪初，全球各个国家或地区的外汇储备主要是美元。现在，不论是英镑，还是美元，以及全球其他各个国家或地区发行的货币，都已经虚拟化，即都已成为虚拟性货币。这并不是说用虚拟性货币作外汇储备与用实体性货币作外汇储备有什么特别的不同，只是要明确虚拟性货币是信用货币，没有任何的价值承载，存在相对比较容易贬值的风险。而且，实际上如果用美元作为外汇储备，那么风险的存在是难以避免的。由于全球各个国家或地区的货币都是虚拟性货币，所以，不论是哪一个国家或地区使用哪一种货币作为外汇储备，实际上都难以避免外汇储备的贬值风险。货币的贬值是目前全球各个国家或地区都会遇到的事情，只是通常人们并没有将贬值往虚拟性货币方面去想。而这是必须予以改变的。人们应当面对现实，面对货币已经全部虚拟化的现实，一定要由此出发作好本国或本地区的外汇储备。

对于全球各个国家或地区来说，用虚拟性货币作外汇储备，并不是外汇储备越多越好。储备多少外汇为好，应该根据外汇储备的用途来决定。一般讲，外汇储备有四大方面的基本用途：一是最主要的用途——支持本国进口物资企业，保证对外支付的需要。尤其是在对外贸易逆差的情况下，可以保证对外支付不拖延。而如果对外贸易是顺差，那就不必有很多的外汇储备作备用了。如果是对外贸易整体始终能够保持平衡，那就没有必要超量地保留外汇储备。二是可以用外汇储备干预国际外汇市场，以稳定本国货币汇率。这并不是外汇储备的一种经常性用途，但也是外汇储备的一种重要用途。只是，用外汇储备干预国际外汇市场，需要本国的外汇储备具有一定的规模，否则，还没等干预见效，自己的外汇储备就捉襟见肘了，那就很可能前功尽弃，根本达不到保护本国货币汇率稳定的目的。三是依靠外汇储备维护本国的国际信誉，以便于本国在国际上融资借债。一个国家或地区有没有充足的外汇储备是不一样的。只要有充足的外汇储备，不论是哪个国家或地区，都可很容易地在国际市场或是从外国的政府手里借到大量的资金；反之，如果没有充足的外汇储备，那不论是哪个国家或地区，借到资金都是不太容易的，因为外汇储备代表一个国家或地区的经济实力，外汇储备多便更容易获得信任。四是外汇储备可以用于抗击一定的金融风险。只有在金融市场出现了严重的问题或是发生了金融危机时外汇储备才能够发挥作用，平时用不上。一般来说，一个国家或地区的外汇储备能够基本上满足上述四种用途就可以了，不必追求过量储备。

现在，有不少的国家用自己国家的外汇储备买了美国的国债。一方面美国的国债是面向全世界发行的，另一方面美国的国债规模巨大。不过，购买美国的国债不是那些国家外汇储备的主要用途，而只是那些国家管理外汇储备的办法。买了美国的国债，就是将美国的国债作为外汇储备，而本国要用外汇储备支付进口货款，是不能用美国的国债的，而只能是将美国的国债变现换成美元再使用。好在美国的国债变现很容易，基本上随时可以变现。但是，如果没有急用，或是本国的外汇储备超多，一般各国或地区是不会变现的，这实际上就是将自己国家的外汇储备长期放在了美国的国债市场。这样一来，美国的国债市场规模越来越大，至今已经超过 21 万亿美元，即美国积累下来的国债已经超过美国一年 GDP 的数额，达到了债务惊人的程度。在这种情况下，那些将本国的外汇储备长期放在美国的国债市场的国家，其手持的美国国债是否安全呢？可以说，至少现在是安全的，美国从来没有赖过账，也从来都是按时在支付国债利息的。那么，长远呢？长远看美国的国债市场会安全吗？回答这个问题，需要看一看美国国债的用途。如果美国的国债是用于支持美国的公营企业即政府办的企业的经营，国债的利息支付和本金的偿还都依靠这些企业的经营利润收入，那么美国的国债市场将永远是安全的，不会出现任何问题。然而，要是美国的国债大部分是用于政府的职能开支，像使用税收收入一样地使用国债收入，只有消耗，没有盈利能力，而且要用税收收入作国债的担保，那么美国的国债市场将是难以为继的，市场的规模越大，市场的风险越大，很有可能在未来的某个时期会造成那些买了美国国债的国家的外汇储备血本无归。

一个国家或地区拥有一定的外汇储备，可能同时还担负一定的外债。如果外汇储备的规模与国家外债的规模一致，那么实际上等于国家的外汇储备刚好可以抵消国家的外债。而此时如果国家全部外汇储备都用于抵消国家外债，那么国家就没有外汇储备可以用。这时不管国家的外汇储备的规模有多么大，国家也是没有外汇储备可以用。所以，不能光看一个国家或地区的外汇储备有多少，还要同时看这个国家或地区担负的外债有多少。就一个国家或地区的经济实力来讲，如果一个国家或地区的外汇储备多，有很大的规模，而同时这个国家或地区的外债并不多，负担不重，那么这个国家或地区的经济实力应该是较强。如果一个国家或地区的外汇储备多，有很大的规模，而同时这个国家或地区的外债也很多，也有相同的规模，那么这个国家或地区的经济实力或许还不强。如果一个国家或地区的外汇储备多，有很大的规模，而同时这个国家的外债更多，即有更大规模的外债，那么这个国家或地区的经济实力应该是有所欠缺的。只不过，在现时代，国家外汇储备是虚拟性货币，国家外债也是虚拟性货币，都存在货币容易贬值的问题。如果国家外汇储备所用的虚拟性货币与国家外债所用的虚拟性货币是同一种货币，那么国家外汇储备的贬值所带来的危害还是可以用国家外债的贬值进行对冲的。因此，在国家外汇储备规模较大时，同时保持相应的国家外债规模，还是具有一定的积极意义的。

—— 第八章 ——

虚拟性货币与比特币

在电子计算机的应用已十分普遍和网络经济蓬勃兴起的现时代，比特币的出现引起全球经济界的高度关注。比特币这一虚拟货币问世之后迅速掀起了巨大的社会波澜。比特币作为多种自发性的虚拟货币的代表，其出现可以说对原有的实体性货币理论带来了挑战，也给现实生活领域的货币使用带来了冲击。因此，认识比特币，是现时代货币理论研究必须接受的挑战，也是虚拟性货币理论研究必须予以完成的现实任务。

比特币的产生与性质

2008年11月1日，即21世纪第一次国际金融危机刚刚爆发后不久，一个自称中本聪的人，在一个网站上发布了一份材料——《比特币：一种点对点的电子现金系统》，这份材料初步阐释了基于P2P网络技术、加密技术、区块链等技术制成数字货币的基本原理，后来被称为关于比特币的白皮书。在这份材料中，中本聪讲述了他对一种电子货币——比特币的新设想。因此，中本聪被称为比特币的创始人。

根据中本聪独特的设计思路形成的开发软件和建构其上的P2P网络，比特币是一种P2P形式的电子化的虚拟的加密数字货币。点对点的传输意味着比特币是建立在一个去中心化的支付系统之中的。与其他的货币，包括其他的电子化货币不同，比特币不依靠特定的金融机构发行，它只是依据特定的算法，通过大量的计算产生。比特币使用整个P2P网络中众多节点构成的分布式数据库来确认并记录所有的交易行为，使用密码学的设计来确保比特币流通的各个环节的安全性。P2P的去中心化特性与算法本身可以确保无法通过大量制造比特币来人为操控比特币币值。基于密码学的设计可以使比特币只能被真实的拥有者转移或支付。这样就确保了比特币的所有权与流通交易的匿名性。比特币与其他虚拟货币最大的不同，是其总数非常有限，具有极强的稀缺性。2009年1月3日，比特币创世区块诞生。通过使用被称作"区块链"的分布式账本，比特币摆脱了第三方机构的制约。只要用户乐于奉献出计算机中央处理器的运算能力，使用一个专门的特别软件来作一名"挖矿工"，就会形成一个网络共同来保持"区域链"。在这个过程中就会生成新的比特币。比特币的交易也可在这个网络上延伸，运转这个软件的电脑可以争相破解不可逆暗码难题，这些难题包含着好多的买卖数据。第一个处理难题成功的"挖矿工"会得到 50 比特币奖赏，并有相关买卖区域加入链条。随着"挖矿工"数量的增加，每个难题的破解难度也逐渐加大。

2009 年 1 月 5 日，不受各个国家央行和任何金融机构控制的比特币诞生。这种加密数字货币的本质其实就是一堆复杂算法所生成的特解。特解是指运算的方程组所能得到有限个解中的一组。而这样的特解每一个都能解开方程并且是唯一的解。若以纸币来作比喻的话，比特币就是纸币上的冠字号码，谁知道了某张纸币上的冠字号码，谁就拥有了这张纸币。而用计算机挖矿的过程就是通过庞大的计算量不断地去寻求某张纸币上的冠字号码，即特定方程组的特解。按照现在的方案，制造比特币的这个方程组被设计成了只有 2100 万个特解，所以，未来比特币面世的数量上限就是 2100 万个。作为由计算机生成的一串串复杂代码组成的这种数字货币，比特币是通过预设的程序制造的。比特币刚刚诞生时，区块奖励是 50 个比特币。其诞生 10 分钟后，第一批 50 个比特币生成了，此时的比特币总量就是 50 个。随后比特币就以约每 10 分钟 50 个的速度增长。当比特币总量达到 1050 万个（2100 万个的 50%）时，每 10 分钟的区块奖励减半为 25 个。当比特币总量达到 1575 万个（新产出 525 万个，即 1050 万个的 50%）时，每 10 分钟的区块奖励再减半为 12.5 个。该系统曾在 4 年内只有不超过 1050 万个比特币，之后的总数量将被永久限制在约 2100 万个。

无论是谁，若想作一名"挖矿工"，自愿参与到挖掘比特币过程中来，都可以下载比特币专用的一套运算工具，然后在网上注册自己与之合作的网站，随后将注册得来的用户名和密码填入自己的计算程序中，然后再点击运算就可以正式启动运作了。在完成客户端安装后，用户可以直接获得一个网上地址，当别人付钱的时候，把自己的地址贴给别人，这样就能通过网络进行交易了。除了获得地址之外，客户端还会分配给"挖矿工"一个私钥和一个公钥。"挖矿工"个人包含私钥的钱包数据必须备份，以保证财产不丢失。如果不幸遭遇硬盘完全格式化，那么"挖矿工"个人的比特币将会完全丢失。由于比特币是这样由互联网网络节点计算生成的，谁都有可能成为"挖矿工"参与制造比特币，而且，比特币可以在全世界流通，可以在任意一台接入互联网的电脑上买卖，不管参与者身处何方，各个国家或地区的人都可以介入挖掘、购买、出售或收取比特币的活动，并且在比特币的交易过程中外人无法辨认用户的真实身份信息，所以，比特币引起了很多人的兴趣，各个国家或地区都有一些人近乎狂热地参与到比特币的市场中来。一位美国记者曾到一处比特币挖掘工作场所考察，结果看到的情况让他目瞪口呆：现场的噪音极大，室内的温度 40℃，排风机吹出的强风让人无法前行，而在风机的身后，则是"挖矿机"在工作。这个工作场所每月电费大约需要 40 万元人民币，24 小时运转，"挖矿工"三班倒，有 2500 台计算机，每秒钟进行 2300 亿次 Hash 计算。

一般来说，比特币是一种依靠"区块链"存在的分布式的虚拟货币，是市场上自发出现的加密数字货币，没有任何银行的参与和控制。这种去中心化是比特币自由存在的保证。现在，比特币已经可以在全世界流通，人们不管身处何方，都可以在任意一台接入互联网的电脑上运作比特币，进行市场化的交易。这种使用计算机生成的货币，其持有者拥有专属所有权，持有者操控比特币需要自己的私钥，即比特币可以被持有者保存在任何存储介质里，但除了持有者本人可以掌控，其他任何人都无法转移或获取。目前，比特币的市场交易费用很低，人们可以免费汇出自己的比特币，而收费的市场交易也仅仅是对每笔交易收取约 1 比特分的交易费以确保交易更快执行。更有特点的是，个人拥有比特币不需要隐藏成本，作为点对点的支付手段，任何人收藏或支付比特币都不需要办理烦琐的手续，也没有额度的限制。若人们要以比特币进行国际交易，只要输入对方网络地址，点一点鼠标，等网络确认交易后，大量资金就过去或过来了，既可以不经过任何金融机构的管控，也不会留下任何跨境资金交易的记录。而且，作为"挖矿工"，任何人都可以跨平台挖掘，即每个用户都可以在多个计算机平台上通过发掘不同硬件的计算能力获取比特币。况且，由于比特币的产生完全依赖个人网络，无特定的发行中心，所以任何的外部力量都无法关闭它。比特币的价格波动可能很大，甚至可能使市场交易崩盘，并且很多国家的政府可能宣布它是非法的，但是比特币和比特币的庞大网络不会因外部压力而消失。目前的实践表明，比特币的网络很健壮，但比特币的交易平台很脆弱。比特币的交易平台基本上就是一个交易网站，而这种网站常常会遭到网络黑客的攻击或被本地政府主管部门强令关闭。

比特币市场的国际化

虽然比特币的交易平台很脆弱，比特币的市场价格波动很大，但是，随着各路人士的踊跃参与，眼下自发形成的比特币的交易市场还是非常火爆的，而且，比特币的市场交易起步就是国际化的市场交易，全球范围内各大比特币交易市场不断地涌现。

BitFlyer 现在已是一个人们非常熟悉的比特币交易平台，其实其成立时间并没有几年，在 2014 年 1 月 9 日才刚开始营业，即进行比特币的市场交易与结算。目前，在日本的比特币交易平台中，BitFlyer 是最大的一个。后来由于日本政府允许比特币交易，宣布比特币可以合法使用，Bit-Flyer 的比特币交易量便一路飙升，BitFlyer 成为世界公认的最大的比特币交易平台。2017 年，总部设在日本东京的 BitFlyer 获得登陆美国的许可，其除了在纽约设立数字货币交易所之外，未来还要在美国的其他许多地方设立交易场所。Bitflyer 在美国推出了 0 手续费的市场优惠活动。而此前，BitFlyer 早已在欧洲的卢森堡设立了分公司，以更便捷地服务欧洲的比特币市场交易。此外，BitFlyer 还为各地的电商网站提供了用比特币进行货款支付的接口。

BitMEX 是在塞舌尔共和国注册的一家比特币交易网站，是目前世界上发展比较超前的比特币衍生品交易平台，同时也是一个面向全世界提供个人对个人比特币交易服务的平台。而且，在此平台上，所有的交易产品一律使用比特币进行买卖，所有的账户盈利或亏损也都以比特币计算，即使客户交易的是其他数字货币。BitMEX 对比特币的合约交易可提供高达 100 倍的杠杆，同时也对其他数字货币产品提供高杠杆。BitMEX 高度重视业务的安全性，采用最新技术保护运营安全。为防止客户因被入侵或被黑而丢失自己的比特币，BitMEX 利用网站的冷钱包来安全地保持所有的资金。BitMEX 的交易引擎使用的技术与投资银行和对冲基金所使用的技术相同。由于拥有更多的流动性，BitMEX 的比特币兑换美元的市场是全球流动性最好的。

Bithumb 是在韩国设立的比特币交易平台，是世界上比较大的比特币交易平台，其营业时每天交易量超过 13000 个比特币，约占全世界的比特币市场交易量的 10%。2018 年 6 月 19 日夜，Bithumb 遭黑客入侵，大约 350 亿韩元（约合 2 亿元人民币）的加密货币被盗。2018 年 6 月 20 日凌晨 1 时 30 分左右，Bithumb 采取限制存储措施，随后清点资产，发现平台被黑。20 日上午 9 时 40 分左右，Bithumb 向韩国网络振兴院提交报告。当日，Bithumb 发出紧急通知，因大量的加密货币被盗，平台暂停交易服务和加密货币的存取服务。客户遭受的损失将由公司赔偿；客户资产已转移到未接入互联网的外部存储设备。Bithumb 遭遇的打击是十分沉重的，同时也为全世界所有的比特币交易平台的安全敲响了警钟。但 Bithumb 并没有因此一蹶不振，而是重新振作，在赔偿损失后继续运营。2019 年 2 月 8 日，Bithumb 推出了全球数字资产场外交易平台 Ortus。这个 Ortus 由一家面向机构客户的大宗交易、配对服务公司运营。

DigiFinex 是新加坡最大的也是世界最著名的数字货币交易平台之一，成立于 2017 年，一般提供针对数字货币如比特币、以太坊、莱特币等一系列区块链资产的市场交易服务，该交易所致力于成为全球通畅的安全、稳定、易用、快捷的数字货币交易平台。经营业务的核心团队由世界顶尖金融、技术团队人员和专业的数字资产爱好者组成，成员主要来自迅雷、腾讯、百度、惠普等知名企业，拥有丰富的区块链技术和互联网产品运营经验。DigiFinex 发展的愿景是能够在全世界的范围内为区块链资产投资者提供便捷、放心、安全的投资渠道。

Bitfinex 是全世界最大、最高级的比特币交易平台之一，支持以太坊、比特币、莱特币、以太经典等虚拟币的交易，每天的成交量达 30 多亿元人民币。该平台支持比特币和莱特币的做多做空杠杆交易，交易采用 Maker – Taker 机制。充值和提现速度不稳定，有时长达两周都未到账，有时只需两天即可到账；交易费用比 Bitstamp 略低；使用 egopay 充值，手续费高达 2%；国际电汇收取 0.1% 加 10 美元。2016 年，Bitfinex 大概有 12 万比特币通过社交媒体被盗，对市场交易造成一定的影响。2018 年 7 月 5 日，Bitfinex 宣布将减少对美国客户的服务频率，在 3 个月内将不再服务美国市场。2019 年 4 月 26 日，纽约检察长办公室披露 Bitfinex 存在 8.5 亿美元亏空，并且尝试利用其关联公司 Tether 的资金来弥补。不过，Bitfinex 完全不买纽约检察长办公室的账。他们认为纽约总检察长办公室没有对 Bitfinex 以及 Tether 的管辖权。同时，在这个敏感的时间节点，为了弥补"亏空"，Bitfinex 股东依然在井然有序地完成私募、发行平台币 LEO。另外，它还在筹备 IEO 项目。更让人想不到的是，此时的市场完全不受其影响，10 亿美元的私募极速完成，LEO 的众筹也堪称哄抢，至于 USDT 在小范围波动后还有小幅上涨，总之，在此轮冲击下，Bitfinex 的表现依然很强势。

Bittrex 也是一家美国的比特币交易所，俗称 B 网，建立于 2015 年，提供币币交易、美元与币的交易。它支持 200 多个交易对，以山寨币为主，B 网的交易量较大，每天的成交量达几十亿元人民币，有不少中国玩家在 B 网交易和搬砖。目前仅支持英文，没有联盟计划，手续费较高，提现额度限制多。

OKEx 是在马耳他注册的世界著名的数字资产交易平台之一。这一平台的运营主要是为全球用户提供比特币、莱特币、以太币等各种数字资产的币币交易和衍生品交易服务。OKEx 创立时，获得了全世界领先的投资人 Tim Draper 参与设立的创业工厂百万美金的天使投资，Tim Draper 先生同时也是 Hotmail、百度、特斯拉等世界领先企业的投资人。2014 年初，OKEx 获得了中国著名的风险投资基金策源创投、香港上市公司美图（01357. HK）创始人旗下的隆领投资千万美元的 A 轮投资。目前，OKEx 既可为用户提供数字资产间的交易服务，也可为用户提供合约交易产品服务，用户可以根据对数字资产的价格预测来决定多空方向，且使用对应的数字资产进行结算。在此平台，还可进行 ETT 组合交易，OKEx 动态地选取了市场上的 BTC、ETH、LTC、BCH、EOS 等数字资产，可为用户提供这些数字资产间的组合交易，还可进行 OTC 交易，即为用户提供数字资产的点对点的交易服务。

Huobi 火币全球站是世界著名的火币集团设立的总部位于新加坡的服务于全球金融专业交易用户的创新数字资产交易平台，专业致力于寻找优质的创新数字资产投资机会，目前可提供四十多种数字资产品类的交易及投资服务，此平台由火币全球站专业团队负责运营。目前，全球交易所中顶尖的五家交易所交易量之和为 131.05 亿美元，火币全球站的交易量占其中交易量的 46.9%，几乎接近一半。而且，那四家交易所的交易量之和为 69.58 亿美元，火币全球站的交易量为它们交易量之和的 88.34%。这些数据表明，如今火币全球站的市场交易量以绝对优势雄踞全球数字货币交易所排名之首，已确立市场绝对的优势，这是火币全球站对市场布局持续发力、推出超低抵扣交易手续费和阶梯费率方案的综合作用的结果。并且，火币全球站的交易流动性也在行业领先，这奠定了其交易量的领先基础。对于全球币圈用户来说，如果需要通过一定的经济指标分析来选择数字货币交易所，那么流动性则是必须首先关注的指标。

除此之外，现在世界各地，除了明令禁止比特币等交易的国家，还有大大小小很多的比特币交易所，为全球用户提供市场中介服务。2018 年 8 月 20 日，根据 CoinShares 最新发布的报告，美国仍是世界上最大的比特币交易市场。2018 年前 6 个月，美国市场的比特币交易额超过 830 亿美元。第二名是英属维尔京群岛（BVI），交易额为 785 亿美元；第三名是日本，交易额为 292 亿美元；第四名是卢森堡，交易额为 279 亿美元；第五名是俄罗斯，交易额为 185 亿美元。

可以说，尽管并非一帆风顺，也有一些商业虚假炒作的情况存在，但比特币问世以来取得的成绩还是比较亮眼的。比特币在技术层面上的不断进步，令其生存形态的发展拥有了更大空间，各种新的应用程序在网络上不断产生。在世界范围内，比特币的交易和储存已变得相当快速、便捷和安全，比特币交易具有的隐私性和较低手续费更是受到广大用户的赞赏。再加上一定的网络社区的拥护，比特币已经自发地走向全世界。

比特币不属于虚拟性货币

从现实情况看，比特币似乎已经在现代社会站住了脚，甚至可以呼风唤雨了，但必须明确的是，比特币是虚拟货币，不是虚拟性货币，比特币不属于虚拟性货币。在现代货币理论的研究中，必须将比特币与虚拟性货币区分开，即将所有的虚拟货币与虚拟性货币区分开。虚拟性货币是信用货币，是主权货币，是依托国家信用发行和运行的货币。而比特币不是信用货币，也不是主权货币，更不是依托国家信用发行和运行的货币。所以，不能将比特币与虚拟性货币混同，即不能将虚拟货币与虚拟性货币混同。在现时代，支撑各个国家或地区社会经济运转的是虚拟性货币，不是虚拟货币。准确地讲，虚拟货币不具有支撑各个国家或地区社会经济运转的能量。也许，由于种种原因，现在各个国家或地区对于虚拟性货币还缺乏深刻的认识，但是，这个问题终究会在现代货币理论的创新中得以解决，决不能因虚拟货币的出现或者说因比特币的出现而产生认识上的混乱。事实上，虚拟性货币仅仅是因为没有价值承载而被称为虚拟性货币，但比特币之类的货币则是因为属于电子化的数字货币而被称为虚拟货币。其实，虚拟性货币也可以电子化使用，也可以用数字货币的形式加以表现或使用，但即使虚拟性货币实现了电子化和数字化，虚拟性货币也不会与虚拟货币等同，更不会因此也成为虚拟货币，关键在于货币的电子化和数字化都是货币的形式，而虚拟性货币实质上是依托国家信用发行和运行的货币，这是其与虚拟货币根本性的区别。

虚拟货币即比特币之类的货币也不是没有信用依托的，信用是货币的本质，如果没有信用依托，那就不是货币了。只是，就比特币的问世来说，比特币作为一种货币的出现，其多少有一些复古的味道，即比特币成为一种货币如同古代社会的金银一样，具有的是市场信用，由市场承认其价值存在并进一步承认其可以作为货币使用。虽然"从 1972 年美元脱离了与黄金的联系之后，所有国家的货币都不再与黄金直接挂钩。在这点上，比特币与政府发行的货币没有任何差别"①，但是，现在政府发行的货币依托的是国家信用，而比特币依托的是市场信用。政府发行的货币是没有价值承载的，而比特币是有价值承载的。正是由于比特币是有价值承载的，比特币等虚拟货币才获得了市场信用，这与当年金银等贵金属因有价值才成为货币是一样的。比特币与金银不一样的是，金银除了可以作货币使用，还有其他的自然使用价值，即使到了现时代，金银的使用价值依然存在，比如人们现在用的智能手机就需要用一点点贵金属，而比特币除了作为货币使用，再没有其他的使用价值，其创造就是为了作为货币使用。所以，比特币的创造，让人感到其价值的存在是不符合市场常理的。在市场上，以前是有除贵金属货币以外的具有使用价值的商品获得市场信用成为货币的，但还没有过专门的使用价值就是货币的劳动成果，比特币开创了一个先例。

---

① 〔日〕野口悠纪雄：《虚拟货币革命：比特币只是开始》，邓一多、张蕊译，北方文艺出版社，2017，第 57 页。

　　为了制造比特币这种专门的货币和为了让人们使用这种专门的货币，创造者们是煞费苦心的。作为电子化的数字货币，交易双方都需要设有类似电子邮箱的"比特币钱包"和类似电邮地址的"比特币地址"。和收发电子邮件一样，汇款方要通过连接网络的电脑或智能手机，按照确认无误的收款方地址将比特币直接付给对方。而"比特币地址"是由专门的比特币软件自动生成的，是由共计33个字母和数字构成的。获取"比特币地址"不需要联网进行，但使用"比特币地址"一定要依靠网络进行。所以，使用这种专门的货币并不是十分简单的。使用比特币的人们不仅需要"比特币地址"，而且需要相应的私钥。"比特币地址"相当于银行卡的卡号，每个"比特币地址"的私钥相当于现在银行卡的密码。比特币需要存放在自己的"比特币地址"的"比特币钱包"里，每个人都需要使用私钥保护自己的"比特币钱包"。一个人只有用正确的私钥才可以打开相应的"比特币地址"，证明自己对该地址上的"比特币钱包"拥有所有权。而实际的交易更复杂。当交易比特币的数据被打包到一个"数据块"或"区块"中时，交易只算是被初步确认。当此"区块"被链接到前一个"区块"之后，此次交易会得到进一步的确认。只有在连续得到6个"区块"的确认之后，此次交易才可以得到最终确认。而且，与比特币交易对等的网络会将所有的交易过程都储存在"区块链"中。"区块链"在交易市场中会持续延长，新的"区块"一旦被加入"区块链"中，就不可能被移走。比特币的"区块链"实际上是一群分散的比特币用户端节点，是由所有参与者组成的分布式数据库，是对所有比特币交易历史的记录。当"区块链"的数据量增大之后，如果比特币用户不希望自己的数据全部储存在自己的端节点中，可以自己剔除掉那些可能永远用不到的部分，比方说极为早期的一些比特币交易记录。

　　创造货币或者说创造自由的货币，不仅创造过程艰苦，仅使用也是不简单的。因此，比特币的问世，似乎有些蹊跷。本来社会已经发展到信用货币的历史阶段了，却偏偏还要回到商品货币的历史阶段，创新只在于比特币这种货币是纯粹的只用作货币的商品，是一种新型的商品货币。本来，人类社会可以不用贵金属这种有价值的劳动产品作为流通中的货币了，却没有想到，在高科技时代，掌握了高科技的人们又利用高科技创造了新型的像贵金属一样的货币。更没有想到的是，人们还很快就接受了这种新创造出来的货币，使之具有市场承认的信用，并且，还推崇其是无国界的可以世界通用的货币。细细地分析起来，这里面是存在很多的影响因素的，但是，归根结底，还是传统的实体性货币理论的缺陷和僵化造就了比特币的疯狂，造就了各种类型的虚拟货币对于现实经济的冲击。因此，现在最重要的是从货币理论上对比特币的产生作出分析。在此，主要强调三点：第一点就是对于货币的本质认识不到位。受传统理论的影响，人们一直认为货币必须具有价值，所以才要创造有价值承载的比特币。每一枚比特币的产生过程都是很艰难的，除去人工，还要耗费相当的电力，且也可以说是人类智慧的结晶。但如果人们知道货币的本质是信用工具，现代货币的产生和使用就相应简单多了，不至于再费九牛二虎之力去专门造比特币了。第二点就是对于国家信用的无视。货币由依托市场信用发展到依托国家信用，是历史的进步，是很不容易才实现的突破，尽管是被动实现的，但毕竟揭示出了货币演变的客观性。所以，现在创造的比特币，还要回到市场信用时代，是一种开倒车的做法。第三点就是现在创造无国界的世界货币是没有必要的。人类的社会还没有发展到世界大同的年代，如果未来成功地构建了人类命运共同体，那么自然可以由这一共同体提供社会信用，保障世界货币的发行和运行。因而，现在还没有必要搞货币的非国家化，不应该纵容目前根本无法监管的比特币之类的货币泛滥于世界，现在国家的存在是必要的，保持国家信用是现实的要求，各个国家都需要认真地维护和巩固对虚拟性货币提供支撑的国家信用，而不能是借口非国家化，利用高科技去创造世界货币。2019 年 11 月 13 日，据中证网报道：央行数字货币研究所所长穆长春近日明确表示，在法律、监管、风险控制等问题解决之前，不宜推出全球性稳定币。

虚拟性货币与比特币的市场联系

现实地讲，现在肯定不能无视比特币的存在和影响。必须明确，出现比特币之后，市场已经将虚拟性货币与比特币紧紧地联系在一起了。最直接的表现就是，比特币是用美元标价的。比特币之所以能够风靡世界，是因为它可以与美元进行交易。而且，现在除了美元以外，比特币还可以与欧元、日元、韩元、人民币等主权货币性质的虚拟性货币进行交易。这既是目前的比特币的生存之本，也是虚拟性货币与比特币存在市场联系的通道。

2014 年 1 月 27 日，在中国，1 比特币可以兑换 5032 元人民币。而不到一个月之后，即 2014 年 2 月 25 日上午 1 比特币可以兑换 3562.41 元人民币，到下午 4 点 40 分，比特币兑换人民币的价格已下跌至 1 比特币兑换 3185 元人民币，明显地表现出比特币市场交易的不稳定特征。2017 年 5 月 5 日，比特币兑换人民币的价格又飙升为 1 比特币兑换 9222 元人民币。2017 年 9 月 4 日，中国人民银行等七部委发公告称中国禁止虚拟货币交易。

2017 年 12 月 17 日，比特币的市场交易价格达到历史最高，即 1 比特币可以兑换 19850 美元。在这之后，比特币兑换美元的价格逐步下跌，一直跌破 1 比特币兑换 5000 美元大关。2018 年 11 月 25 日，比特币兑换美元的价格又跌破 4000 美元，后来一度稳定在 3000 多美元。2019 年 4 月，比特币兑换美元的价格再次突破 5000 美元，创新高。2019 年 5 月 12 日，比特币兑换美元的价格又突破了 7000 美元。2019 年 5 月 14 日，比特币兑换美元的价格重新回到 8000 美元。2019 年 6 月 22 日，比特币兑换美元的价格再次突破 10000 美元大关。之后比特币兑换美元的价格保持在 10200 美元左右。2019 年 6 月 26 日，比特币兑换美元的价格再次达到 12000 美元。2019 年 6 月 27 日，比特币兑换美元的价格又一次接近 14000 美元，再创新高。

不管比特币兑换美元的市场价格未来的走势如何，总之不可改变的事实是，比特币是依赖于美元存在的，即虚拟货币是依赖于虚拟性货币存在的。比特币这种没有发行机构、不受监管的可通行于世界的货币，实际上离开虚拟性货币及与之密不可分的市场联系是寸步难行的。不论是用美元标价，还是与欧元、日元、韩元、人民币等主权货币进行交易，都是比特币能够走进现实经济的路径。本来，进入现实经济，比特币就要受到现实经济的影响，同时它也要影响现实经济。但是，从比特币与美元的兑换比率来讲，比特币似乎很少受美元币值的影响，它与美元的兑换比率变化，几乎可以将美元自身币值变化的影响排除在外，只是它与美元有现实的交易，它与欧元、日元、韩元、人民币等主权货币也都有一定的现实交易，这确实会对现实经济造成一定的影响。因为毕竟是要有一定的美元、欧元、日元、韩元、人民币等主权货币通过市场交易流向比特币的持有者手中，这必然决定现实经济中的一部分虚拟性货币会成为支撑比特币存在和使用的资金。而由此也说明，比特币依托的市场信用是以虚拟性货币依托的国家信用为基础的。市场信用仅仅是使比特币可以与美元、欧元、日元、韩元、人民币等主权货币进行市场交易，而一旦交易成功，就要发挥虚拟性货币所具有的国家信用在市场上的作用了，即每一位比特币的持有者都是由于比特币可兑换成虚拟性货币而获得对于社会财富的一定占有权。

　　不用假设比特币不能与美元、欧元、日元、韩元、人民币等主权货币进行交易怎么办，因为现实经济之中已经表明这种交易是存在的。而且，已经有少数国家赋予了这种交易合法性。世界上第一个承认比特币具有合法性的国家是德国。2013 年 6 月，德国议会决定对持有一年以上的比特币予以免税后，比特币被德国财政部认定为合法的"记账单位"，由此使得比特币在德国成为合法货币，德国居民可以用比特币来交税和从事贸易活动。美国虽然没有统一规定，但 2013 年 8 月，美国的得克萨斯州地方法院在一起比特币虚拟对冲基金的案件中裁定，比特币是一种合法货币，应该将其纳入国家的金融法规的监管范围。日本是少数承认比特币合法存在的国家之一。2016 年，日本政府允许比特币用户使用比特币来支付水电费。2017 年，日本政府明确表示使用比特币支付是一种合法的支付方式。虽然这些国家赋予了比特币合法性，但是这些国家并没有用国家信用支撑比特币，只是允许比特币之类的虚拟货币与国家信用支撑的虚拟性货币并存。这样，比特币就在这些国家取得了合法地位，公开合法地成为这些国家经济生活的一部分。其实，这些国家这样做，即允许比特币合法存在，是有害的，看似解决了一些热爱比特币的民众的合法性诉求，实际上破坏了自己国家以国家信用为基础的虚拟性货币的健康体系，造成了自己的主权货币市场的一定混乱。

　　目前，在比特币兑换虚拟性货币的市场交易疯狂发展的同时，作为虚拟货币的比特币已经在现实经济生活中被一些商家接受。在中国，北京的一家餐馆率先开启了比特币的商业支付。自 2013 年 11 月开始，这家位于朝阳大悦城的餐馆接受比特币消费。来此用餐者在用餐结束时，把自己的一定数量的比特币转账到这家餐馆的比特币账户，就可以了，付费过程类似于用银行卡转账。该餐馆称，他们曾经以 0.13 个比特币的金额结算了一笔价格为 650 元人民币的餐费。

2014 年 9 月 9 日，著名的美国电商 eBay 宣布，它们公司旗下的子公司 Braintree 将开始接受比特币支付，并称已与比特币交易平台 Coinbase 达成合作协议，允许比特币进入其业务活动范围。

毫无疑问，现在许多高科技网站以及一些网上店铺，已经允许消费者用比特币支付了。因此有人认为在现实经济中比特币已经成为真正的市场流通货币，而非腾讯 Q 币那样的网上货币。而且，现在有的国家已经出现专门的比特币支付公司，类似中国的支付宝，可以提供比特币的 API 接口服务。

2017 年 7 月，日本新的消费法生效，取消了以前 8% 的比特币消费税。随后，日本著名的商业集团 Recruit Lifestyle 宣布，其用以购物结算的 App 已经准备好支持比特币，兑现了先前作出的允许消费者在本集团超过 260000 家零售店使用比特币消费的承诺。此外，还有一些日本商家明确表示已经可以接受使用比特币进行消费支付。

但是，现在用比特币作为消费支付货币的情况，还是很少的，而且，前提还是比特币可以与美元、欧元、日元、韩元、人民币等主权货币进行兑换。更准确地讲，比特币问世以来的活跃，不像是一种货币的活跃，倒像是一种投资品的活跃。货币应是交换的媒介，而投资品就是投资的对象。因而，现在比特币在市场上实际主要起到的是投资品的作用，而不是货币的作用。并且，以后也难以看到比特币能像虚拟性货币那样普遍地起到货币作用。所以，如果仅仅是起到投资品作用，那真是没有必要搞这么复杂的比特币，因为这样的投资品只能使得资本市场更加疯狂，没有其他意义。

第九章

虚拟性货币与区块链

区块链与比特币紧密相关，因此，区块链也与虚拟性货币存在必然的联系。一般认为，区块链是随着比特币的诞生而出现的，区块链是比特币的核心组成部分。2009 年 1 月 3 日，全世界第一个序号为 0 的服务于比特币的区块产生。接着 2009 年 1 月 9 日序号为 1 的区块产生，这一区块与序号为 0 的区块相连接构成了一个链，代表了第一个区块链的形成。这与 2009 年 1 月 5 日第一个不受各个国家央行和任何金融机构控制的比特币的产生几乎是同步的。所以，在分析认识虚拟货币比特币之后，现代货币理论的研究还需要对区块链作系统的认真考察。

区块链的功能与作用

区块链是一种具有分布式数据存储、点对点传输、共识机制和加密算法等计算机技术的应用模式。作为比特币的一个重要概念，区块链本质上是一个去中心化的数据库，同时也是构造比特币的基础技术，是有效应用密码学方法形成的数据块，每个数据块包含一个批次比特币的网络交易信息，可用于验证其信息的有效性和服务于生成下一个区块。

区块链是一个相对复杂的系统，一般由数据层、网络层、共识层、激励层、合约层和应用层组成。在一个区块链中，数据层涵盖底层数据区块、数据加密和时间戳等数据以及基本算法；网络层包含分布式组网机制、数据传播机制和数据验证机制等；共识层的作用是运作网络节点的各类共识算法；激励层是集成经济因素，包括发行机制和分配机制等；合约层主要是起到封装各类脚本、算法和智能合约等编程基础作用；应用层则含有一定的应用场景和案例。其中，智能合约是区块链技术最具代表性的创新点。

区块链核心技术包括分布式账本，即分布在不同地方的多个节点的交易记账凭证；非对称加密技术，即只允许有数据拥有者授权后才能使用数据的技术；共识机制，即记录所有记账节点之间达成共识的手段，有四种不同的共识机制分别应用于不同的场景；智能合约，即基于可信的确定数据可以自动形成的一些预先定义好的规则和条款。

目前，区块链分为公有区块链、行业区块链和私有区块链。公有区块链是指世界上任何人或者组织都可以在市场交易中使用的区块链。公有区块链是最先产生的区块链，也是问世后应用范围最广的区块链。各种虚拟数字货币的产生均依赖于公有区块链。行业区块链是指由一些群体内部生成的区块链，由预选节点参与共识过程，其他方面也可参与交易，但不能过问记账过程，只能通过开放的 API 进行限定查询。私有区块链是指仅使用总账技术进行记账的区块链，使用者可以是企业，也可以是居民个人，每一个使用者独享这一区块链的写入权限。所有的区块链所具有的最本质的特征就是去中心化，即所有的应用区块链技术都没有中心管制，分布式的核算和存储都是自成一体的，各个节点信息都可实现自我验证、传递和管理。

区块链是伴随比特币出现的，所以问世十多年来主要的应用领域是金融领域，人们预测区块链在金融领域的应用有着广阔的前景。除此之外，区块链还将在现代经济的其他领域得到很好的应用。现在看来，区块链在物联网和物流领域的应用也是大有可为的。使用区块链技术可以大大降低物流成本，掌控物品生产和运送的全过程，并可以提高产业供应链管理的效率。而且，通过区块链节点连接的立体网络系统，可以实现商业信息的全面快速传递以及保证传递的准确度，由此也可以实现物联网的智能化和提高物联网交易的优越性。用区块链技术建立信用信息源，不仅可以提高物联网交易的安全性，更能够有效提高物联网交易的快捷程度，节约工作时间。更为重要的是，每个区块链的节点都具有自由进出功能，可独立地自由参与或离开，不对区块链体系产生任何干扰。区块链还可以应用于社会公共服务领域。现实社会的公共管理、能源、交通等领域都是与人民生产生活关系紧密的领域，对这些领域的中心化管理造成的各种问题，均可以应用区块链技术给予解决。区块链可以为这些领域提供去中心化的点对点信息传输服务，可以实现必要的信息查询，可确保物联网系统所传输的所有数据的准确性。还有，不可否认的是，区块链技术在数字版权领域的应用中具有独特的优势。因为应用区块链技术，可以对各种作品的著作权进行鉴定，证明数字作品的存在，保证权属的真实性，并由此实现数字作品的版权全生命周期的规范管理。美国纽约一家创业公司目前已经应用区块链技术实现对数字作品的版权保护，主要是对数字图片的版权保护。再者，由于区块链存储的数据，既可靠又不会被篡改，所以区块链技术也非常适合用于社会公益慈善领域。公益事业中的相关信息，包括捐赠时间、项目内容、募集方式、资金明细、捐助人信息、受助人信息反馈等，统统都能长久地存放在区块链中，而且可以有条件地进行透明的公示，便于全社会依法实施监督管理。

尽管区块链是一种具有很高实用价值的新技术，但是因其问世时间较短，其仍面临着诸多的挑战。这些挑战主要表现为：一是受到现行社会观念的挑战。区块链具有去中心化、自我管理、集体维护等优势，改变了人们传统的生产生活方式，在某种程度上冲击了国家监管体系。对此，整个世界即各个国家或地区都缺少必要的思想准备和对策探讨。尤其是对于区块链应用最早的比特币，不同国家持有不同态度，且大部分国家持否定态度，这就不可避免地影响了区块链技术的应用与发展。这其实就是一个观念问题，因为即使不接受比特币，也不应否定区块链，因为区块链只是一种新的技术。但就目前讲，改变人们的固有观念很不容易，因而显然今后普及区块链技术还有很长的路要走。二是区块链尚需在技术上有突破性进展。区块链目前还处于初期的开发阶段，没有直接的实用的产品。相比已经成熟的互联网技术，区块链明显地还缺乏可以直观浏览的突破性程序，存在着技术性的应用障碍。再有，区块的容量问题也是一种限制问题。由于实际的区块链必须能够承载复制之前产生的海量信息，而下一个区块的信息量还会大于之前区块的信息量，如此传递下来，写入区块的信息量就会无限大，由此带来的信息存储的容量问题是必须在技术上给予解决的。三是其他竞争性技术的挑战。虽然区块链技术非常好也非常实用，但是新技术革命之后产生的新技术很多，哪种新技术更适用更便捷，未来社会就会推广应用哪种技术。现在，人们知道，在通信领域，区块链技术就遇到了量子技术所带来的竞争性挑战。区块链可以将信息发给全网的所有人，但只允许拥有私钥的人打开信件，这样安全地传输信息，量子技术也可以做到。而且，量子通信技术近年来也取得了不小的进展，因而相对于区块链技术已经具有了很强的竞争优势。四是区块链还需要接受自身所存在的安全风险问题的挑战。因为近年来频频发生的安全问题为区块链技术的应用敲响了警钟，所以，应用区块链技术还需要加快建立技术安全保障体系。

尽管遇到上述挑战，但是，区块链技术依然被人们认为是继蒸汽机、电气化和互联网之后，带有一定的颠覆性的下一代核心技术。可以说蒸汽机延展了人类的体力，电气化改变了人类的生活状态，互联网实现了人类信息传递方式的根本性变革，而区块链作为保障信任的技术，可能将会彻底地转化人类社会价值传递的方式。有人认为："区块链作为数字化浪潮下一个阶段的核心技术，最终将会构建出多样化生态的价值互联网，从而深刻改变未来商业社会的结构与我们每个人的生活。"①

区块链在金融领域的应用

无可否认的是，近年来，伴随比特币问世的区块链已经对目前全球

---

① 张健：《区块链：定义未来金融与经济新格局》，机械工业出版社，2017，第62页。

的市场化金融活动产生重要的影响，并且还将持续地产生更大的影响。

　　金融界出于实际工作需要的考虑，最先表示出对于区块链的兴趣在于国际汇兑方面。因为将区块链技术应用在国际汇兑中，安全、快速、可靠，并且能够实现有账可查和降低费用。其中最重要的是国际汇兑的收付款人可以实现点对点的直接对接，迅速完成汇兑业务，免去中间环节，有效地降低交易费用。这是在电子时代的一条新的国际汇兑通路。本来，在电子时代，国际汇兑相比以前非电子时代节省了大量的时间，已经是比较方便了，但是，比起运用区块链技术，那还是差了一个档次，区块链技术可以提供更为方便、更为安全的国际汇兑。这是一个很好的开端，是现代国际金融业务与现代先进技术结合的又一个典范。未来区块链技术将越来越多、越来越深入地被应用于国际金融领域，更好地改变现代国际金融的业务格局。而且，随着区块链技术的介入，国际汇兑乃至国际金融领域的其他业务，都可以做到越来越透明，不仅每笔账的来龙去脉都可以表现得十分清楚，而且还可以将业务数据作为历史数据长期保留。尤其是在汇率敏感变动时期，区块链能够及时提供的基本数据对于每一位从事国际汇兑业务的人而言都是非常宝贵的。在这方面，毫无疑问，人们会越来越喜爱区块链技术，越来越离不开区块链。因而，随着时代的推进，不应用区块链技术的传统的国际金融的各种业务可能都将不复存在。

　　或许，还可以说，在金融领域受区块链技术影响较强烈的还有各类保险公司，即各类从事保险业务的金融企业。对于保险公司来说，其需要进行资金筹集、专业投资、保险理赔，管理和经营的成本都是较高的。然而，通过对区块链技术的智能合约的具体应用，保险公司基本上可以做到不需要投保人申请，不需要专门审批，只要符合保险合同上的理赔条件，就可实现对投保人的自动理赔。对此，已经有了一个成功应用案例。它是 2016 年由一家区块链企业和一家支付服务商合作的成果，即允许人们通过 Facebook Messenger 的聊天功能，购买定制化的微保险产品，为个人与个人之间交换的高价值物品进行投保，而区块链的智能合约在合同中代替了第三方角色。其实，对于保险公司开展业务来说，其最重要的是取信于投保客户。而区块链技术最大的优势就在于通过系统的数据提供和记载功能帮助保险公司更好地取信于投保客户，让所有的投保客户都能够投得放心。而且，保险公司运用区块链技术还可以减少很多的人工业务操作，将所有的保险数据都打包交给区块链技术进行处理，这一方面是节省了人工成本，另一方面能够保证数据准确无误。所以，区块链技术在金融保险领域拥有广阔的应用前景。将来保险公司之间再比实力时，不是比资金的多少，而是要比哪家保险公司对区块链技术运用得更好。

商业银行应用区块链技术更是前景广阔。商业银行的业务种类繁多，且业务量巨大，在电子时代，应用电子技术使其压力得到一定缓解，区块链技术的出现，又让商业银行看到了新的希望。不论是贷款，还是储蓄，商业银行应用区块链技术都可以更好地开展业务。尤其是区块链技术的去中心化特征，可以帮助商业银行大大降低管理成本，并能够为客户提供优良的服务。一旦商业银行实现了区块链技术应用的普及化，整个商业银行系统便实现升级换代了。区块链技术带给商业银行的好处远远超过电子技术带来的好处，而且会使商业银行的所有客户都感到办业务更加方便了，区块链技术提供的数据存储也会使所有的商业银行客户感到更加安全和放心。更重要的是，商业银行通过应用区块链技术，可在现有的基础上进一步降低人工成本，达到银行票据业务处理全程透明化，既可增强安全性，又可提高工作效率。将来通过区块链技术，银行汇票的相关业务可彻底地实现高科技化，整个作业过程都没有纸质文字，全部是电子数字化运作，而且由于没有中心化账本，相关各方人员都可共享数据文件，并可自动地将有关的银行汇票进行业务交割，工作效率会得到根本性的保证，并可避免人工交易可能发生的风险。因而，就全世界的范围讲，未来的商业银行必将广泛应用区块链技术。

再有，证券市场运用区块链技术可以使管理和服务更上一层楼。以股票市场为例：股票市场是大众化的证券市场，也是最为重要的资本市场之一。在过去，股票市场里人声鼎沸，工作人员一天到晚忙得不亦乐乎。而自从利用电子技术之后，股民在家里通过电脑就可以买卖股票，再也不用到股票交易所去了，股票市场实现大变样。但是，人们发现，如果股票市场再应用区块链技术，那就更不得了了。区块链技术对于股票市场是非常实用的。如果股票市场应用区块链技术，股民就可以了解到更多的市场信息，可以不用费心费力地去猜测某些信息，更有利于股民理性投资。所以，应用区块链技术强化社会对股票市场的管理，使之更富有技术性的市场含量，可以更好地提升股票市场的保值功能，进而更好地保障股票市场的融资功能。从发展趋势来看，金融领域的各类市场都将积极地开展对于区块链技术的应用，包括股票市场和其他证券市场。

2019年10月24日下午，中共中央政治局就区块链技术发展现状和趋势进行第十八次集体学习。中共中央总书记习近平在主持学习时发表了讲话，他指出："区块链技术应用已延伸到数字金融、物联网、智能制造、供应链管理、数字资产交易等多个领域。目前，全球主要国家都在加快布局区块链技术发展。我国在区块链领域拥有良好基础，要加快推动区块链技术和产业创新发展，积极推进区块链和经济社会融合发展。"

区块链支撑的数字货币

区块链支撑了数字货币比特币的诞生和成长，也支撑了其他数字货币的问世。如果说比特币离不开区块链，那只是说区块链对比特币具有不可替代的作用，而并不是说区块链只能限于为比特币服务，或是只能限于为类似比特币的数字货币服务。区块链是一种数字技术，虽然是同比特币一起走进了人类生活，但是作为一种新的技术其可以有更为广泛的用途，即区块链不仅可以为虚拟货币服务，也可以为虚拟性货币服务。这也就是说，各个国家的虚拟性货币作为主权货币同样可以通过区块链技术成为电子化的数字货币，虽然主权货币并不一定非要利用区块链技术才能成为数字货币，但是在区块链技术可利用的前提下，选择区块链技术进行货币的数字化尝试不失为一种明智的考虑。而且，虚拟性货币利用区块链技术实现数字化之后，并不因此变为虚拟货币。虚拟性货币只是因为没有价值承载、属于信用货币，是依靠国家信用发行的货币而被称为虚拟性货币，与实体性货币是有区别的。作为主权货币，虚拟性货币有确定的发行机构，这是其与虚拟货币即比特币之类的数字货币的根本上的不同。相同的只是，不管虚拟性货币采取什么样的方式数字化，数字化后的虚拟性货币都会成为一种数字货币，同其他没有纸质的数字货币是一样的。而且，凡是数字货币，都可以利用区块链技术。

在 Facebook 发行的加密数字货币 libra 成为全球互联网货币金融市场关注的焦点之后，中国人民银行打造的数字货币 DCEP（Digital Currency Electronic Payment）也将很快从幕后走向台前。2019 年 10 月 28 日，在上海首届外滩金融峰会上，中国国际经济交流中心副理事长黄奇帆在演讲中指出："目前我国央行推出的数字货币（DCEP）是基于区块链技术推出的全新加密电子货币体系。DCEP 将采用双层运营体系，即人民银行先把 DCEP 兑换给银行或者是其他金融机构，再由这些机构兑换给公众。DCEP 的意义在于它不是现有货币的数字化，而是 M0 的替代。它使得交易环节对账户依赖程度大为降低，有利于人民币的流通和国际化。同时 DCEP 可以实现货币创造、记账、流动等数据的实时采集，为货币的投放、货币政策的制定与实施提供有益的参考。人民银行对于 DCEP 的研究已经有五六年，我认为已趋于成熟。中国人民银行很可能是全球第一个推出数字货币的央行。"实际上，中国开始研究发行主权货币性质的数字货币的时间很早，也很超前，但是，并没有成为世界上第一个推出主权货币性质的数字货币的国家。据媒体 2019 年 11 月 13 日报道：非洲国家突尼斯宣布推出本国货币 Dinar（第纳尔）的数字版本"E-Dinar"，或成为全球第一个发行中央银行数字货币（CBDC）的国家。

中国发行的数字货币 DCEP 与美国 Facebook 推出的 libra 在货币的安全性、架构设计和发行理念等方面十分相似。只是，DCEP 具有更多的优点。正式发行后，DCEP 可以与人民币等值兑换，不受任何约束，并且直接可连接中央银行；DCEP 确定采用商业银行和中央银行共同负责的双层体制，可适应与对接全世界各个主权国家目前的货币体系；作为国家主权货币，DCEP 是纸质人民币的替代品，具有同样的货币功能，能够保证目前的货币银行理论仍然适用；DCEP 是基于区块链技术特别设计的，可不用连接网络进行点对点的市场交易。总之，中国央行推出的数字货币 DCEP 不仅能够实现目前世界上最通用货币的所有功能，而且可以节省大量的发行资金，可以更准确地提供通货膨胀率和其他国民经济指标数据，更有效地阻止犯罪分子洗黑钱和恐怖分子进行市场融资等活动，更方便地在全球范围内进行国际汇兑。尤其是，中国的 DCEP 研究在 2014 年就开始了，而美国 libra 的提出是在 2019 年。到 2019 年，中国的 DCEP 研究已经很成熟了。2018 年 6 月，中国成立了深圳金融科技有限公司；2019 年 8 月，中国在深圳开展了数字货币和移动支付的初步试点工作。因而，在庆祝中华人民共和国成立 70 周年活动新闻中心举办的首场新闻发布会上，中国人民银行行长易纲表示："央行的数字货币将替代部分现金，这些都足以说明在数字货币研究领域，中国一直走在科技金融的前沿。"据此，2020 年应是人民币数字化元年。

中国发行的数字货币 DCEP 是由央行用其信用担保的，这种基于区块链技术创造的数字货币具有无限法偿性，同样属于法定的信用货币的范畴，具有国家法定货币的地位。所以，对于所有的中国机构和个人来说，不可以不承认 DCEP 或不使用 DCEP。DCEP 的功能与人民币纸币相同，这种数字货币是以电子的数字化的形式表现的，使用者需要下载手机数字钱包使用。与原先的手机支付不一样的是，这种数字货币的使用可以"双离线"，即在不上网的条件下，只要手机正常开机就能够进行市场交易的货币支付。这种数字货币是人民币现钞（纸币和硬币）的代替品，它的问世可以进一步促使人民币现钞"无纸化"。并且，通过区块链松耦合的账户设计可以在保证交易的匿名性的同时，利用大数据分析发现可疑的非法交易行为。这种数字货币可以在所有接受人民币的场合下使用，并且央行规定不强制用户绑定银行卡。但是，由于这种数字货币是人民币现钞的代替品，所以不同于银行借记卡，用户持有这种数字货币等于持有现金，由于不属于银行储蓄，所以用户有多少 DCEP 也不会产生利息。就此而言，使用 DCEP 与使用微信或支付宝是有所不同的。支付宝和微信支付中的"钱"是存在个人账户里的电子货币，不是数字货币。更进一步讲，虽然 DCEP 与比特币同样是数字货币，同样使用了区块链技术，但是二者完全不同。因为比特币之类的数字货币没有发行主体，是真正去中心化的，属于超主权货币，其币值由市场决定，波动很大，而DCEP 是由中国央行发行的，且采用了区块链技术的中心化运行方式，只是人民币的数字化，因此币值同纸质人民币一样很稳定。

区块链与虚拟性货币的市场联系

在现代市场经济条件下，新兴技术区块链必然要与具有主权货币性质的虚拟性货币存在一定的市场联系。这种联系分为两个方面：一是间接性的市场联系，二是直接性的市场联系。除了比特币之类的虚拟货币之外，不论区块链技术应用于哪个领域，都与虚拟性货币形成间接性的市场联系。因为不论是哪个领域都需要使用一定的货币，虚拟性货币现在是各个国家或地区的主权货币和法定货币，只要是使用主权货币即法定货币的领域，都无一例外地要与虚拟性货币发生一定的市场联系，只不过这样的市场联系是间接性的市场联系，不是直接性的市场联系。而若是用区块链技术直接支持虚拟性货币的数字化，即用区块链技术建造新的主权货币和法定货币性质的数字货币，那就是区块链与虚拟性货币的直接性的市场联系了。所以，像突尼斯推出的本国货币的数字版本 E-Dinar 和中国央行发行的 DCEP 就都是体现出了区块链技术与虚拟性货币的直接性市场联系。当然，对于虚拟性货币来说，重要的不是与区块链有间接性的市场联系，而是如何稳定、强化、扩展与区块链的直接性的市场联系，即如何利用区块链技术更好地为虚拟性货币的数字化服务。因此，在区块链技术越来越深入地被运用于金融领域之际，现代货币理论的研究，应主要侧重于对区块链与虚拟性货币的直接性市场联系的研究。

目前，不论是突尼斯，还是中国，基于区块链技术推出的数字货币，都是对虚拟性货币数字化的尝试，都是只发行小额货币，在小范围内进行试运行。但从理论上讲，将区块链技术用于虚拟性货币的数字化是可行的，大范围地使用数字化的虚拟性货币，也是可以的。问题似乎只在于，数字货币可不可以完全取代纸质货币？现在用数字货币完全取代纸币，人们可能会不太习惯，或者说难以接受，所以，保留一部分纸币不是不可以，起码可以作为一种过渡，让人们有一个自然的适应过程。虚拟性货币的数字化可以分两步或是三步走，没有必要非得一步到位。如果是在分步走的既定前提下，那么就可以没有顾虑地加大数字货币的使用范围和使用量。肯定地讲，大范围地使用数字货币是一种生活习惯的改变，会体现出不同于非数字货币使用的优越性，特别是可以节省纸质货币的印制成本，而且还可以获得由区块链技术提供的安全保障。这应该是虚拟性货币坚定的发展方向，需要毫不犹豫地走下去，无须瞻前顾后，未来社会必定是数字货币的天下。区块链技术完全可以在虚拟性货币的大范围数字化使用方面大有作为。

区块链技术是复杂的计算技术，不仅功能卓越，而且需要一定的运作成本。如果用基于区块链技术推出的数字货币替代纸质货币，尽管可以节省印制成本，但也需要付出计算成本。所以，如果基于区块链技术推出的数字货币的应用范围很小，那么相对计算成本就会较高。更何况，小范围使用数字货币，根本不需要花费大量的计算，区块链技术便会多少有些大材小用，成本过高，还不为使用者所认同。不论是谁，花一点儿小钱，都不会太在意的，没有必要分析这些小钱消费的来龙去脉。也就是说，人们不会去细究这些小钱是怎么花出去的，付给了谁，谁有同样的消费，谁有同样的资金来源。在这方面表现出区块链技术的优势真没有必要，而且会给人们不胜其烦的感觉。实际上，人们需要的是对自己的主要收入及用途加以控制，即花大钱时需要借助区块链技术。毕竟，人们获得货币不都是十分容易的，花小钱时可以不在乎，但花大钱时还都需要慎重，不论是作投资，还是去消费，总是需要心中有底才好，恰恰是这时才需要计算能力很强的区块链技术作支撑。所以，从成本考虑，从用户的需要考虑，基于区块链技术推出的数字货币，也不能只是满足于小范围的使用，必须将其使用范围尽可能地扩大，将其使用与纸质货币的使用对接，即至少也要与电子化的虚拟性货币的使用范围相一致。

简单地说，有了基于区块链技术推出的数字货币，国家可以对人们的所有收入进行控制，人们需要缴纳的个人所得税，在数字货币的使用范围之内，一分一厘都不会被漏掉的。就此而言，进一步扩大基于区块链技术推出的数字货币的使用范围，对于国家税收是十分有利的。而这种货币的大范围推出使用也需要更加有利于普通民众。现在，对于普通民众来说，使用基于区块链技术推出的数字货币，等于使用纸质的虚拟性货币现金，只有消费功能，没有储蓄功能。而没有储蓄功能，对于普通民众而言是十分不方便的。人们不可能经常地将大把的钞票装在衣服口袋里或自己随身携带的包里，同样，人们也没有必要将很多的数字货币存放在自己的手机里。使用方便是无疑的，但这样方便使用的货币量没有多少，即人们需要的零用钱是十分有限的，人们需要将自己更多的钱存起来，不能说人们使用数字货币之后就都不存钱了，就都直接通过握有手机而直接握有现金了。因此，扩大基于区块链技术推出的数字货币的使用范围，相应地就要扩大这种数字货币的基本功能，至少也要使这种货币能够储蓄，不能只是作为现金使用。如果没有储蓄功能，即这种数字货币不能存入银行生息，只能作为虚拟性货币现金在市场上流通使用，那么，这种数字货币的使用对于广大的普通民众而言就是很不方便的。所以，要让基于区块链技术推出的数字货币能够存入银行并给人们一定的利息，这是扩大区块链技术与虚拟性货币的直接市场联系的很现实的一个基本要求。

虚拟性货币的回笼

虚拟性货币就是现在各个国家或地区使用的主权货币和法定货币，与实体性货币不同的是，虚拟性货币是信用货币，是没有价值承载只有国家信用支撑的交换媒介，虚拟性货币现在可以保持一定程度上的电子化使用，而且很快就可能走向基于区块链技术的数字货币。但是，与实体性货币相同的是，虚拟性货币发行之后也需要及时回笼。因而，下文将根据虚拟性货币的信用货币性质初步地讨论虚拟性货币的回笼问题。

虚拟性货币的正常回笼

先讲虚拟性货币的正常回笼。如果市场上货币的流通量不足，那么，需要继续向市场投放货币；而要是市场上货币的流通量过大，那么，就需要及时通过市场收回一部分货币。在国民经济运行正常情况下从市场收回货币的做法就是货币的正常回笼，即货币的正常回笼就是指银行在国民经济运行正常情况下通过各种途径从市场流通中收回一定量的货币。现在，由于各个国家或地区使用的货币都已经是虚拟性货币，因此，现在的货币回笼就是虚拟性货币的回笼，现在的货币正常回笼就是虚拟性货币的正常回笼。

目前，对于银行来说，虚拟性货币回笼的主要途径与实体性货币是一致的，包括通过销售商品或服务回笼货币，其中运输业也是商业性回笼货币的主要渠道；通过国家税收回笼货币，即由提供公共服务的部门强制性地规范地回笼货币；通过银行信用业务回笼货币，即通过银行系统吸收储蓄存款、收回各种贷款来回笼货币。通过这些途径，曾经投放出去的一部分虚拟性货币将重新回到商业银行，并最终使市场多余的货币流回到中央银行，由此实现虚拟性货币的正常回笼，使市场上的虚拟性货币流通量基本上同国民经济发展对虚拟性货币的客观需要量相适应。然而，相比实体性货币的回笼，虚拟性货币的回笼更是需要保持正常状态，这首先需要保持虚拟性货币的发行正常，没有发行过多或过少的情况，以利于以国家信用作为支撑的虚拟性货币正常回笼；但是，要实现虚拟性货币的正常回笼，更重要的是要保持国民经济的正常运行，即使得已经虚实一体化的国民经济在各个方面都能保持运行正常。

在现代市场经济条件下，做到市场自发地运行正常是很不容易的，或是说，是很难做到的。但市场对于资源配置的决定性作用是必须保持的，政府在资源配置方面决不可以取代市场。政府只需要发挥好自己的作用，即政府对于市场的管理作用。政府不能允许一个盲目的市场发挥资源配置的决定性作用，更不能允许一个混乱的市场发挥资源配置的决定性作用。政府要保持市场对于资源配置的决定性作用，就必须强化对于市场的管理，使之成为一个有序的市场，成为一个规范的市场，这就是政府对于市场的管理作用。政府对于市场的管理不是要取代市场发挥作用，只是要求市场在政府的有效管理之下发挥其不可替代的资源配置作用。做到这一点，其实是要保证两个方面到位。一方面就是政府到位。市场决不可以排斥政府作用介入，不能以任何借口实施自由主义经济，让市场脱离政府约束，始终处于自发状态。要知道，政府是代表社会整体利益的要求介入市场的，政府介入市场是政府的职责所在，小商品生产时代早已经过去了，如果缺少社会性的约束，市场便很难保持正常运行状态。所以，必须保证政府介入市场到位。另一方面就是必须保证政府的管理到位。通过政府管理，促使市场保持正常秩序，具有客观的规范品性。如果有管理但是管理没有效果，那就是管理不到位，对市场没有约束作用，达不到政府管理市场的要求。所以，政府必须研究市场，必须保证对于市场管理的有效性。

在政府的管理下，市场正常运行了，虚拟性货币的回笼才能正常。而市场正常的运行包括很多方面，其中不论是哪一个方面的运行不正常，都必然会影响虚拟性货币的正常回笼。从总的方面来说，宏观经济必须保持稳定。稳定增长不是不增长，也不是慢增长，更不是忽高忽低的增长。稳定增长是有客观要求的，是在保持一定的客观增长前提下的稳定增长，不能光有稳定，没有保持一定的客观增长。也就是说，低于一定的客观增长要求的经济增长，尽管稳定，却是不可取的，也不能说经济是正常运行的。而且，如果实际经济增长低于客观要求，必然会影响货币的正常发行，也就必然会影响货币的正常回笼，即虚拟性货币的正常回笼。实际上，经济高增长的情况是很少见的。只有在经济发展的特定阶段才会出现。这种特定阶段就是指未实现工业化的国家或地区在实现工业化之前所经历的工业化腾飞阶段，即经济高速增长阶段。这种经济高速增长阶段是每一个要实现工业化的国家或地区必然要经历的阶段。如果对于这一阶段的到来缺乏清醒的认识，将腾飞阶段的经济增长等同于非腾飞阶段的经济增长，那就可能会人为地减少虚拟性货币的发行、压制工业化腾飞阶段的高速经济增长，造成一定的通货紧缩，从宏观上影响正常的国民经济运行与发展，影响虚拟性货币的正常回笼。

保持劳动者工资收入的稳定和农产品价格的稳定，既对虚拟性货币发行稳定适当提出了要求，也是对虚拟性货币正常回笼的保障。没有稳定适当的虚拟性货币发行，就不会有虚拟性货币的正常回笼。相比资产收入，劳动者的工资收入是更需要有相应保障的。但往往社会对于资产收入的保障更加重视，而对于劳动者的工资收入保障有时会疏于关注。这是因为目前人类社会主要还是处于资本支配劳动的阶段，资本还有很大的势力，有时资方会有意或无意地拖欠劳动者的工资。而一旦劳动者没有了收入，他们将怎样生活呢？至少是不能保持正常的生活，包括不能有正常的生活支出。这样就自然会影响虚拟性货币的正常回笼。这就需要政府进行必要的干预，以社会立法保障劳动者的权益。如果仅仅是虚拟性货币发行过少而导致企业拖欠员工的工资，那么政府就应迅速解决虚拟性货币发行量不足的问题。这不是小事情，而是关系到企业员工生活的大事情。同样的道理，市场也是需要保持农产品收购价格稳定的。

因为农产品的价格关系到农民的收入。农产品包括畜产品和水产品，它们的价格高，农民的收入就高；而农产品包括畜产品和水产品的价格低，农民的收入就低。所以，农产品价格的稳定性就会影响到农民收入的稳定性，而农民收入的稳定性会影响到农民的家庭生活，进而影响虚拟性货币在广大农村的正常回笼。

在虚拟性货币时代，政府更需要重视社会保障工作，因为没有良好的社会保障，国民经济的运行与发展就无法保持良好状态，就无法实现正常的货币回笼。提供社会保障是政府的职责，政府需要根据现时代的民众需要做好这方面工作，这是政府工作一个极其重要的方面，即政府必须代表社会向民众提供一定的就业保障、失业保障、医疗保障、养老保障等。现在，没有社会保障，实质就是国民经济没有保障。政府要对劳动者的就业提供保障，要组织就业培训，不光是重新就业人士需要新的就业培训，以便尽快地找到新的工作，就是新毕业的大学生，也是需要进行就业知识或就业岗位培训的，并非他们一出校门就都能顺利地找到合适的工作。组织这种培训是各地政府常年的工作任务之一，政府必须在这方面作出规划和预算，保证政府的培训工作有计划地进行和有充足、稳定的经费保障。政府还需要为登记失业者提供基本的生活费，保障他们的基本生活需要，不使他们因失去工作而流离失所。如果失业者没有政府提供的生活费，就将产生严重的社会问题，不仅是失业者无法生活，企业也是无法辞退员工的，这会影响经济结构的调整和企业的活力。除此之外，政府还需要向全社会提供医疗保障和养老保障。只有在政府实施医疗保障的前提下，民众才能过上基本正常的生活，即民众的收入才能正常地用于保持自己的生活需要，否则，民众有钱也不敢花，有病也治不起，健康没有保证，生活也没有保证，会造成严重的社会经济问题。政府提供的养老保障也是同样的，没有这一保障，人们就无法

第十章 虚拟性货币的回笼

安心工作，无法面对晚年生活。所以，政府负责的社会保障，是社会经济运行的一个重要的组成部分。现在的虚拟性货币的正常回笼，也需要政府提供的社会保障从大的方面给予支撑。

在良好的社会保障下，民众只有保持正常的消费，银行才能保证实现正常的商业性货币回笼。而一般地讲，商业性的货币回笼是货币回笼的主要构成部分，商业性回笼的货币数额要占各种渠道回笼的货币总额的70％左右。所以，民众正常消费，对于总的货币回笼是很重要的。所谓正常消费，就是指民众该吃的吃，该喝的喝，该穿的穿，该用的消费品都正常购买，不浪费，也不回避消费。吃的喝的都是日用消费品，都是刚需，但是，随着时代的发展和人们生活水平的提高，吃的喝的内容和方式出现了很大的变化。就中国来说，改革开放之前，家庭聚餐或宴请客人，一般很少去餐馆，大多是在自己家里，但是，经过了40多年的改革开放后，中国人在这方面有了很大的变化，一般是去餐馆聚餐或宴请宾朋，在自己家里做的比较少。即使不是家庭聚餐或宴请客人，平日里家家户户吃的喝的也比以前好多了，决不是以往缺油少肉的年代可以相比的，吃东西主要看是否营养及是否健康，不是仅仅吃一些粮食，还要保证副食品也极为丰富。现在，人们很少有自己做衣服的，缝纫机在中国家庭几乎已绝迹，人们都是买现成的衣服穿，从内衣到外衣，都是买的。而且，买衣服也不用逛街了，直接用手机上网查，然后，网购快递到家。网络消费异军突起，目前已成为一种常态。说到手机，现在更是人手一部智能手机，不用说，购手机是一种大件消费，就是每月的手机通信费也都成为人们的正常生活开支。虚拟性货币的正常商业性回笼就是在人们的各个方面的正常生活消费中实现的。

投资其实就是生产消费。正常的投资是保障国民经济正常运行和发展的需要，也是保证虚拟性货币正常回笼的需要。人们将收入的货币存

213

入银行是储蓄，储蓄也是回笼货币的渠道。人们将暂时不用的钱存入银行是好事，至少存入了银行就是实现货币回笼了，而不是将货币继续留在市场之中。至于银行将民众储蓄的钱拿去做什么，那是另一个环节的事情，与这一环节的货币回笼不是同一层面需要考虑的问题。而在现代市场经济条件下，人们也可以不将手中的虚拟性货币存入银行储蓄，或许还可以选择购买股票，但这就属于投资了。这种向股票市场的投资也是货币回笼的渠道，不过，正常的货币回笼需要股票市场保持正常运行状态。众所周知，股票市场具有两大功能，一是保值功能，二是融资功能。股票市场要保持正常状态就必须同时具备保值功能和融资功能，尤其是必须具备保值功能，因为保值功能是融资功能的基础，股票市场若没有了保值功能就很难有融资功能。因此，为了国民经济的正常运行与发展，为了保证虚拟性货币在股票市场的正常回笼，各个国家必须对股票市场进行宏观调控，保证股票市场的保值功能不丢失，能够正常地发挥融资作用。如果做不到这一点，即不能使股票市场成为一个正常的货币保值领域，那就会使民众对于股票市场望而却步，股票市场就不能成为一个正常的回笼货币的渠道。

利用股票市场回笼货币的问题，实际就是在虚拟经济领域回笼货币的问题。现在各个国家或地区都是虚实一体化经济，都使用的是虚拟性货币，所以，各个国家或地区的虚拟性货币回笼，都是在虚实一体化经济中的回笼，并不能只在实体经济领域回笼货币。实际上，虚拟经济领域是大量使用虚拟性货币的领域，且高度发达的虚拟经济拥有以货币计量的实体经济领域不可比拟的经济当量。因此，高度重视虚拟性货币在虚拟经济领域的使用和回笼是必须的。对于虚拟经济来说，在虚实一体化经济中要配合实体经济运行，最主要的就是充分地发挥好各类证券市场的作用。这其中包括发挥好股票市场的作用，但决不仅限于发挥好股票市场的作用，包括回笼货币的作用。毫无疑问，只有保持所有的证券市场的良好运行秩序，才能发挥好证券市场的作用，包括让这些证券市场起到正常回笼货币的作用。应该说，虚拟性货币问世的时代就是虚实经济一体化时代，与原先的实体性货币的正常回笼不同的是，虚拟性货币的正常回笼必须依托整个的虚实经济一体化领域，不能无视在虚拟经济领域中正常回笼虚拟性货币的重要性，不能缺少对于虚拟经济领域虚拟性货币回笼的研究和探索，不能用看待实体性货币的眼光看待虚拟性货币的正常回笼问题。

虚拟性货币的回笼加速

虚拟性货币的正常回笼是国民经济运行与发展所要实现的理想目标。但是，由于现代经济的复杂性，虚拟性货币的回笼有时会表现为加速，即比正常回笼的速度要快一些。虚拟性货币的回笼加速分为两种：一种是市场性的回笼加速，另一种是调控性的回笼加速。

市场性的回笼加速是由国民经济发展的大势决定的，回笼货币的速度加快只是一种市场表现。一般说来，只有在经济发展的形势非常好的时候，才能出现货币的回笼速度加快。但是，也会有例外。比如：在一种盲目的抢购风潮下，也会出现货币回笼的速度加快。那时候，很多居民是不理性的，跟风抢购，什么都抢着买，比如曾经出现人们一桶一桶地买酱油、一麻袋一麻袋地买食盐的情况。而且，还有抢房子的时候，人们一套又一套地购买商品房，买了也没人住，就在那里空着。如果这些抢购资金都来自银行储蓄资金，那也不是加快回笼货币，那就只是银行储蓄"搬家",因为银行的储蓄款本来就属于回笼的货币款。只有居民直接用现金进行的抢购,才能对加速货币回笼起到作用。然而,在经济形势大好的情况下,人们的收入会多起来,消费的冲动会加剧,储蓄的货币也会增加,于是货币的回笼就必然会加快。这也就是说,只要经济形势大好,回笼货币不是难事,加快回笼货币也是可能的。因此,经济形势大好下的虚拟性货币回笼加速不需要阻止,应当顺其自然,有多少货币回笼,就要接受多少货币回笼。

需要研究的是调控性的回笼加速,首先需要明确在什么情况下需要政府出台加速回笼货币的措施,其次是考虑政府需要出台什么样的措施才能达到加速回笼货币的目的。调控性的回笼加速不同于市场性的回笼加速,市场性的回笼加速是市场的自然表现,一般是经济形势大好才会出现的,而调控性的回笼加速是属于政府干预经济的行为,是在宏观层面实施的关于经济调整的措施。可以说,凡是政府认为需要加速回笼货币之时,都是市场上流通的货币可能过多之时,即可能是发行的货币超过了市场客观的需要,因而必须及时地回笼货币,减少货币在市场上的流通数量。至于为什么会出现多发货币的情况,这里就不进一步讨论了,反正,从实际情况看,虚拟性货币的发行是很容易出现发行过多情况的。只要出现虚拟性货币发行过多的情况,政府就需要紧急出台加速回笼货币的措施,进行补救。这就是有政府干预与没有政府干预的区别。从现代市场经济来讲,应当是必须有政府的干预存在并发挥必要的作用,而不能是不许政府进行干预,一切交由市场自由处置,那样的话,国民经济可能会承受更大的损失。再者,或许有人会认为政府很笨,做不好宏观经济管理的工作,可问题是,进行宏观经济管理是政府的职责,政府需要履行自己的工作职责,即使一开始没有经验做不好,也要一点点地积累经验慢慢地学会从事这项工作。况且,加速货币回笼并不是一件十分复杂的事情，只要能够更快地收回货币，不使市场上流通的货币过多就达到了目的。

但是，在现代市场经济条件下，政府不能用传统的方式加速虚拟性货币的回笼。过去，政府加速货币回笼最有效的方式就是加大商品的市场投放，通过更多的商品售出来迅速地回笼货币。然而，现代市场经济的发展已经使各个国家或地区的经济由生产约束型经济转变为市场约束型经济，市场都早已饱和，不可能加大了商品投放就能够马上推动市场销售，进而回笼货币。在市场约束型经济时代，市场从来不缺少任何商品，企业只能是根据市场订单或市场销售情况安排生产，不可能生产市场销售不了的更多的商品。所以，像过去那样，为了更快回笼货币，安排企业生产更多的商品，这条路现在根本走不通。企业不是没有生产能力，企业只是没有销售市场。市场早已限制了企业的生产。如果企业不顾市场的限制，盲目地生产更多的商品，那就会销售不出去，造成更大的浪费。所以，现今通过增加生产，扩大市场销售，实现更快的商业性的货币回笼，是不可能的。货币已经是虚拟性货币了，经济已经是市场约束型经济了，对于虚拟性货币的加速回笼必须另辟蹊径，不能还是走扩大商业性回笼的老路，除非能够向市场推出一种新的产品，这种产品能够极大地刺激人们的消费欲望，激发起巨大的市场购买热潮。

在现代市场经济条件下，政府可以考虑用增加税收的方式加速虚拟性货币的回笼。对于企业来说，政府加税是增加了一定的企业的生产成本。而对于政府来说，一般不会轻易增加企业税收，即使为了加速回笼货币，其加税的措施也应是临时性的或是短暂的，一旦政府达到了加速回笼货币的目的，就应该迅速取消加税的措施，恢复原先的企业税负水平。而且，政府增加税收也可以不限于增加企业的税收，还可以是增加消费税或是增加个人所得税的税率。这里讲到的只是政府加快货币回笼可以采用的措施。其实，加税的措施是要尽量避免使用的，也就是说，能不用就不要用。因为加税的负面影响太大，可能会对企业或个人造成直接打击。在某些时候，政府加税可能还会引起某种程度上的社会动荡，引发民众对于政府的反抗情绪，产生不可预测的经济风险和政治风险。所以，如果有更好的办法加快货币回笼，就不要使用加税的方式。即使使用加税措施，最好也不要先加重企业的税务负担，可以从有选择性地增加消费税开始，这样对社会的震动会相对小一些。比如，只是增加购买奢侈品的消费税，或是增加购买家庭轿车的消费税，还可以增加购买白酒、香烟的消费税，这些方面的加税不会影响太多人的生活，尤其是对于中低收入群体的家庭生活的影响不大，但仍可以起到直接地加速货币回笼的作用。

　　加速调控性的虚拟性货币回笼，政府可以考虑使用加大债券发行规模的方式。这是一种可行的便捷方式。重要的是政府加大政府债券发行规模不能搞银行储蓄大"搬家"，即人们不能用银行储蓄购买政府所额外发行的债券。在一个国家已经发行主权货币性质的数字货币，并且规定了这种数字货币不能储蓄只能作为现金使用的情况下，如果国家规定额外发行的政府债券只能用数字货币购买，那么，政府加大政府债券发行规模就确实可以起到加速虚拟性货币回笼的作用。数字货币发行之后，也是需要回笼的，让人们用数字货币购买政府额外发行的债券，既可以起到回笼货币的作用，又可以支援国家经济建设。国家发行政府债券，不是向银行透支，只是向购买债券的民众借钱用于国家经济建设，不会增加社会总的货币量，是一种非常实用的经济调节方式。这种调节方式只要不搞银行储蓄的大"搬家"，就可以迅速地回笼货币，发行多少政府债券，就回笼多少货币。目前，有很多的国家已经是长年发行政府债券，并都取得了很好的经济效益。在此基础上，也可以利用这一方式加速回笼货币。但通过这一方式回笼货币，关键不是回笼货币的多少，而是政府额外发行的债券必须发挥应有的作用，能够取得良好的经济效益。若没有经济效益，那么，政府额外发行的债券只能为政府带来沉重的债务负担，这样的回笼货币就会失去积极的经济意义。

在政府加速调控使货币回笼期间，需要暂时停止发放货币，不然，一方面加紧回笼货币，另一方面继续加大货币的投放，就起不到加速回笼货币并相应减少市场上流通的货币数量的作用。在虚拟性货币时代，更需要加紧防范市场上的流通货币过多，即更需要保持市场上流通的货币适量。为此，政府需要想方设法对市场上流通的货币数量作出准确的判断。一是要有准确数量统计，二是要对数量是否适量进行评估。如果评估的结果是数量偏大，那就要采取相应措施尽快回笼一部分货币，暂时停止发放货币或是有选择性地停止对某些领域的货币发放。然而，回笼货币基本上不会对国民经济的运行与发展造成负面影响，回笼货币是社会经济正常循环的一个必要部分。但是，停止货币发放的影响就要相对大多了。因为货币的发放直接关系到社会的各个领域生产的继续，如果判断不准确，即市场上的货币不是多了，而是相对不足，那么这种错判造成的货币停发或某领域的货币停发，哪怕是暂时的停发，都会对国民经济的运行与发展造成不必要的损失。所以，在调控性加速回笼货币时，对于市场上流通的货币数量作出准确判断是非常重要的。仅就此而言，数字化就是虚拟性货币必然的一种发展方向。因为没有数字化的货币，没有相应的技术控制，货币当局就不容易精准掌控货币量，至多只能是掌握个大概。而一旦虚拟性货币实现了数字化，在对货币的掌控之中有区块链技术参与，那情况就不一样了，至少货币当局可以相对比较准确地掌握市场上货币流通的数量与分布情况，可以较好地把握调控性回笼货币的度，不使暂时停止货币发放对于正常的国民经济运行与发展造成不利的影响。

虚拟性货币的回笼缓慢

虚拟性货币的回笼有时也会出现缓慢的迹象。货币的回笼缓慢不属于正常现象，也是货币主管部门必须竭力避免的情况。但是，货币回笼缓慢并不是货币主管部门能够控制的，这实际与国民经济整体的运行有关，即在国民经济运行不太正常的情况下才会出现货币回笼缓慢的情况。

如果一个国家或地区的恩格尔系数较低，民众中很多人既不愿意消费，又不愿意储蓄，就会导致国民经济的运行很不正常，从而造成货币的回笼缓慢。因为在恩格尔系数较高时，民众没有更多的富余的钱，家庭的收入几乎全都要用在基本的生活消费上，所以，货币很快就会回笼，不会发生货币回笼缓慢的情况。然而，随着经济的发展，人们的收入不断提高，恩格尔系数不断降低，这种情况就会发生改变，一方面是人们手中的货币多了，另一方面是人们除了必需的生活消费品之外不再有更多的消费了，同时人们还不愿意将自己可以用于消费而没有用于消费的货币存入银行或用于投资，这样这些货币就根本无法被银行回笼，依然保留在民众手中。这在特定的时期是可能出现的情况，即这是一种生活刚刚好起来的自然表现，即民众旧的除基本生活消费以外没有其他消费的习惯还保留着，还尚未学会更多地花掉自己手中的钱，同时也还没有养成在银行存钱的习惯，于是，大量的货币就滞留在了个人手里，而且，这些拥有货币的个人并不知道这样保存货币对于国民经济运行的影响是什么。

第十章 虚拟性货币的回笼

事实上，还有一种情况也会造成虚拟性货币回笼缓慢，即经济预期不好。这种情况使得人们既不敢投资也不敢消费，并且银行储蓄利率过低也使人们对于将货币存在银行毫无兴趣，在这种情况下，货币的回笼一定很困难，不会是正常回笼，只能是很缓慢地回笼。那为何对于经济没有好的预期呢？原因很多。可能是人们对于经济形势的分析有问题，看不到经济增长的亮点，觉得经济的发展缺少后劲，因此，无法对经济有一个好的预期。也可能是基于经济周期分析，人们认为经济正处于低谷期，对未来经济也没有好的预期。或是国家经济遇到了实际困难，困难解决之前，人们看不到经济形势好转的希望。再就是遇到特大的自然灾害，一时半会儿国家经济缓不过劲来，人们也是难以看好未来经济的。总之，人们只要作出不好的经济预期，现实经济所遭受的打击便是很大的。只要人们都缺少工作活力，缺少正常的干劲，那此时的国民经济运行与发展便肯定会受到相应的影响，在这种影响下，货币的回笼必然缓慢。所以，对于经济形势，即使有相当多的不利因素存在，也还是要尽量维护好的发展势头，不可轻易放言预期不好，总是应该从积极的方面去看发展，努力挖掘经济发展的积极因素，鼓舞民众的干劲，使民众保持应有的心气，变被动为主动，这样才能避免经济真的衰退，才能适当恢复正常的货币回笼速度。

就人们的收入水平提高讲，出现货币回笼缓慢，根本的原因在于人们的生活方式没有随着收入水平的提高而发生变化。确实，在人们穷的时候，吃饱饭都是不容易的，微薄的收入几乎难以满足基本生活的需要；可人们富起来以后，才知道吃饱饭用不了几个钱，如果仅仅满足基本生活的需要，那么挣的钱大部分是花不出去的。所以，随着经济的发展和收入的提高，人们必须改变以往的生活方式，必须学会多花钱。如果不多花钱，也不储蓄，那么经济的发展和收入的提高就没有任何意义了，国家发行的货币也就无法正常回笼了。只有人们的生活观念改变了，人们的生活方式才能随之发生转变。比如，收入低的时候，人们很少在餐馆就餐，都是回家吃饭，都是自己家做饭吃；而收入一旦大幅度提高之后，人们就有了去餐馆吃饭的经济能力了，可以在餐馆招待客人，也可以带自家人去餐馆就餐，这样消费水平就上去了，钱就花出去了。要知道，自己在家里吃饭，与去餐馆就餐，费用相差很大。现在有很多发达国家的民众，已经习惯在餐馆就餐，由此表明他们的生活已经很富足。再比如，收入低的时候，人们穿衣服主要是家里做，即使是买衣服，也是主要选择经济耐用的，而且没有什么富余衣服，能有换洗的衣服就很不错了；而收入一旦大幅度提高之后，人们就很少在家里做衣服了，穿衣服主要靠买，而且要买好多，主要是选择衣服的式样和舒适程度，并不太在意衣服的价格，这样穿衣服的消费水平就上去了，自己挣的钱也就花出去了。现在不用说发达国家的民众，就是许多的发展中国家的民众，也都是已经习惯买好多的衣服放在家中，由此表明他们的消费观念和生活方式已经大大地转变了。

其实，即使人们经常性地去餐馆就餐，经常买这样或那样的衣服，这些还都属于日常生活开支，虽有助于货币回笼，但远远不够。如果人们的收入水平很高，那光靠吃饭、穿衣的消费解决不了更多的货币回笼的问题。如要保持正常的货币回笼速度，那就必须要使富裕起来的人们有更大宗的消费，即玩的消费。富裕生活与贫困生活的最大区别，不在于穿衣、吃饭，而在于有没有玩的消费。其中，最大的玩的消费就是旅游消费。对于真正富足的家庭来说，旅游消费是最大的生活消费支出。现在，一些发达国家的中产阶层家庭，每年的洲际旅游消费支出大约占到他们家庭年收入的一半。所以，非得玩起来，钱才能花出去。没有旅游消费的支撑，高收入群体的收入花不出去，虚拟性货币的回笼只能是相对缓慢的。由此而言，发展旅游是很重要很必要的，不仅是一条回笼货币的重要通道，而且是发展现代经济的一个重要支柱。各个国家或地区都需要大力发展经济，使更多的家庭进入中产阶层，使更多的中产阶层家庭热爱旅游。这是一个全球性的经济发展目标，不仅要鼓励人们多挣钱出国旅游，而且要鼓励人们多挣钱在国内旅游。对于回笼货币来说，发展国内旅游与发展国际旅游都是非常重要的。甚至可以说，国内旅游能够吸引更多的收入不是很高的家庭，能够更广泛地有效地回笼货币。

即使人们出于某种原因不愿意消费，不愿意花很多的钱去旅游，那么，在现实条件下，各个国家或地区也一定要鼓励人们在银行储蓄，不要将自己暂时不用的钱留在家里。有关货币管理的部门，从鼓励人们储蓄的角度讲，可以尽可能地提高银行储蓄利率，以利于人们储蓄，以利于回笼货币。对此，尽快实现虚拟性货币的数字化是很重要的，只是对于数字化了的虚拟性货币一定要考虑如何能够在银行储蓄的问题。回笼货币缓慢是需要极力避免的，这不仅取决于货币管理部门的努力，而且取决于国民经济的发展与人们消费观念及生活方式的进步。

第十一章

虚拟性货币的贬值

货币贬值是货币理论研究长期关注的一个重要的基础性问题。由实体性货币转化为虚拟性货币之后，货币贬值的问题依然是存在的，并且依然是现代货币理论研究需要高度关注的问题。重要的是，在虚拟性货币时代，任何从事经济工作的人士都必须明确，货币超发会引起货币的贬值，货币不超发同样可能出现货币的贬值，而且，货币贬值并不等同于通货膨胀。

超发货币的贬值

　　货币贬值是一个特定的经济学术语，从字面上不难理解，指的就是单位货币的币值发生了变化，相对以往币值下降了，即单位货币的购买力下降了。用老百姓的话说就是，钱不值钱了。与货币贬值相对应的是货币升值。在实体性货币时代，货币贬值是指单位货币所承载的价值或是所具有的价值出现了下降，即单位货币含有的价值降低。然而，在虚拟性货币时代，货币是信用货币，本身不承载价值，更不具有价值，货币贬值只是指单位货币的购买力下降，即单位货币的币值降低。虚拟性货币的购买力下降，即虚拟性货币贬值，在国际经济交流中，表现为本国货币兑换外国货币的能力降低，即汇率的下降，一单位本国货币只能兑换比以往更少的外国货币，或是说，一单位外国货币可以比以往兑换更多的本国货币。

　　一般来说，不论是在实体性货币时代，还是在虚拟性货币时代，货币发行机构超发货币，即货币的发行量超过市场所需要的货币数量，会引起通货膨胀，进而引起货币贬值。由于布雷顿森林体系崩溃之后，各个国家或地区发行的主权货币一律转化为虚拟性货币，不再有承载价值的要求，仅靠国家信用发行货币，所以，超发货币的情况就似乎比以往更具有经常性特征。2019 年 10 月 28 日，在上海首届外滩金融峰会上，中国国际经济交流中心副理事长黄奇帆在演讲中指出："依赖主权信用发放的货币也面临货币超发等问题。1970 年，布雷顿森林体系解体之前，全球基础货币总量（央行总资产）不到 1000 亿美元；1980 年，这一数字大约是 3500 亿美元；1990 年，这一数字大约是 7000 亿美元；2000 年，这一数字大约是 1.5 万亿美元；2008 年，这一数字变成了 4 万亿美元；到 2017 年底，这一数字是 21 万亿美元。"这当然是指的虚拟性货币的绝对量的增加，问题在于，这种绝对量的增加很难避免超发货币的可能。

关于虚拟性货币超发引起的货币贬值，在经济学货币理论尚未深入开展研究的前提下，有些国家甚至将超发作为一种促进经济发展的措施，即力求通过货币贬值来引起国内物价上涨，刺激生产，降低本国商品在国外的价格，以利于扩大出口和减少进口，平衡国际收支，增加本国的经济活力。这其实是在玩火。现在的研究表明，平衡国际收支是需要一定条件的，不是单单的货币贬值就能起到作用的。如果一方面超发货币，导致货币贬值；另一方面继续超发货币，那就只能引起更大幅度的货币贬值，而对平衡国际收支起不到任何作用。如果货币贬值国需要进口的商品多为对价格的上涨变化反应不灵敏，缺少价格弹性的高新技术产品或者是十分紧俏的生活用品，又由于出口需求不足，本国难以调整产业结构且本国的闲置资源特别是生产资本较少，难以形成足够的本国出口商品的优势，那么，仅仅靠本国货币贬值是不会起到平衡国际收支作用的。再有，研究表明，一个国家通过货币贬值扭转国际收支逆差，还需要有相当的闲置资源的保证。只有当存在相对充足的闲置资源时，货币贬值后闲置资源才能够流入出口产品的生产部门，出口才能扩大，进而，出口的增加才能引起国民收入的增长，之前的货币贬值才能起到改善国际收支的作用。而要是没有足够的闲置资源，那么，至少需要开启紧缩性财政货币政策，才能使货币的贬值对于改善国际收支发挥作用。

尽管通过超发货币引起货币贬值可以借助某些条件达到平衡国际收支的目的，但是对于各个国家或地区来说，在国民经济的运行与发展中，最好还是不要超发货币，不要因超发货币而引起货币贬值。保持货币的

第十一章　虚拟性货币的贬值

币值稳定是非常重要的，因为这是一个国家的国民经济良性发展的基础。如果一再超发货币，一再引起货币贬值，那就很难保证国家的经济稳定，而一旦国家的经济不稳定了，那么，社会稳定和政治稳定就缺乏相应基础，就很可能会引起大的社会问题。所以，必须高度重视虚拟性货币发行的适度问题，不能因虚拟性货币不需要承载价值，不需要黄金储备，就任意超发虚拟性货币，引起虚拟性货币的贬值。事实证明，仅仅依靠国家信用，是可以发行虚拟性货币的。但是，虚拟性货币的发行一定要适度，适度发行虚拟性货币可以保证国家信用的支撑力量，超量发行虚拟性货币是对国家信用的一种侵害。对于国家经济发展来说，其他的都是小事，国家信用受到侵害是大事，是天大的事。对此，决不能因小失大、不拿超发虚拟性货币当回事。如果是拿不准虚拟性货币的发行适度量，在实践中难免地超发了虚拟性货币，那当然是可以理解的，也是可以积极地采取补救措施的，如及时地启动调控性的货币回笼政策等。而若是有意识地、有目的地超发虚拟性货币，那就是对于虚拟性货币的性质缺乏必要的认识，对于超发虚拟性货币的危害缺乏必要的认识，对于国民经济的运行与发展会产生主观性的伤害作用。

超发货币引起的货币贬值是通货膨胀性质的货币贬值。通货膨胀是有大有小的，超发货币越多，通货膨胀就越严重。在现代经济条件下，完全避免通货膨胀是不容易的，尤其是在虚拟性货币时代，要求一点儿都不出现通货膨胀似乎是不太可能的。但是，尽量避免严重的通货膨胀，将通货膨胀控制在宏观可控的程度上，还是可以努力做到的。这也就是说，一定要将超发的虚拟性货币控制在最低的程度上，一定要做到尽量不超发或少超发虚拟性货币，不造成大的或是说严重的通货膨胀。对于民众来说，不论是哪一个国家或地区的民众，都相当地害怕严重的通货膨胀发生，而对难以避免的小的轻微的通货膨胀似乎还能接受。而且，不管货币是实体性货币还是虚拟性货币，只要是货币，老百姓就不希望其贬值，至少是不希望出现大的贬值。所以，政府实施的宏观调控，需要千方百计地防止大量地超发虚拟性货币，需要竭力遏制严重的通货膨胀的发生；但也不必担心虚拟性货币的少量超发，不必刻意防止小的通货膨胀出现。自从布雷顿森林体系崩溃之后，可以说，几乎每个国家或地区都经历了一定程度的通货膨胀，即一定程度的货币贬值，这些由通货膨胀引起的虚拟性货币贬值的幅度有大有小，小的当然影响不大，可大的就对国民经济产生了相当严重的破坏作用。但这已经是不可改变的历史了。人们需要注意的是，尽量不要让对国民经济具有相当严重的破坏作用的超发虚拟性货币造成通货膨胀与货币贬值的历史重演。

没有超发货币的贬值

超发货币会引起通货膨胀性质的货币贬值，而在没有超发货币的情况下也会出现货币贬值，实体性货币和虚拟性货币都存在没有超发情况下的货币贬值。货币没有超发情况下出现的贬值就是没有通货膨胀的货币贬值。而没有通货膨胀的货币贬值就纯粹是市场价格上涨引起的货币贬值。事实上，市场客观存在没有通货膨胀的货币贬值，即在没有超发货币的情况下只要市场出现了价格普遍地上涨也必然会造成货币的一定贬值。如果市场出现了较为强烈的价格普遍上涨，那么就必然会造成较大幅度的货币贬值。如果市场出现的是较小幅度的价格普遍上涨，那么必然也会造成程度较小的货币贬值。价格是决定货币贬值的关键因素，至于为什么价格会普遍地上涨，这不是能够用货币超发一种原因解释的，

第十一章　虚拟性货币的贬值

固然货币超发会引起市场价格普遍地上涨，但市场价格的普遍上涨却并不都是货币超发造成的。在货币超发之外，还存在着其他引起市场价格普遍上涨的原因，也会造成一定的货币贬值。这属于货币理论研究的问题，也属于价格理论研究的问题。在实体性货币时代，就存在这样的货币贬值；同样，在虚拟性货币时代，依然存在这样的不是由货币超发引起的货币贬值。这也就是说，人们不能简单化地仅从货币超发的角度认识货币贬值。

在由计划经济体制转变为市场经济体制的过程中，即主要由政府定价转变为主要由市场决定价格之后，由于以前存在着一定的低价格扭曲，市场会出现较为剧烈的价格上涨。然而，这是由社会劳动整体发展决定的价格调整，是市场经济发展的客观要求。虽然涨价很激烈，但性质是价格调整，不是货币超发。这也就是说，这样的价格激烈上涨并没有超出价格调整的范围，并不是通货膨胀，更不是严重的通货膨胀。实际上，走出了由政府制定价格的历史之后，人们应当比以往任何时候都更加相信市场和依赖市场，而不能再退回去，再对市场横加指责或抱怨。在市场经济体制下，要让市场发挥决定性作用，并不是简单地说一说。由于在计划经济时期市场长期存在低价格扭曲，所以一旦采用市场经济的价格机制，就可能会产生一个爆发和延续爆发时期，形成较大的涨价趋势。对此，如果说过去人们都能容忍长期的价格扭曲，那么已经走向市场经济的人们同样需要承受价格的普遍上涨。

在中国，2007 年的猪肉涨价是被迫的，是由延续多年的问题的积压所导致的价格调整。在一公斤猪肉的价格是十几元时，卖肉不赔钱，但养猪是赔钱的，或是说不赚钱。农民养猪很辛苦，又担着很大的病疫和市场方面的风险，不赚钱，还要赔钱，那怎么还能养得下去？对于很多选择放弃养猪的农民来说，不是不愿养猪，而是养不起猪。这样市场是一点点萎缩的，等到存栏猪减少到大大地供不应求时，猪肉的价格就会一下子涨上去。仔细算一算账，人们就知道，在猪肉涨价前，养猪是多么不划算的。在未市场化放开价格时，中国的一公斤猪肉1.32元，看一场电影0.1元或0.2元，坐一次公交车0.01元，去故宫参观一次也是0.1元；而在市场化放开价格后，现在看一场电影需要30元或50元，还有200元的，价格是之前的300倍到1000倍不等；坐一次公交车需要1元到2元，价格是之前的100倍到200倍；参观故宫的价格也是之前的400～600倍，据说还要涨。可猪肉呢？一公斤猪肉价格是10元至15元，只涨了约10倍。这么多年，消费者都不想让猪肉涨价，这实际是市场没有发展起来，是工业化没有发展起来。一旦市场发展了，猪肉的价格必然要调整，必然要上涨；其他农副产品的价格也必然要随之调整，随之上涨。因而，在那之后，猪肉的价格上涨了近一倍，有的地方涨得更多一些，但是，即使这样，比比那些快餐店的食品价格，猪肉的价格还是很低的。在那些店里，吃一点儿炸薯条、喝几杯汽水，就要花几十元钱，相当于价格初步调整后1公斤猪肉的价格。不比不知道，一比就知道，价格初步调整后，猪肉的价格还没有到位，因为市场放开后一些商品的价格实在是涨得太高了，猪肉的价格按成本推算还是无法与其相比。于是，到了2019年，猪肉价格再次上涨。只是，必须明确，在这样的市场化价格调整之后，即市场价格的普遍上涨之后，必然会出现没有通货膨胀的货币贬值，即仅由价格上涨造成的货币贬值，并不是由超发货币造成的货币贬值。

在市场经济条件下，虚拟经济与实体经济是紧密相连的。如果实体经济的产品价格因为调整而普遍剧烈地上涨，那么虚拟经济领域中的价格也需要进行同样的调整。因为，虚拟经济与实体经济使用同一货币，在实体经济领域由于价格上涨而货币贬值，那么，在虚拟经济领域同样要表现出与货币贬值相对应的价格上涨。具体来说就是，在实体经济领域，猪肉价格上涨了，货币贬值了；在虚拟经济领域，股票价格也应上涨，货币也应贬值。这种随实体经济价格上涨而上涨的股票价格，也属于价格调整性质。这也就是说，在虚实经济一体化的前提下，虚拟经济的价格要随着实体经济的价格调整而调整。从根本上说，虚拟经济的价格水平不能脱离实体经济的价格水平，不能与实体经济的价格上涨形成反向运动。在虚拟性货币时代，股票价格在稳定的前提下渐渐地增升应是常态，但非常态的价格跌落也是难以避免的，总会在某些时期以不同的程度出现。正常的股票价格跌落是由于货币升值。市场炒作的市值跌落是不会决定大局的，那只是一种市场起起落落的表现，并不影响市场基本面。只有国家货币明显升值了，客观上股票市场的价格才会随之落下来。但是，货币升值不是虚拟性货币的常态，更不是价格市场化调整的表现。所以，除市场炒作以外的正常的股票价格跌落也不是市场的常态，总的说来股票市场的市值一定要随着由价格上涨导致的货币贬值而上升。

货币贬值并不等同于通货膨胀

由于存在不是由货币超发引起的货币贬值的情况，所以，在货币理论研究中，不能将货币贬值与通货膨胀混为一谈，不能用预期的通货膨胀后果来宣扬货币贬值的预期效果。

从研究实体性货币的通货膨胀到研究虚拟性货币的通货膨胀，可以说，这对于经济学基础理论研究的挑战更大了。在货币虚拟化之前，关于通货膨胀的研究就是经济学研究或者说政治经济学研究的一个"哥德巴赫猜想"，所以，在货币虚拟化之后，关于这一"猜想"的研究就更加地具有难度了。迄今为止，准确地讲，现代经济学对于通货膨胀的研究还没有入门，还存在着许多似是而非的界定和认识争论，通货膨胀可以说是现代经济学基础理论研究中极不成熟的一个领域。

1998 年，经济科学出版社集中投入优质的编辑力量出版了中国社会科学院经济研究所编的《政治经济学大辞典》。有关通货膨胀，这部至今在中国经济学界仍保持着权威性的辞典给出了阐释："对通货膨胀一词，经济学家们有不同的解释，例如费里德里希·哈耶克（F. A. Hayek）认为：'通货膨胀一词的原意和真意是指货币数量的过度增长，这种增长将合乎规律地导致物价的上涨。'费里德曼（M. Friedman）认为：'物价普遍的上涨就叫作通货膨胀。'罗宾逊（J. Robinson）说：'通货膨胀是同样经济活动的工资报酬率的日益增长而引起的物价直升变动。'马丁·布朗芬布伦纳（M. Bronfenbrenner）把西方学者关于通货膨胀的定义划分为四种类型：第一种定义把通货膨胀的根源归于商品市场上存在的过度总需求，认为通货膨胀是一种社会经济生活普遍存在过度需求的状态；第二种定义把通货膨胀归于货币的增加，认为通货膨胀是货币数量的过度增长；第三种定义主要突出了通货膨胀的某些性质和特征，从预期、成本、名义收入等方面来解释通货膨胀；第四种定义强调外部经济关系对国内物价水平的影响，认为通货膨胀是本国货币对外国货币比值下跌，从而导致物价水平的上涨。马克思认为：纸币纯粹是货币符号，它本身没有价值，只是代替金属货币执行流通手段的职能。纸币的发行量必须以流通中所需要的金属货币量为限度。如果纸币的发行量超过了它象征性代表的金（银）的流通数量，它就要贬值。通货膨胀是货币发行量超过商品流通中的实际需要而引起的货币贬值和物价持续上涨的经济现象。总的来说，通货膨胀具有两个基本特征：（1）纸币因发行过多而急剧贬值。（2）物价因纸币贬值而全面上涨，物价上涨是普遍、全面和持续的。"[1] 这表明，通货膨胀似乎是一个简单得不能再简单的问题，但是，经过这么多年的研究，到如今却成为各个国家的经济学家共同的研究难题。有人认为，谁能够彻底地解决通货膨胀问题，谁就可以理所当然地获得诺贝尔经济学奖。可是，直到如今，这还只是一个梦。在现实经济生活中，许多的中国人将物价上涨说成通货膨胀，看到物价上涨了，就说通货膨胀到来了，这样的认识在报纸上、在广播中、在电视中，屡见不鲜。还有少数的中国人，对通货膨胀的认识，似乎不像多数人认识得那样简单，他们认为，只有 CPI 上升到 3% 以上，或者说，出现了持续的物价全面上涨，才是有了通货膨胀。这一持续的时期通常被他们定为半年。按照他们的思维逻辑，CPI 上升到 2.9% 不是通货膨胀，物价持续全面上涨 5 个半月也不是发生通货膨胀，这是很让人搞不懂的，也是他们自己难以解释清楚的。

在经济学界，一些颇有专业知识的学人，通过认真学习经济学理论，大多能够将通货膨胀具体地区分为结构性通货膨胀与非结构性通货膨胀、成本推动型通货膨胀与需求拉动型通货膨胀以及成本推动和需求拉动复合型的通货膨胀。可是，后来人们发现，现实中所有的通货膨胀都是结构性的。更有学术探讨意义的是，所谓的成本推动型与需求拉动型的区分，指的是对物价上涨原因的区分，照此区分，实际只能区分出成本推动型的物价上涨与需求拉动型的物价上涨，无法对通货膨胀的类型作出区分，除非人们将通货膨胀等同于物价上涨。而将通货膨胀等同于物价上涨，这又是经济学学者最不愿意承认的，因为这些专业人士都知道，物价上涨只是通货膨胀的必然结果，通货膨胀是天上下雨，物价上涨是

---

[1] 张卓元主编《政治经济学大辞典》，经济科学出版社，1998，第 148 页。

地上有水；可以说，天上下雨，必然地上有水；但绝对不可以说，地上有水，必然是天上下雨了；因此，不可将天上下雨与地上有水等同，不可将通货膨胀与物价上涨等同。对于这些学者而言，更需要从逻辑上明确的是，他们认为自己对于通货膨胀的类型，是根据通货膨胀的成因进行区分的，他们也承认物价上涨是通货膨胀的结果，然而实际上成本推动和需求拉动都是针对物价上涨讲的，应该说，在任何情况下，人类社会的理性都不允许用对结果的影响解释原因。

现在看来，通货膨胀的存在并不复杂，只是，在缺少认知逻辑的约束下，现代经济学的研究将人们对于通货膨胀的认识搞得十分复杂且容易令人迷惑。本来，仅仅从字面上，就可以对通货膨胀作出明确的解释或界定：通货就是货币，膨胀就是多了，放到一起就是货币发多了。这是谁都能明白的，都能理解的。这比用 CPI 上涨 3% 就是通货膨胀的解释清楚得多，也准确得多。但研究经济学毕竟不是文字性诠释，为了准确解释通货膨胀的本质含义，在经过审慎的分析和推敲之后，21 世纪的经济学研究者对通货膨胀作出了一种与货币超发相关的初步的概括性阐释："市场经济运行中出现的非价格因素的货币贬值。"[1]

对通货膨胀本质的认识，相应区分了价格因素的货币贬值与非价格因素的货币贬值，明确了通货膨胀只是一种非价格因素的货币贬值，除此之外，市场经济运行中还存在着价格因素的货币贬值。这就从逻辑上表明，货币贬值不等同于通货膨胀。

准确地讲，通货膨胀是货币发多了，导致的物价上涨、货币贬值。所以，通货膨胀是非价格因素的货币贬值。而事实上，物价上涨并非都是货币发多了引起的。在市场经济条件下，不合理的比价关系总会自行

---

[1]　钱津：《感受腾飞——论中国工业化与通货膨胀》，人民出版社，2010，第 90 页。

调整，而在价格刚性的作用下，这种市场化的价格调整只会引起价格上涨，一般不会降低价格的总水平。价格调整的结果是相对提升了市场价格的水平，使得商品劳务的价格普遍提高了，也同样会造成货币贬值。所以，货币贬值的原因不都是货币多发了，也不都是价格调整。货币发多了必然引起物价上涨，也必然造成货币贬值。相对而言，价格调整一般也会引起物价上涨，也必然造成货币贬值。只是，对于经济学基础理论研究而言，决不能将货币发多了引起物价上涨的货币贬值混同于价格调整引起物价上涨的货币贬值，决不能将通货膨胀下的货币贬值与价格调整中的货币贬值相混淆，决不能将通货膨胀与货币贬值混为一谈。

物价上涨与货币贬值具有一致性，只不过一个是价格提升的表现，一个是货币的币值变化。不能将货币贬值等同于通货膨胀，同样，在市场经济的运行中，也不能将物价上涨等同于通货膨胀。这也就是说，物价上涨与货币贬值有必然的联系，但与通货膨胀没有必然联系。从货币贬值的角度看，通货膨胀造成的货币贬值，是货币发多了引起的；而价格调整造成的货币贬值，只是要求相应银行发行更多的货币，这种更多的货币发行并没有超过客观的市场对于货币的需求量。这也就是说，决定货币发行量的是市场，不是银行，在同样产出的前提下，市场价格低，银行需要发行的货币就相对少；市场价格高，银行需要发行的货币就相对多。银行发行的货币量超过市场由价格决定的需求量，引起物价上涨，就是通货膨胀。而银行按照新的高价格决定的市场需求量发行货币，不管比价格上涨之前多发了多少货币，都是应该的，都是只引起货币贬值，不引起通货膨胀。就此而言，任何人都不能仅凭出现物价上涨就断定发生通货膨胀，更不能将价格调整造成的价格因素的货币贬值误认为是通货膨胀性质的非价格因素的货币贬值。

通货膨胀是过多发行货币在前，物价上涨在后。而非通货膨胀性质的价格因素的货币贬值是物价上涨在前，需要银行发行比以往更多的货币在后。这是两种完全不同方向的增发货币的传导机制，是必须严格加以区分的，决不能将通货膨胀性质的货币贬值与非通货膨胀性质的货币贬值相混淆。研究通货膨胀与货币贬值的关系，最重要的是对通货膨胀的认识必须把握住两个方面的要点：一是一定时期内的货币发行的适当量，二是银行为何超过适当量过多地发行货币。

对于第一个要点，必须明确的是，一定时期内的货币发行的适当量，是由商品劳务数量和价格两个方面因素决定的，或者说，是由各类商品劳务的数量分别乘以各自的价格决定的，决不是单纯由交易数量决定的。在同等的产出数量下，价格高出一倍，就需要相应多发一倍的货币。如果比过去多发一倍货币，才能达到货币发行的适当量，那就没有通货膨胀的发生，而只有货币贬值。这一点是确定无疑的，只要货币发行的数量是市场需要的适当量，那不论货币发行多少，都是与通货膨胀无关的，只要是按比以往的价格高的价格乘以商品劳务的数量发行货币，那就必然会出现货币贬值。这就是说，在物价提高的前提下，有通货膨胀，会跟随出现货币贬值；没有通货膨胀，也会出现货币贬值。货币贬值与物价上涨是彼此相关的，是一致的；而货币贬值与通货膨胀是不等同的，有物价上涨就有货币贬值；但有货币贬值并不一定发生通货膨胀，不能将通货膨胀混同于货币贬值，不能误用通货膨胀取代货币贬值。在实际生活中，一定时期内的货币发行的适当量是很难被精确计算出来的，一方面市场总是在不断变化，另一方面计算很难做到周全无遗漏。而大体上一定时期内的货币发行的适当量还是可以通过计算商品劳务的总量与价格一般水平进行把握的。

对于第二个要点，现在还较难回答，可能原因很多也很具体，每一次多发货币都有其具体原因。从历史来看，政府出于某种需要强制性地多发货币是最为突出的一种表现。除此之外，还有某些别的原因。但自虚拟性货币问世以来，造成货币多发的一个通常性原因，就是货币当局唯恐货币发少了不够用，所以，在难以找到精确的适当量时，宁可多发一点儿，也不少发。这会造成常态性的货币少量多发，即出现常态性的轻微的通货膨胀，形成常态性的轻微的货币贬值。

货币贬值包括价格因素的货币贬值与非价格因素的货币贬值。价格因素的货币贬值主要是指市场价格调整引起物价上涨从而造成货币贬值。非价格因素的货币贬值是指货币发行量过多引起物价上涨从而造成通货膨胀性质的货币贬值。近几十年的世界经济发展史表明，从货币发行的角度看，虚拟性货币更容易发生常态性的非价格因素的货币贬值。

发生非价格因素的货币贬值就是出现了通货膨胀。在虚拟性货币时代，经济学界需要认真研究与实体性货币时代不同的因货币虚拟化而引起的常态性的通货膨胀，也需要研究与实体性货币时代因相同原因而引起的通货膨胀。只是，同样需要高度重视的是，不能将价格因素的货币贬值误作通货膨胀，混淆价格因素的货币贬值与非价格因素的货币贬值，将对现实经济走势的研究不利。

本来，不同于实体性货币的发行，现时代虚拟性货币的发行基本上没有太多硬性的约束，不需要根据本国贵金属的储存量决定货币的发行量，这一点，对处于经济全球化背景下的中国经济而言也是相同的。但是，具有一定特殊性的是，自2004年进入工业化腾飞阶段之后，中国经济曾持续9年高速增长，2004年的经济增长率达到10.1%，2005年达到11.3%，2006年达到12.7%，2007年达到14.2%，2008年达到9.6%，2009年达到9.2%，2010年达到10.4%，2011年达到9.3%，2012年达到7.8%。在9年高速增长之后，中国经济的增长仍保持较高速度。2013年的经济增长率为7.7%，2014年为7.52%，2015年为6.9%，2016年为 6.7% ，2017 年为 6.9% ，2018 年为 6.6% ，2019 年为 6.1% ，这表明中国即将基本实现工业化。随着经济的高速增长，工业化的加速，中国的市场发生了急剧的变化。在 2008 年北京奥运会举办之前，中国的物价就出现了大幅度上涨。这时的物价上涨并不是货币超发造成的，激烈的价格变化与货币发行没有很大关系，价格上涨的幅度早已压过原有的那一点点常态性的少许的货币多发，而表现出明显的强烈的价格调整的要求。一方面是国际市场的引导，中国的物价与国际必须接轨，不能再处于低价格水平；另一方面是国内市场化价格的形成，在市场经济发展的促进下，在实现工业化的进程中，原先的不合理比价关系需要迅速调整，走向合理的市场化价位。所以，认准中国即将基本实现工业化的时代大背景，就能够准确地认识到此阶段持续的物价上涨是价格调整所致，不是多发了货币造成的通货膨胀。在价格调整的过程中，只有物价上涨引起的价格因素的货币贬值，没有非价格因素的货币贬值。对于这种货币贬值，决不能将其归为通货膨胀，而只能是承受其价格调整带来的现实压力。直面这一问题，特别需要经济学界深化对于虚拟性货币的研究和货币贬值的研究，需要明确地区分价格因素的货币贬值与非价格因素的货币贬值，需要明确地区分货币贬值与通货膨胀，而不能将研究仅仅停留在似是而非的认识层面。

虚拟性货币与国家财政

现代国家财政是公共财政，也是使用虚拟性货币的国家公共财政，更重要的是虚拟性货币发行的国家信用基础。国家信用的稳定直接依赖国家财政的稳定，即国家信用对于虚拟性货币的支撑直接依赖于国家财政对于国家信用的支撑。因而，研究虚拟性货币理论不能不涉及国家财政领域，不能不深入探讨虚拟性货币与国家财政的关系，不能不研究现代国家财政的丰富内涵及其稳定对于虚拟性货币的各个方面的影响。这些方面的研究同样是创新现代经济学基础理论，即政治经济学研究不可缺少的重要内容。

虚拟性货币的信用基础是国家财政

信用并不是一个虚幻的词语，国家信用更不是社会经济生活中虚无缥缈的存在。国家信用是实实在在的社会信用，是以实实在在的国家财政为基础的信用。甚至可以说，没有国家财政的存在，就没有经济方面的国家信用的基础存在。因此，对作为信用货币的虚拟性货币而言，支撑其存在和保持功能作用的国家信用的基础是国家财政。

国家财政是国家的合法政府为了维护国家主权、实现国家治理、保护国民生命财产安全及维护社会基本生活条件，依靠国家政治权力和社会管理职能参与国民经济运行及国民收入分配的活动。国家财政既是政府为了满足国家公共管理的需要而对社会劳动总的收入进行的强制的集中性分配，也是为保持社会宏观的生产效率和生活有序而开展的经济活动。在社会生活中，国家财政是政府的一个具体部门的工作，该部门通过财政收支活动筹集和提供政府各个部门的经费和国家基础性的经济建设资金，保证政府能够履行工作职责。政府财政部门的工作包括管理财政收入和财政支出两个方面。财政收入包括预算收入和预算外收入两部分，财政支出也包括预算支出和预算外支出两部分。预算收入包括税收收入、依照规定应当上缴的政府企业收益、政府专项收入和列入预算的其他收入。国家税收是国家财政预算收入的主要形式和来源。预算外收入就是除了预算收入以外的财政收入，如各种附加和一些不纳入预算的基金收入等。预算支出包括国家基本经济建设支出，教育、科学、文化、卫生、体育等事业发展支出，政府工作经费支出，国防支出，预算内的政府各项补贴支出和其他支出。预算外支出是指除了预算支出以外的财政支出，如地方政府、各预算部门、各预算单位不纳入国家预算管理的一部分财政性资金支出。

国家财政作为国家信用的基础，必须尽一切努力做好自身工作。概括地讲，实现财权与事权的统一是财政工作的基本原则。财权就是指财政部门应取得的预算收入及预算外收入。事权就是指以财政部门拨付的财政资金作为支撑的政府各个部门所承担的具体的政府工作责任。财权与事权的统一具体需要体现在政府的实际工作中。中央政府各部门和地方各级政府各部门的财政收支由中央政府各部门和地方各级政府各部门具体负责。中央政府的财政部门具体负责组织中央和地方预算执行，地方各级政府需要负责组织本级政府预算的执行。预算收入征收部门负责预算收入的征收，各级财政部门负责预算支出资金的拨付。对于国家财政来说，保证政府工作资金，是最基本的要求。只是，财政部门必须严格按照财权与事权统一的原则运作，不能让财权大于事权，财政收入多而财政支出少，财政该花的钱不花，政府可做的事不做；也不能让财权小于事权，财政收入少而财政支出多，财政不该花的钱也花，政府没钱做的事也硬要做，造成很大的财政赤字。财政必须量力而为，量入为出，不可违背财权与事权统一的原则。量力而为就是说财政必须根据国家经济发展的水平对财政收入进行预算，不可不管不顾经济发展的实际承受力，一味地追求财政收入的增加，使得产业组织和各行各业劳动者承受过重的税务负担，应该根据经济发展水平收税，能有多少财政收入就保证多少财政收入，不可更多要求增加财政收入。量入为出就是说有多少财政收入就安排多少财政支出，不可超过财政收入安排财政支出，如果预算有赤字那就更不能超过预算安排财政支出，同样，也不可过少安排财政支出，使大量的财政资金花不出去，使政府原本可以做的事不能做，包括政府的国际支出都是必须给予保证的，如联合国的会费，财政资金必须支持国家按照规定足额及时缴纳。这也是维护国家信用的必要举措。

在国家财政属于建设财政时，财政的收入是比较少的，对财政的各项支出无须多考虑，财政的资金总是能用在刀刃上，不可能乱花，也不需要作周详的研究。然而，在财政收入多起来，国家财政已经转为公共财政之后，怎么安排财政支出就需要好好地研究了，不研究就容易出问题，就可能出现与财政的公共职能不一致的乱花钱现象，造成严重的后果。这也就是说，在财政有了较为充裕的收入之后，财政的支出安排就决不再像财政收入少时那样简单了，此时需要社会理性认真地进行思考和处置，真正地用好财政资金，既不任意而为之，也不以善小而不为，渐渐地步入国家公共财政的分配正轨，更好地履行国家财政的社会职能，更好地发挥政府的社会管理作用。

与建设财政不同，公共财政的基本要求是公共服务均等化，即向国民提供均等化的公共服务。在现时代，各个国家或地区都需要财政兑现公共服务均等化的要求。实事求是地讲，在一个国家或地区只有不多的财政收入时，其实财政是很难提供公共服务的，至多只能提供公共救助。因为，公共服务的支出量是很大的，且不说均等化提供，就是不均等化提供也是相当大的负担。正因如此，长期以来，人们总是很难区分财政的公共服务职能和公共救助职能。或是说，在相当长的一个时期内，人们基本上是将公共救助视为公共服务的。所以，对于搞好现时代的公共财政来说，首先需要认真研究公共服务支出的职责。

公共服务不同于公共救助。公共服务应该是公民人人有份的，是财政面向全社会的供给，是财政工作的基本内容或主要内容。而公共救助并不是针对每一位公民的，事实上，公共救助面是很小的，只是针对社会上有生活困难的某些群体，既不经常发生，也不是财政支出的主要款项。世界各个国家或地区，都无一例外地对公共救助确定了具体的内容和救助标准。更需要明确的是，公共救助是雪中送炭，是社会援助性质的，不能搞成锦上添花。而公共服务则不一样，对于每一位公民来说，他所得到的公共服务都肯定是锦上添花的，决不会是雪中送炭。国家财政无论多么困难也要做好公共救助，包括公共国际性质的救助。而国家财政在资金较充裕的时候，就需要更多地思考公共服务的问题，特别是要思考公共服务的均等化问题。

公共卫生服务的均等化是一个最为典型的问题。且不说各国政府提供的公共卫生服务的质量和水平存在很大的差异，即使是保证国民都能享受到均等化的公共卫生服务也是很难的。不论是农村人口，还是城市人口，不论是穷人，还是富人，都应该一样地享受均等化的公共卫生服务。如果不能将农村人口纳入国家提供的公共卫生服务均等化的体系之中，就必将引起严重的社会问题。财政支出无小事，在均等化服务的每一个方面，都不能只顾一部分国民而不顾另一部分国民，国家财政必须一视同仁地为全体国民提供均等化的公共卫生服务。

由于国家财政具有促进国家资源合理配置的作用，因此，国家财政部门也是国家对国民经济进行宏观调控的一个重要部门，对实现国家资源的优化配置起着不可替代的重要作用，其中一个重要的领域就是全社会的公共保障性住房建设。由政府提供的公共保障性住房也是属于财政公共服务范畴的，因此，也是应当实现公共服务均等化的，即公共保障性住房服务均等化应是公共财政的重要内容之一。政府依靠财政资金应为社会公众提供基本均等的公共物品消费或公共服务消费，这并不意味着政府提供的公共保障性住房只能为中低收入居民服务，更不是要求政府必须为中低收入居民提供优质住房。在公共保障性住房方面，实现公共服务均等化应是各地政府追求的目标，毫无疑问这必须是面向全社会的，而决不能只是照顾中低收入居民群体。如果是那样，就不是均等化，而成了对一部分国民的政策倾斜。对此，也必须分清公共救助与公共服务的区别，不能将公共救助等同于公共服务。由于相关财政研究尚未明确公共保障性住房的提供是财政公共服务的职责，时至今日，在有的国家，公共保障性住房政策仍是公共救助性质的，这会造成严重的政策性混乱，对民众思想和市场秩序造成不可忽视的影响。公共保障性住房是人人都有资格享受的，这才是基本公共服务均等化的一个具体表现。让大部分人口脱离公共保障性的住房，那就会人为地使商品房市场形成紧张气氛，让大部分人口无法感受到政府对于他们住房的保障性支持。更重要的是，在公共服务均等化的前提下，公共保障性住房决不能转化为商品房，居民退出公共保障性住房只能将住房退还政府，以保证其作用不变。政府建设公共保障性住房所需资金是一大笔财政支出，是财政必须保障的重点支出，关键在于这是最为长期的公共服务支出。可以毫不夸张地说，在公共服务均等化的各个方面做得越好，尤其是在公共保障性住房均等化方面做得越到位，国家财政作为支撑虚拟性货币的国家信用的基础越扎实。

教育是立国之本。高等教育是这本中之本。一个国家或地区的经济发展水平直接取决于教育尤其是高等教育的发展水平。因此，一个国家或地区重视优先发展教育，最重要的是必须优先发展高等教育，必须依靠财政资金优先发展高等教育。为实现经济发展向依靠科技进步、劳动者素质提高、管理创新转变，高等教育的实施必须使受教育者具有开拓进取精神，成为高智力的复杂劳动者，掌握现代的最先进的科学文化知识，包括自然科学的最新研究成果和社会科学的最新认识，也包括工程技术方面的最新知识和社会管理与企业经营管理方面的最新知识。若缺少高等教育的优先发展，那么，在现今高科技迅猛发展的时代，一个国家或地区的劳动发展水平不可能不断地获得大幅度提升，一个国家或地区的教育也不可能承担起推进智能化和经济现代化发展的历史重任。现在，对于发展中国家来说，财政必须解决高等教育的科研经费不足问题。在这方面，不能急功近利，但也不能缺少魄力。国家应当有支持高校科研人员攻克世界尖端技术的经费，国家自主创新的主体不在企业，而在高校。只有将高校的科研能力和水平提升到世界一流水平，企业的自主创新才能得到最强有力的保障。当然，随着财政投入的加大，高校也需要改变科研经费的使用办法和创新科研体制机制。在财政资金到位的前提下，高校所有的科研经费都要用在科研上，都要用在高水平的科研成果获得上。对此，需要明确的是，在财政资金的支持下，高等教育获得了优先发展，高校的科研水平大幅度地提升了，一个国家的国家信用才能够更加坚实和巩固。

国家财政运行的货币需要

财政活动的货币化，是现代财政产生的必要条件。现代财政是现代国家治理的经济基础和国家建设的重要支柱。人类社会经济发展到一定程度之后，出现了货币，而当货币关系渗透到整个社会再生产领域之后，国家财政活动就完全货币化了。只有在国家的财政活动完全货币化的条件下，全部财政收支才能统一反映在平衡表中，才能清楚完整地反映国家财政活动，才能有利于全社会对于国家财政的监督和维护。

在虚拟性货币时代，国家的财政活动已完全货币化，为国家理财的财政部门，使用的货币均为虚拟性货币，即虚拟性货币是始终伴随着国

第十二章　虚拟性货币与国家财政

家财政的所有经济活动的。且不说发放所有的国家公务人员的薪酬需要虚拟性货币，支付所有的政府部门的工作经费需要虚拟性货币，就是政府实施公共服务和公共救助以及国家基本的经济建设也需要虚拟性货币。缺少足够的虚拟性货币，国家财政工作就要陷入瘫痪，甚至是停摆。货币与财政的关系就是如此的密切。国家财政既要作为发行虚拟性货币的国家信用基础存在，又要真实地使用虚拟性货币完成自身所担负的社会责任和具体的各项工作。实际上，在现时代，不论在世界上哪个国家或地区，国家财政的运行都是财政资金性质的虚拟性货币的运行，国家财政的工作就是保证以虚拟性货币计量的财政收入全部准时到位和用虚拟性货币满足各项财政支出的需要。

国家税收是国家财政的基础和保障。现代财政的国家税收都是以虚拟性货币计量的财政资金收入。应该说，虚拟性货币的币值对于国家税收是有一定影响的。虚拟性货币升值可以在无形之中增加国家税收，虚拟性货币贬值也会在无形之中相应减少国家税收。所以，保持国家税收的稳定，不光要考虑税收的税种、税源、税负，还需要考虑虚拟性货币的币值是否稳定。如果虚拟性货币的币值上升了，那么国家财政可以考虑适当减少税收。如果虚拟性货币的币值下降了，那么，国家财政就要考虑适当增加税收或是适当减少财政支出。实际上，由于是信用货币，虚拟性货币的币值上升的时候少，下降的时候多，这是需要引起各个国家或地区的财政部门高度警惕的。对于国家财政部门来说，不应该在虚拟性货币贬值之后，减少财政收入，增加财政支出，非理性地维护政府对国民的福利提供水平，强化财政的责任和负担。在虚拟性货币明显贬值的前提下，国家财政只能作出理性的选择，要么增加税收，保持政府提供的国民福利不变；要么保持税收不变，减少一定的政府提供的国民福利。对此，国家财政不能既不增加税收，又保持政府提供的国民福利不变；或是既保持税收不变，又不减少政府提供的国民福利。现在，已有一些国家对此考虑不周到，或是说，对于虚拟性货币贬值的认识不清楚，使国家财政背负了沉重的债务负担，使整个国民经济运行陷入困境。

　　财政信用不同于国家信用，即不能说财政信用就是国家信用。财政信用只是国家财政运作的信用机制。财政信用收入是现代财政重要的收入。这种财政信用收入不是财政透支，只是财政负债。财政透支是会加大货币发行量造成货币贬值的，或是说会造成一定的通货膨胀，而财政信用收入只是财政发行债券的收入，不会增加货币的发行量，即不会造成通货膨胀，不会造成货币贬值。关键是，财政发行的债券，是国家债券，必须保持信用，绝对不可以不讲信用。如果财政发行国家债券缺失信用保障，那么，不仅将损害财政信用，更重要的是将严重损害国家信用。所以，对财政信用的运作关系重大，在任何时候任何情况下，都不可掉以轻心。现在，同国家税收一样，财政信用收入也是虚拟性货币收入。因此，虚拟性货币的币值也是对财政信用收入有着一定影响的。国家财政部门在获取财政信用收入和使用财政信用收入时，也需要慎重考虑虚拟性货币的币值情况。一般说来，财政信用收入属于预算内收入，即财政发行多少国家债券是需要由预算安排的，是需要由国家立法机构审议批准的，国家财政部门不能自行决定国家债券的发行和发行量。在有的国家，法律规定，地方政府也可以发行地方政府债券，但这同样需要通过预算，需要通过相关机构的审议批准，地方政府包括地方政府的财政部门不得自行其是。

　　维护财政发行的国家债券的信誉是维护财政信用和国家信用的需要，即不能使国家债券的发行对于财政信用和国家信用造成任何损害。这也就是为什么人们将国家债券称为金边债券的道理。在市场经济条件下，在证券市场，可以说各种证券都可以有价格的起落，甚至可以跌破发行价，唯有国家债券的价格必须保持稳定，绝对不能有大的跌落，更不能跌破面值。国家债券是不能任由市场冲击的一种金融交易品，这是证券市场必须予以维护的原则。而且，国家债券的发行，即财政信用的运作对于货币市场还具有特殊的工具性意义。这就是因为国家债券是国家宏观金融调控最好的工具，即中央银行开展公开市场业务主要就是同商业银行买卖国家债券。国家债券是金边债券，是信誉最好的债券，所以也是中央银行开展公开市场业务进行宏观金融调控的最好的承载证券。如果国家债券不能够保持市值稳定，在发行之后出现价格的大幅度跌落，那么，财政信用必然要受到市场化的影响，国家信用也必然受到相应的影响。所以，财政信用的运作不仅要保护已经发行上市的国家债券的价格，更要积极地维护国家债券的收益率。一般来说，国家债券的发行利率要略微高于同期的银行储蓄利率，而且需要到期准时兑付利息，不能出现任何拖欠利息的情况，这是对于依靠作为国家信用基础的财政信用发行国家债券的最基本要求。

财政信用收入也是财政收入，但它属于依靠财政信用筹集的资金，即财政信用资金。财政信用资金不能用于政府行政开支，不能用于科研、文化、教育等事务性开支，也不能用作国防经费，只能用于国家经济建设，具体说就是只能用于开办政府企业或国家基本建设项目。政府行政开支，科研、文化、教育等事务性开支以及国防经费等，需要由国家预算的税收收入承担，这些方面的资金需要非财政信用资金来承受。因为财政信用资金是债务收入，是需要偿还的，还要支付利息，只能用于有偿使用的领域。政府开办的企业是公营企业，不是国有企业；是非竞争性领域的企业，不是非经营性企业；是允许出现政策性亏损的企业，但并不全是政策性亏损企业，其中大部分政府企业是能够盈利的，即能够偿还开办费用和能够给财政信用资金的使用创造利润。现在，世界各个国家或地区都存在政府开办的企业，即公营企业。发达国家存在公营企业，发展中国家也存在公营企业。资本主义国家存在公营企业，社会主义初级阶段国家也存在公营企业。区别只在于，资本主义国家不存在公有制企业，而社会主义初级阶段国家还存在公有制企业。因此，社会主义初级阶段国家必须明确政府开办的公营企业与社会主义公有制企业是并存的，并不是没有公营企业，而是同世界上其他国家一样存在公营企业，只是不能将公营企业混同于社会主义公有制企业，不能用公营企业充当社会主义公有制企业。

在市场经济条件下，公营企业是政府直接干预经济的工具，也是使用财政信用资金的领域。一般来讲，公营企业不应成为上市公司，不用到股票市场去筹资。股票市场应是民营企业的直接融资渠道。公营企业有财政信用资金的支持就足够了，不必挤占民营企业的直接融资渠道，即不必进入股市融资。公营企业的开办费用和所需追加的投资都应来自财政信用资金，即来自财政发行国家债券的收入。而国家债券的兑付不应由国家税收保障，而应由公营企业的经营收益保障，即公营企业就整体来讲必须取得良好的经营效益，以保证偿还使用财政信用资金的债务。因此，公营企业的经营非常重要，必须在整体上是赢利的，不能出现整体上的经营亏损，更不能是长期的经营亏损。即使有亏损，也只能是个别企业或是特殊时期。不然，国家财政就无法兑现到期的国家债券。不管国家税收有多少，都不能用来偿还财政发行国家债券所形成的国家债务。虽然，现在有的国家宣称其国家债券的发行是以其国家税收为担保的，但是，这只是一种说法，实际并非可以兑现，因为在国家债券累计发行量巨大的前提下，国家税收根本无力承担担保责任，如果国家财政信用资金不能有偿使用并取得良好收益，那么国家是无法应对国家债券市场形成的巨大债务的。在虚拟性货币时代，用于公营企业经营的财政信用资金所形成的国家债务必须用公营企业创造的盈利来偿还，绝对不允许政府超额发行相应的货币，即要保持国民经济和财政信用的良好运行，不能用发行虚拟性货币的办法偿还国家债务。

国家财政稳定对虚拟性货币的影响

由于国家财政是国家信用的基础，国家信用是虚拟性货币发行的依据，所以，国家财政的稳定对于虚拟性货币的发行和运行是十分重要的，是国家信用巩固和坚挺对于国家财政工作的最基本的要求。只是，这种对于国家财政稳定的要求，是对于市场经济体制下国家财政稳定的要求，是对于保持经济发展和一定经济增长速度的国家财政稳定的要求，是对于国家财政运行的动态稳定的要求，不是对于非市场经济环境中的国家财政稳定的要求，不是对于不能保证经济发展和一定经济增长速度的国家财政稳定的要求，不是对于国家财政运行的静态稳定的要求。这也就是说，在虚拟性货币时代，既要保持国家财政的稳定，又不能使这种稳定脱离现代市场经济的大环境；既要保持国家财政的稳定，又不能使这种稳定影响国民经济发展和国民经济的增长速度；既要保持国家财政的稳定，又不能使这种稳定成为一种静态的稳定而不是动态的稳定。如果不考虑市场经济体制的建设和要求，不考虑国民经济的发展和国民经济增长的速度要求，只是保持一种静态的稳定，其实是不难实现的。但是，实现那样的国家财政稳定是没有意义的，对于市场经济条件下的国民经济发展和国民经济增长没有积极作用，甚至可能还会起到一定的阻碍作用，对于国家信用的维护也不能起到应有作用。所以，关于虚拟性货币的发行和运行要求，国家财政稳定并不是没有基本条件设定的。

保持国家财政的稳定，首先需要作好预算工作。国家财政预算是对一定时期（通常为一年）财政收支安排的预定和计划。作为一种国家财政的基础管理工具，财政预算是由政府财政部门编制、经国家最高立法机关审批、反映政府财政部门一年的财政收入和支出的计划安排。按照法律要求，一般是，预算怎样安排，财政部门怎样工作。所以，预算的周全和质量最直接地关系到国家财政稳定和国家财政工作的质量及效益。国家财政预算要起到促进国民经济平稳运行的作用。通过对财政资金包括财政信用资金使用的合理安排，可较好地实现国民经济的总需求和总供给的平衡及其结构的优化，保证国民经济持续、稳定、健康发展。国家财政预算还可弥补国民经济资源配置的短板，安排必要的财政资金支持某些基础设施生产建设行业、某些发展相对落后地区的经济建设，有助于国家经济更全面地发展和国家资源的更合理配置。国家财政预算还需要大力地支持科学、教育、文化、卫生事业的发展，尤其是基础科研和高等教育的发展，在这些领域安排充足的财政资金。这种财政投入基本是全额的，也是没有任何收益的，因为科教文卫领域的机构都是事业单位，基本没有经济效益，或是经济收益十分有限，必须依靠国家财政的资金支持。国家财政预算还要对政府各个部门的工作经费作出安排，既不能铺张浪费，也不能过于节省，要有一定的度的掌控。更重要的是，国家财政预算还要对国防经费作出合理的安排，保障建立强大有力和先进国防体系的需要，实现人民的安居乐业，没有国家被侵犯之忧。

就此而言，国家财政预算对于国家税收的安排是最重要的。国家财政预算对于所有的财政支出的安排都是重要的和必要的，只是，如果没有财政收入，那么，一切财政支出都无法兑现；如果没有足够的财政收入，那么，有的财政支出就不能予以安排。所以，为了所有必要的财政支出都能够得到相应的财政资金保证，国家财政预算必须安排足够的财政收入，其中最为重要的就是安排好国家税收。国家税收既不能过重，也不能留有过大的空间。这就是说，只有国家税收保持稳定，国家财政才能保持稳定。如果国家税收不稳定，该收的税收不上来，或是税收的增加会引起社会动荡，那么国家财政的稳定就会受到一定的影响，所以，国家税收的稳定是必须竭力保持的，不能容忍造成国家税收不稳定的因素存在。具体说来，国家税收分为三大块：对企业征收的税、对个人收入征收的税、对个人财产征收的税。这三大块的税收都需要严格地保持稳定。首先是对企业征收的税必须保持稳定，不能轻易加税，也不能轻易地减税。加税会增加企业负担，影响国家税源的稳定；而减税则将直接减少国家税收，影响国家财政收入的稳定。其次是对个人收入征收的税必须保持稳定。在有些国家，对个人收入征收的税不占国家税收的主体，这些国家便有可能不在乎对个人收入征收的税。而在有些国家，对个人收入征收的税是国家税收的主体，一旦对个人收入征收的税减少，便将直接影响国家财政收入的稳定，进而影响国家财政稳定。所以，国家财政必须使对个人收入征收的税稳定。再次是对个人财产征收的税必须保持稳定。不论在哪个国家，对个人财产征收的税都是国家税收中最基础的部分，由于个人财产一般是只会增加不会减少的，所以，保持针对个人财产的税收的稳定对于保持国家税收的稳定很重要，这要求国家对于针对个人财产的税收政策必须保持连续性和稳定性，以利于国家财政保持稳定。

国家财政的稳定还必须体现在国家财政提供的均等化公共服务的稳定上。在现时代，国家财政的主要工作是向全社会提供均等化的公共服务。所以，在任何时候任何地方，只有稳定实现公共服务均等化，才能表明国家财政的工作运行是稳定的。关于这一点，在实际工作中，并不是很容易就可以做到的。公共服务是由国家财政实力支撑的。运用一部分财政资金提供一部分公共服务，是任何国家的财政实力都可以做到的。但是，要求国家财政能够面向全社会提供均等化公共服务，就十分不容易了。因为这需要非常强大的财政实力支撑和非常明智的国家财政理念。如果国家财政的实力不够强大，那么，即使国家财政理念十分到位，具有明确的为民众提供均等化公共服务的意识，也是做不到面向全社会提供均等化公共服务的，只能是心有余而力不足，或是只能短期地做到，而无法长期稳定地做到。同样，如果国家财政的实力已经十分强大，但是，国家财政理念不能到位，国家财政不具有明确的为民众提供均等化公共服务的意识，那么也是不能够稳定地面向全社会提供均等化公共服务的，或是只能做到面向全社会提供非均等化公共服务，或是只能不稳定地做到面向全社会提供均等化的公共服务。总之，要求国家财政稳定，就必须要求在提供均等化的公共服务方面保证国家财政实力足够强大和国家财政的现代明智理念到位。

稳定地做好全社会的公共救助工作也是保持国家财政稳定的一个基本方面。公共救助不比公共服务，公共服务要求均等化，而公共救助只是针对少数人的，是针对社会特殊群体的。但是，这针对少数人的财政工作却反映了国家财政的总体运作水平和国家为社会服务的意识。在现代社会，国家不能容忍有人流落街头，忍饥挨饿；也不能无视有的家庭生活困难，吃不上饭，子女上不了学；更不能不解决人们失业后的生活问题和再就业问题；甚至对于外国难民都需要提供一定的人道主义的社会救助。所有这些方面的公共救助工作都要有专门的社会保障部门来负责，只是公共救助的资金需要由国家财政提供。只有国家财政能够稳定地提供足够的公共救助资金，全社会才能做好稳定的公共救助工作。稳定地做好这方面的工作不是小事情，这是一个国家或地区表现文明化的底线，是一个社会必须具有的良知。如果做不好这方面的工作，即国家财政没有足够的资金支撑公共救助工作，政府无法为那些特殊的弱势群体提供最低的社会保障，那么整个社会的信誉是必然要受到影响的，即国家信用也是要受到影响的，至少也会对国家信用造成一定程度上的伤害。因而，国家财政必须保证为社会提供的公共救助资金长期稳定，以保证国家财政在这方面的工作稳定，保证社会生活的文明有序，保证不因此损害国家信用。

　　稳定国家财政，保护国家信用，还必须用好财政信用资金，做好国家公营企业即政府企业的经营管理工作，保证国家公营企业整体上实现经营盈利。如果财政信用资金的使用出现问题，国家财政就无法保证国家债券的到期兑付，就要损害国家财政信用和国家信用。所以，在现时代，国家财政信用资金的使用问题是做好国家财政工作的大问题。也可以说，保持国家财政的稳定，用好国家财政信用资金是一个重要的方面。这要求每一个国家设立的公营企业都做好自己的经营管理工作，保持企业良好的运行状态。为此，必须有立法方面的保障。目前，有的国家对于公营企业采取的是总的法律规制办法，有的国家对于公营企业采取的是一企一法规制办法，但是，有的国家还没有任何对于公营企业的立法约束。如果国家做不到对于公营企业有立法约束，那么便很难保证公营企业有良好的经营效益。所以，对于至今尚未以立法约束公营企业的国家，需要尽快明确公营企业的存在，明确公营企业立法约束的重要性，着手准备对公营企业作出完善的立法。不论是对公营企业进行总的法律规制，还是对公营企业进行一企一法的规制，总之对于公营企业是一定要有法律规制的，不能让国家设立的公营企业自行其是，以保障财政信用资金的经营效益，保护国家财政信用和国家信用。在虚拟性货币时代，对国家信用是必须予以保护的。国家财政必须以自身的工作稳定来保护国家信用，不能让国家财政信用资金的使用出现任何问题。

第十三章

虚拟性货币与金融危机

现时代的经济危机主要表现为金融危机，但这并不是货币虚拟化造成的危机，即现时代的金融危机与货币的虚拟化并没有因果关系，即使货币没有虚拟化也一样会爆发金融危机。只是，无可否认，现时代的金融危机已经都是包含虚拟性货币因素的金融危机，虽然不是货币市场的危机但主要是资本市场的危机，虽然不是由实体经济引起的危机但主要是虚拟经济造成的并影响实体经济的危机。虚拟性货币本身作为货币一般不太容易造成金融危机，而资本作为能够实现价值增殖的货币，其对于虚拟性货币的过度追求却难免不造成金融危机。金融危机由可能性转为现实性会以虚拟经济的金融衍生品市场为爆发点。

虚拟经济与金融监管

　　现时代各个国家或地区的国民经济都是虚实一体化经济，其中虚拟经济只是虚实一体化经济中的一个部分，不能脱离虚实一体化经济单独存在，即不可以脱离实体经济单独存在。虚拟经济是要为实体经济服务的，这是虚拟经济存在的作用和意义。如果虚拟经济不能很好地为实体经济服务，甚至造成金融危机，那么国民经济的整体运行和发展便会十分不利。所以，任何国家或地区，都必须高度重视虚拟经济的运行情况，都必须尽力保持虚拟经济为实体经济服务的良好状态，既不能无视虚拟经济的作用，也不能任由虚拟经济盲目地发挥作用。虚拟经济作为基于货币资本独立运动形成的独立金融活动领域，其作用就是证券化的资本市场交易作用，就是证券化的资本市场配置作用。对于虚拟经济的作用，在现时代，不仅不能缺少，而且需要充分地发挥。不能因为怕虚拟经济"惹事"，就因噎废食，不敢充分地发挥其作用。由于现时代是虚拟性货币时代，虚拟性货币是充满活力的货币，也是已经部分地实现电子化和正在部分地实现数字化的货币，其为虚拟经济的发展创造了更好的条件，任何国家或地区都可以在虚拟性货币时代将虚拟经济的作用充分地发挥出来，而不是对这一领域采取禁闭或限制的措施。重要的是，任何国家或地区的金融监管部门都必须对虚拟经济领域加强监管，以保证虚拟经济在国民经济的虚实一体化运行中发挥良好作用。

　　现时代的金融监管是由政府设立的特定机构依法对虚实一体化经济中的金融交易行为进行的监督和管理。在本质上，金融监管是一种具有金融管控特征的政府依法规制金融机构的行为。金融监管实际分为金融监督与金融管理。金融监督是指特定的政府部门对于所有的金融机构实施的专业性的业务检查和工作督促，并以此全面促进金融机构依法保持稳健的经营和发展状态。金融管理是指特定的政府部门依法对所有的金融机构实施工作指导或间接性的领导，以保证金融机构的经营活动始终处于国家制定的金融法律法规和政府制定的金融政策的有效控制之下。在现代市场经济条件下，世界上各个国家或地区，都对于金融机构有着严格监管。通过金融监管，国家可以强化金融体系运行的安全，维护良好的金融市场秩序，尽最大努力减少金融业风险，保障人民的金融资产利益，促进金融业和国民经济的健康发展。金融监管还可以确保社会生产再生产中的贷款资金公平而有效地发放，由此避免生产资金使用的不合理，并严密防止经济欺诈活动或者不恰当的风险转嫁的发生。金融监管还有助于纠正某些金融机构贷款的失控行为，能够在一定程度上避免贷款发放过度集中于某一行业。金融监管，基本目标是不使商业银行倒闭，因为商业银行的倒闭会使社会付出巨大代价，波及国民经济的所有领域。总之，金融监管可以保证金融机构的专业性的社会服务达到一定的水平从而提高所有民众的生活福利，可以保证实现银行在执行货币政策时的传导机制，可以向所有的金融市场全面地传递各种违约风险信息。

在虚拟经济领域实施的金融监管，必须坚持合法性原则。这就是说，金融监管必须依据国家法律、法规进行，政府监管部门并不能自行其是。金融监管的主体、金融监管的职责与权限、金融监管的具体措施等，均要符合金融监管法律、法规的规定，所有的金融监管活动都必须始终依法进行。在虚拟经济领域实施的金融监管，还必须坚持公开、公正原则。这就是说，金融监管活动必须最大限度地提高工作透明度。并且，政府监管部门必须公正执法、一视同仁地对待所有的金融活动的参与者，努力做到实体公正和程序公正，维护良好的金融市场秩序。在虚拟经济领域实施的金融监管，还必须坚持效率原则。这就是说，通过金融监管活动，提高虚拟经济领域金融体系的整体效率，不得压制虚拟经济领域的金融产品及管理创新与市场竞争。并且，政府监管机构应当追求合理使用监管资源以降低监管成本，减少财政支出，努力节约国家公共资源。在虚拟经济领域实施金融监管，还必须坚持独立性原则和协调性原则。金融监管的独立性原则就是指政府监管部门及其工作人员依法履行对金融机构的监督管理职责，并受国家法律保护，各级政府及其各个部门、各个社会团体和个人均不能干预或干涉金融监管工作。金融监管的协调性原则是指政府监管主体之间要做到职责分明、分工合理、相互配合。只有坚持这一原则，才可以节约金融监管成本，提高金融监管效率，达到金融监管目的。

美国发生次贷危机并引发了 2008 年国际金融危机，暴露了美国金融监管存在的漏洞，2010 年 7 月 21 日美国实施了新的金融监管改革法案，拉开了 20 世纪大萧条以来美国最大规模金融监管改革的序幕。该法案决定成立美国金融稳定监管委员会，负责监测和处理威胁国家金融稳定的系统性风险，协调美联储、财政部等机构的金融监管权力；在美联储内部设立消费者保护机构，对提供信用卡、抵押贷款和其他贷款等消费者金融产品及服务的金融机构实施全面的业务监管；限制商业银行的自营交易及高风险的衍生品交易，并将之前缺乏监管的场外衍生品市场纳入国家金融监管对象范围；要求通过美联储贴现窗口融资的大型商业银行必须分离衍生品业务，并要求部分场外衍生品进入交易所进行市场交易；美联储还将负责监督企业高管的薪酬，确保避免其对高收益高风险的过度追求。该法案还针对倒闭的金融机构建立清算机制，防止类似雷曼破产事件对金融市场产生巨大冲击等。数据显示，该法案实施以来，美国银行机构的资本有了一定的增加，初步地构筑了应对不可预期损失的缓冲器；同时，美国企业获得的信贷资金上升了，并增加了相对多的就业岗位，美国的金融机构有效地支持了实体经济的增长。就金融监管而言，美国金融监管的范围已从此前的传统银行扩大至非银行金融机构以及掉期、衍生市场、对冲基金、投资银行、票据交换所和交易所等领域与机构，已比较成功地起到了负责实施美国有史以来最严厉的金融保护措施的作用。

21世纪国际金融危机产生了巨大的冲击波，对世界上许多国家直接造成经济损失，所以，同美国一样，各个国家此后均在一定程度上加强了金融监管，包括对虚拟经济领域的金融监管，寄希望于通过一定的制度变革寻求金融市场稳定发展的出路。而强化对于虚拟经济领域的金融监管，其实就是强化对于资本市场尤其是证券化的资本市场的金融监管。然而，资本的本性是追求营利的，即追求获取更多的货币，这就决定了资本市场总是要不断地膨胀，而在其不断地膨胀过程中，很难避免不发生市场运行的问题。但这似乎又超出了金融监管的范畴，因为金融监管的功能只是对金融机构的经营进行监管，由此维护金融体系的安全和稳定、保证金融机构的安全存在和保护金融消费者的利益，金融监管目前还无法有效控制金融市场的规模，而且，在目前的金融监管中似乎也没有对金融市场规模扩大的尺度进行限制。这就是目前的金融监管存在的现实问题，即只是要求金融机构规范经营，只是监控金融机构可能出现的违规行为，而对于金融市场的发展规模缺乏监管，并不以金融市场的发展规模过大为金融危机产生的根源。而且，目前的金融监管还不能对虚拟经济的各种资本市场规模进行分类控制，即不能对金融市场规模进行细致的分类管理，这些都体现了金融监管的深度不够。

从理论上来说，在经历席卷全球的2008年国际金融危机之后，各个国家或地区都对金融监管进行了改革，试图整合与优化监管体制、强化对金融机构的约束和对金融消费者的保护，但是都没有对控制金融市场规模作出新的认识。这在理论方面表现出明显的认识不足。因为实施全面的金融监管以摆脱或减少金融危机，必须考虑有效控制金融市场规模和结构的问题。金融监管不能仅仅停留在对金融机构的经营约束上，不能在金融监管的方法上仅仅侧重于维护合规的金融活动和保持既定的金融监管的实际效果，不能只是在既定的金融监管范围内实现对全领域、全过程和全参与者的覆盖，而忽略了金融市场的规模适当对实现国家金融安全和金融市场稳定的重要性。实际上，一个国家或地区的虚拟经济中的金融市场规模过大，就可能会导致发生金融危机，即人们所说的危险的"灰犀牛"。这种"灰犀牛"就是一种大概率的问题，然而它往往由于缺失相关理论研究而被社会忽视。那么，为什么说金融市场规模过大是"灰犀牛"呢？这是因为目前人们还没有意识到虚拟经济只能是为实体经济服务的，虚拟经济领域创造的劳动成果效用全部是中间效用，这种中间效用的规模是受市场客观约束的，市场规模过大就会产生严重的危害，所以，就会成为令人恐怖的"灰犀牛"。因而，对于金融监管认识的深化，需要进一步对于中间效用扩张的危害性作出理论研究。

中间效用扩张的危害性

在现时代，人类劳动取得的成果是商品和劳务，表示商品和劳务的有用性一般化的范畴是效用范畴。在抽象的前提下，效用可有各种不同划分角度的分类。人们最熟悉的效用分类是基数效用与序数效用、边际效用与非边际效用。此外，还有自然效用与社会效用，任何在市场中实现的效用都必然是自然效用与社会效用的统一。而实体经济中创造的效用分为实物效用、劳务效用和知识效用，这些都是与虚拟经济中的虚拟效用截然不同的实体效用。需要进一步予以明确的是，对于效用还需要作出一种分类，即终点效用与中间效用。

终点效用是指最终供人们生活消费或生产消费的效用。这就是说，凡是成为人们最终生活消费或生产消费的商品或劳务，它们都具有一般化的有用性，都是终点效用。在生活消费领域，人们实际得到的终点效用消费是福利，是社会福利的提供以满足人类生存延续的需要。在国民经济中，虽然存在生活消费品终点效用的结构问题，但是，人们对于终点效用的追求与对于社会福利增加的愿望是一致的。每一个人的衣、食、住、行等方面的消费，都是对终点效用的消费。在生产消费领域，人们在生产过程中必需消费的劳动成果效用是终点效用。一般说，这种必需的生产消费主要是对属于生产资料的实物效用或知识效用的消费，而属于生产劳务效用的消费往往不在必需的生产消费之内，即在现代经济中大量的生产劳务效用基本上不能进入终点效用的范围。无论是哪一个行业，对于生产设备和生产原料的消费，都必定属于终点效用消费。在生产领域的终点效用消费中，即使存在浪费或过度的消耗，也不会改变这些用于生产的实物效用或知识效用属于终点效用的性质。粮食、蔬菜、水果、食糖、咖啡、茶叶等，以及可能让人喝醉的酒，肯定有害健康的香烟，这些商品提供的都是终点效用。钢铁、石油、煤炭、木材、水泥等，以及治病救人的药品，用于作战或维护社会治安的武器弹药，这些物资提供的也都是终点效用。更需明确的是，在现代经济中，保姆提供的劳务、戏剧演出、医务和保健人员的服务等，因其具有被社会承认的一般有用性，也都属于终点效用范畴，因为这些方面的消费能够增加人们的社会福利享受。只是，终点效用不涉及虚拟经济领域。可以这样讲，在实体经济中，有一部分劳务效用不属于终点效用，但无论如何，凡是属于终点效用的商品或劳务效用，永远也不会脱离实体经济。这也就是说，只有实体经济才能给社会提供终点效用。

在社会劳动的效用创造中，除去终点效用，其余的都可归为中间效用。确切地讲，中间效用是指不属于最终供人们生活消费和生产消费的效用，是只能起到帮助人们实现终点效用消费作用的劳动成果效用。一般说，中间效用的主要存在方式是劳务效用，包括实体经济中的一部分劳务效用和虚拟经济中的全部效用。从历史看，当出现了社会商业大分工，也就产生了中间效用。当社会经济高度发展了，劳务交换比重大幅度提高了，中间效用的比重也就相应大幅度地提高了。当虚拟经济领域能相对独立地呈现，国民经济高度地虚实一体化了，中间效用相当大的一部分就是由该领域创造的虚拟效用所构成的。因而，中间效用是历史性范畴，是随着社会的发展而发展、随着经济的复杂而复杂的经济范畴。在生活消费领域，中间效用是非福利性的生活消费效用，是人们消费后并不能增加自身福利享受的效用。在整个社会福利中，没有中间效用的内容。中间效用提供的劳务有用性，不能增加社会的福利。在生产消费领域，所有的中间效用都属于非必需的生产消费效用。虽然在生产消费的过程中增加中间效用消费同样要使生产成本增加，但是无论怎样增加中间效用，这些属于生产劳务创造的中间效用也不会成为生产必需消费的效用。这也就是说，在生产过程中，与生活消费一样，同样也是终点效用与中间效用并存，而且同生活消费的中间效用一样，所有生产消费的中间效用都是劳务中间效用。在现代市场经济条件下，按行业划分，创造中间效用的劳动主要包括商业劳动、银行业劳动、证券业劳动、广告业劳动、律师业劳动及其他市场中介服务业劳动，等等。

在实体经济领域，既存在终点效用，也存在中间效用。在虚拟经济领域，只有中间效用，没有终点效用。因此，在对终点效用与中间效用予以明确区分之后，有必要进一步地强调，所有的虚拟效用都是中间效用。由于虚拟经济是依附于实体经济存在的，这就从根本上决定了虚拟经济领域不可能向社会提供终点效用。只是，尽管虚拟效用都是中间效用，银行效用和证券业效用都属于中间效用，但人们并不能将银行效用和证券业效用直接等同于虚拟效用。就这两个行业来说，它们都是既有属于实体经济劳动的部分，又有属于虚拟经济劳动的部分，所以，这两个行业创造的中间效用，属于实体经济劳动创造的效用是实体性中间效用，而属于虚拟经济劳动创造的效用才是虚拟效用。这也就是说，银行业为实体经济领域的企业提供的贷款服务，为广大居民提供的储蓄服务，都属于实体性中间效用的创造，不是虚拟效用的创造。除去为实体经济服务之外，银行业的其他金融活动才是进入虚拟经济领域的活动，才创造虚拟效用。证券业为实体经济领域的企业发行股票和债券，也是属于实体性中间效用的创造，不是虚拟效用的创造。而股票或债券的二级市场，就是虚拟经济的领域了。因而，对于证券业来说，也是要除去其为实体经济服务的业务活动所创造的效用，其余的所有业务活动即属于虚拟经济领域的活动创造的效用才是虚拟效用。

迄今为止，人类社会经历了三种经济形态，即自然经济形态、商品经济形态和市场经济形态。其中：自然经济形态经历的时期最长，从人类社会起源到原始社会末期。商品经济形态分为简单商品经济形态和社会化大生产时期的商品经济形态。市场经济形态在某种意义上属于高度复杂化的商品经济形态，其对商品经济形态的超越在于其出现了生产要素市场。而现代发达市场经济形态形成的标志是建立了高度发达的证券化的资本市场。中间效用在自然经济形态下是不存在的，在最初的商品经济形态下也是不存在的。只是当商品经济取得一定的发展，出现了社会分工中的商业劳动之后，才出现了与终点效用不同的中间效用，即才出现了社会总效用中的中间效用与终点效用的区分。

终点效用是能够提供生活最终消费的效用和生产必需消费的效用，从社会的角度讲，这种效用是可以追求最大化的。中间效用是为更好地实现生活消费和生产消费而提供服务的效用，从社会的角度讲，对这种服务于终点效用消费的中间效用不能追求最大化，只能讲适度性。明确社会总效用中需有中间效用与终点效用的区分，界定中间效用的存在，从社会的角度讲，这将根本性地改变笼统提倡追求效用最大化的经济学理念。这就是说，面对现代高度发达的市场经济形态，经济学的研究，决不能无视中间效用的存在，决不能再笼统地讲追求效用最大化了。

在实体经济领域，大量的中间效用存在是现代市场经济高度发展的现实，是现代复杂的社会劳动分工所需要的，每一类中间效用都有其存在的市场依据。只是，不论是哪一类实体性中间效用的创造，如果不能保持社会劳动分工客观所需要的适度性，那对于国民经济的正常运行来说，都决非幸事。商业效用是实体经济领域中典型的中间效用。以其为例：若要保持国民经济的正常运行，商业效用的创造必须保持适度，不能任意扩大全社会商业劳动的规模。从事商业劳动的个人或企业，可以追求挣更多的钱。但社会经济整体，譬如一个国家或一个地区，却决不能让商业劳动过度发展，必须要求其保持在合理的适度范围之内。比如：大型商场和大型超市的设置决不是越多越好。在一个拥有 1000 万人口的大城市，以 50 万人口设一家大型商场为限，全市至多可以设置 20 家大型商场。以 20 万人口设一家大型超市为限，全市至多可以设置 50 家大型超市。当然，对此还要求大型商场和大型超市的分布与全市人口的居住分布相匹配。若违反客观限定，盲目设置 100 家大型商场和 500 家大型超市,那样全市的商业劳动效率必定是十分低下的,超出适度性的大型商场和大型超市的设置必定要造成极大的浪费,其中某些商业资本的投入很可能会血本无归。这还只是横向地讲全社会中的商业效用的过度。如果纵向看,商业效用过度的危害更大。市场交换分为经营性交换与非经营性交换,非经营性交换的目的是自己消费,而经营性交换的目的是谋利。商业劳动从事的是经营性交换,是通过为买家和卖家提供服务而谋利。但如果从生产厂家到最终的消费者,本来一个交换环节就可以完成服务任务,但由于商业劳动不断地增加交换环节,最终需要几个乃至十几个或几十个交换环节才能完成服务任务,中间效用的积累量不断增大,整个社会劳动的效率会大大降低,整个社会的经济发展会遭受巨大的损失。这种情况是发生过的,在钢材紧缺时期,经销商一遍又一遍地倒卖钢材,倒一次手抬高一次价格,这便是实体性中间效用过度造成的社会虚假繁荣的典型现象。

在虚拟经济领域,大量的中间效用是以服务资本运作的方式出现的。同实体经济的中间效用一样,虚拟经济的中间效用即虚拟效用也有市场承认的存在依据。在现代经济中,承认虚拟效用的市场是高度发达的证券化资本市场。股票市场、债券市场以及各种金融衍生品市场是虚拟效用产生与发展的主要空间。问题在于,即使是在社会经济发展最繁荣的时期,市场所能容纳的虚拟效用也是有限的,即虚拟效用的创造必须保持一定的适度性。因为虚拟经济是为实体经济服务的,作为中间效用的虚拟效用的实现量必须与其为之服务的终点效用的创造量相匹配。就股票市场来说,市场允许存在一定程度的投机,即其中间效用的创造应是有限度的,在限度之内的投机是市场必要的润滑剂,但是,决不能允许出现过度投机,更不能允许出现为赌博服务的中间效用,即客观不允许股票市场产生的中间效用超过适度量。面对 21 世纪国际金融危机的挑战，在全世界范围内，至今还有一些经济学家仍在倡导经济自由主义。而通过明确区分中间效用与终点效用，需要特别强调的是，在世界年度经济总量已达到几十万亿美元的时代背景下，在高度发达的现代市场经济中，不仅社会对于实体经济的运行不能放任自流，而且在虚拟经济领域更不能允许盲目追求效用最大化。

对资本收益的追求是推动现代社会发展的强大动力之一。在人类社会发展的现阶段，如果排斥资本的扩张，排斥资本对于收益的追求，就不能保持国民经济的正常运行与发展，甚至会使国家跌入经济贫困的泥潭。然而，历史表明，排斥资本对于收益的追求并不是普遍性的，只发生在过去的某些时期的少部分国家和现在的个别国家。目前，世界上的所有市场经济国家或地区，无一例外，均制定了相关的法律来保护资本收益，维护个人和企业合法地追求资本收益的权力。事实上，无论在哪里，现在人们对于资本收益的追求都似乎是更强烈了。而且，这种追求有时会达到相当疯狂的程度，不仅表现在实体经济中，更突出地表现在虚拟经济中；不仅表现在实体经济的终点效用创造中，同时也表现在实体经济的中间效用扩张中。

然而，在资本统领社会经济的现时代，资本的所有者拥有创立企业或开发投资的决策权。对于资本收益的追求驱使着资本所有者不断地在实体经济中寻找扩大再生产的机会。因此，实体经济中的中间效用扩张必然是由资本的所有者在这一领域自发地追求资本收益造成的。在实体经济中，如果中间效用与终点效用是同步扩张，那就不存在中间效用超出适度性的问题；而如果只是中间效用扩张，终点效用不扩张，那么中间效用就会超出社会的需要，背离适度性的客观要求。

从社会承认中间效用的角度讲，虚拟经济的扩张就是虚拟效用的扩张。而虚拟效用的扩张同样是由投向这一领域的资本的所有者决定的。

在虚拟经济领域，对于资本收益的追求造成中间效用性质的虚拟效用超出适度性，其表现是更明显更强烈的。毋庸置疑，在人类社会经济发展的现阶段，扩大这一类的中间效用是无可非议的，资本收益权的历史存在必然会引领市场走向虚拟经济繁荣的轨道。但是，凡事都会有度的限制。对于中间效用必须保持适度性的要求，在虚拟经济中，就是对这一领域的总体效用创造规模必须予以限制。这也就是说，在社会经济高度发展的现阶段，虚拟经济可以随实体经济的高度繁荣而高度繁荣，但是决不可以脱离为实体经济服务的需要而形成自身发展的过度繁荣。面对越来越复杂的虚拟经济的资本市场，虚拟效用创造的适度性在哪里？此前，没有人知道，也没有人想知道。这样追求资本收益的自发创造，并不能长久地给每一位投资者带来福祉。在缺失适度性自觉约束的前提下，这一市场参与者的各自的理性行为合成并积累起来，给社会造成的严重后果只能是极为惨痛的金融危机。

从 2008 年国际金融危机来看，此次危机就是由虚拟经济领域的问题引起的，不同于以往的经济危机。这表明，虚拟效用扩张的危害是极其严重的，正是虚拟效用在全球资本市场的极度扩张才导致了一场席卷全球的金融危机的爆发。众所周知，美国的次贷危机是直接引发此次国际金融危机的元凶。其实，美国的次级贷款并没有可怕之处，真正引发此次金融危机的导火索是华尔街利用次级贷款创造的金融衍生品——住宅抵押贷款支持证券（MBS）。正是这种金融衍生品的虚拟效用的全球性扩张，突破了中间效用必须保持的适度性的极限，才直接地将美国经济拖入了损失惨重的大萧条之中，才对 21 世纪刚刚起步的世界经济造成了沉重打击。

2008 年 9 月 26 日，全美最大的储蓄及贷款银行——总部位于西雅图的华盛顿互助银行被美国联邦存款保险公司（FDIC）查封、接管，这家银行设立于 1889 年，涉及资产 3070 亿美金，它的倒闭成为美国有史以来最大的一桩银行倒闭案。

2008 年 11 月 15 日，二十国集团领导人金融市场和世界经济峰会在美国首都华盛顿举行。本次峰会，与会各国就恢复经济增长发表了一份共同宣言。宣言指出，与会国家决心加强合作努力恢复全球增长，实施世界金融体系的必要改革，指出了此次危机的根源，继续强调市场原则、开放的贸易和投资体系、得到有效监管的金融市场是确保经济发展、就业和减贫的基本因素。各国在会议期间达成了共识，共同制定一个刺激世界经济增长"行动计划"，同意分头行动积极采取措施，刺激本国经济，以配合全球应对金融危机。各国都认为，目前的国际金融体系，建立于 20 世纪（1944 年），其与 21 世纪的世界金融业格局的监管和发展需求、面临全球化挑战的形势很不适应。包括国际货币基金组织和世界银行在内的国际金融机构都应进行大幅改革，不仅要加强监管，还要保障经济自由平衡发展，同时应该给予新兴经济体更多话语权和参与份额。

2008 年的国际金融危机威胁到全世界各个国家的经济安全。虚拟效用的极度扩张，造成了损害全球经济正常运行和发展的极为严重的后果。这是历史的教训，也是人类为自己的无知和盲目行为所付出的惨痛代价。

必须保持中间效用的适度性，适度性实际是一条具有一定缓冲幅度的警戒线。在这条线内，还是留有挽救危机的余地的。问题只在于，在各个国家的经济管理中，在世界经济的广泛合作中，各个层次的决策者的头脑中并没有这条线的存在。为此，即使有人凭借工作的经验感觉到可以采取某些措施弥补或阻止中间效用扩张所带来的损失或危害，在全社会为此尚未形成明确的理性认识时，也是于事无补的。例如，在 2008 年 9 月危机日益恶化之际，美国财政部部长保尔森曾代表布什政府提出了一份经济刺激计划。可是美国国会众多议员经过考虑，还是全然否决了这份计划，让将近两个星期的黄金救援期被白白浪费。

由于虚拟经济的中间效用的创造可在极短的时间内聚集巨大的增量，可能会对各个国家或地区的国民经济运行造成极大的损害，在现代高度发达的社会，面对高度发达和极为活跃的资本市场，任何国家或地区都应对虚拟经济的中间效用的创造给予比实体经济的中间效用的创造更严密的社会关注和宏观控制。而且，各个国家或地区都应当尽可能避免虚拟经济领域的中间效用扩张，尽可能缩小金融衍生品的交易范围和规模，或是尽可能不设置金融衍生品市场。在应对此次国际虚拟经济危机的挑战之后，现代经济学的基础理论研究应当使所有进入现代市场经济的交易主体都清楚，为了保持虚拟经济领域的中间效用创造的适度性，为了保证整个国民经济的正常运行，在现代复杂的市场经济条件下，拥有社会理性的各个国家的权力机构对于本国虚拟经济领域实施有效的宏观调控是十分必要和重要的，而整个世界的社会理性尽快实现对全球虚拟经济领域中的中间效用创造的有效控制更是十分必要和重要的。然而，美国的资本市场在经受此次金融危机的冲击之后，接受了什么样的教训呢？步入后危机时代后，在这个金融帝国里，似乎人们讨论的焦点都在于决心加强金融监管。但是，中间效用的理论研究表明，预防金融危机，并不仅仅是需要完善现有的金融监管问题，更重要的是明确虚拟经济金融市场的规模问题，即明确虚拟效用创造的规模问题。在一定的经济运行范围内，只要虚拟效用的规模突破了适度性的极限，类似的金融危机就不可避免地还会再次出现。

现代经济学的理论必须明确，中间效用是不能任意扩张的，虚拟经济绝对不能脱离为实体经济服务的轨道。2010年之后，全世界各个国家或地区渐渐走出此次国际金融危机的阴影，越来越强烈地感受到经济徐徐复苏的曙光，是不是全世界各个国家或地区的人们对此次危机都能够有比较清楚的认识呢？相信许许多多善良的人，是会"一次被蛇咬，十年怕井绳"，不是因噎废食，而是吸取教训。对此，最需要的是社会的理性认识和把握，是现代经济学对于中间效用理论研究的认识推进和发挥作用。

2008 年国际金融危机爆发后，有许多的人认为问题出在市场，是市场失灵造成了严重后果。还有许多的人归咎于政府，认为是政府的干预或政府的不恰当干预造成了这一次危机。更有人似乎是能相对比较全面地看待这问题，他们认为出现此次危机，市场和政府都有责任。然而，实事求是地讲，在 21 世纪科学技术高度发展的现时代，在全球的范围内，发生了这么大的金融危机，既不能责怪市场，也不能抱怨政府，最根本的问题在于现代经济学的基础理论没有能够跟上时代的发展，是十分陈旧和落后的。所以，此次国际金融危机的实质，应是现代经济学理论的危机。

20 世纪中期兴起的新技术革命彻底地改变了人类的生存方式。在新技术革命中出现了电子计算机，这种延展脑力作用的劳动工具的问世具有划时代的重大意义，标志着人类社会发展出现了重大转折。由此之后，人类使用自己创造的劳动工具代替自己的脑力去工作，发挥出了前所未有的巨大威力，创造出了前所未有的巨大的社会财富。现代经济学作为社会科学的基础学科，作为最贴近社会生活的学科，其本应该与时俱进，跟上时代转折和发展的步伐，然而，事实上，自新技术革命兴起直到此次国际金融危机爆发，其都没有能够跟上时代的发展和变化。虽然已经进入 21 世纪，人们却还在用 20 世纪初或 19 世纪的经济理论分析和解释现代社会的人类经济生活，还在以 20 世纪初或 19 世纪的眼光认识爆发在 21 世纪的国际金融危机。

19 世纪，自 1825 年英国发生第一次经济危机之后，大约每 10 年就要出现一次经济危机。当时，应运而生的马克思主义的经济危机理论认为：经济危机是资本主义再生产过程中周期性爆发的生产相对过剩危机。这是由资本主义基本矛盾决定的，资本家的贪婪与工人的贫困相对立，必然会不断产生经济危机，直至消灭资本主义生产方式。但历史事实是，每次经济危机过后，资本主义都会有更大的发展。2008 年，美国一方面遭遇严重的危机，另一方面仍然是经济总量排名世界第一的国家，3 亿美国人口创造的 GDP 比日本的近 1.5 亿人口和中国的近 14 亿人口创造的 GDP 的总和还要多。在这样的前提下，从理论上仍然用生产相对过剩和资本主义基本矛盾来分析此次由金融衍生品市场泛滥引起的国际金融危机，肯定是对资本主义生产方式的又一次有力的强烈谴责和批判。但是，在现今全世界各个国家或地区都有严肃的法律维护资本主义生产方式的时代，这样的关于经济危机的继承性理论研究恐怕不能有助于解决现实的任何问题。

20 世纪 30 年代爆发的严重经济危机，将世界拉入一个相当长的大萧条时期，却成就了经济学上的凯恩斯革命。自此之后，世界上有许多的国家逐渐地接受了凯恩斯主义经济学的教诲，开始强化政府对国民经济的干预和控制，通过宏观经济管理的财政政策、货币政策、收入政策以及直接政府投资，力求维护经济总量基本平衡、避免失业率过高、平抑经济周期波动、稳定经济增长、抑制通货膨胀，等等。经过数十年的历史考验，事实表明，凯恩斯主义经济学在支持政府干预方面起到了一定的启蒙和导引作用，甚或对于某些国家某一时期的具体经济政策制定发挥了重要的理论作用，对于经济学的一些基础理论方面的研究产生了较大的推动作用。因而，在全世界范围内，至今凯恩斯主义经济学仍然具有较大的影响力。但即便如此，凯恩斯时代遭遇的经济危机主要是产生于实体经济领域，并不同于 21 世纪这一次由虚拟经济领域引发的金融危机。所以，在此次国际金融危机爆发之际，试图从凯恩斯主义的萧条经济学理论中寻求应对方略，不仅是一种明显缺乏思想创新意识的表现，更是对实体经济与虚拟经济的区别的无视，对现代的虚实一体化经济的准确的理论认识的不足。

在此次国际金融危机爆发之前，经济学界正处于新自由主义经济学人才辈出的时代。新自由主义经济学主要包括现代货币学派、理性预期学派、供给学派、伦敦学派、弗莱堡学派、公共选择学派、现代产权经济学派等。新自由主义经济学家在某种程度上继承了新古典经济学的理论，反对凯恩斯主义经济学主张的政府干预理论，认为宏观领域无经济问题，问题都是出在微观领域，而微观领域出了问题是能够自行恢复的，只要维护好微观价格机制的自动调整作用，保证市场中的自由交易，微观领域就不会出现太大的问题，永远不会有经济危机。2008年，国际金融危机爆发后，信奉新自由主义经济学的人们不顾危机已经发生的事实，仍然坚持反对政府干预，坚决反对政府救市，仍然强调政府的宏观经济职责只在于维持市场秩序，让市场的价格机制充分发挥作用，由市场利率和价格的升跌来调节投资、消费、信贷等，政府不应该为了实现减少周期波动、促进经济增长、增加就业等目的而对市场的价格信号和资源配置进行直接的干预。他们甚至认为，这次波及全球的危机就是某些国家的政府不当干预造成的。现在看来，新自由主义经济学对于政府干预的指责恰恰表现出现代经济学的某些研究思想严重僵化，并不懂得在新技术革命之后，各个国家或地区的经济发展规模都已发生了巨大的变化，国民经济的运行已经高度复杂化了，在此时代变化的背景下，代表社会整体利益的政府不仅不能放任实体经济自由化，更不能放任虚拟经济自由化。简单商品经济与复杂市场经济是不一样的，起码经济规模有巨大差别，经济学的思想决不能总是停留在简单商品经济时代。随着社会的发展，经济的自由化必将成为历史。应对 21 世纪国际金融危机的事实表明，要不要进行政府干预已经不是一个需要进行讨论的问题了，现代社会的实践已经对此作出了明确的解答，不论是应对危机时期，还是非危机时期，政府干预对于保持国民经济正常运行而言都是必不可少的。现在，需要现代经济学研究的只能是政府应如何进行经济干预，政府的干预如何才能有效地避免危机或应对危机。

时代在发展，现在已经是虚实经济一体化高度发展的时代，是虚拟性货币时代，新的时代需要新的理论。经济学的理论研究不能停留在 20 世纪，更不能停滞在 19 世纪。随着新技术革命带来的巨大变化，面对 21 世纪的国际金融危机所带来的挑战，现代经济学必须实现理论的创新，必须创立能够真实反映 21 世纪人类社会经济生活现实的基础经济理论。

要解决重大的实际经济问题，基础经济理论的正确指导不可缺少。只是，这种基础理论的指导作用，并不能等同于应用理论或政策的直接作用。必须保持中间效用的适度性，属于基础理论性质的认识创新。对于这一理论的假设，今后的研究还需要获得具体数据分析的支持和验证。但是，就各个国家或地区讲，根据这一理论的要求，通过具体的应用研究，是可以确定本国或本地区中间效用适度性的具体限度的，这样就可以使本国或本地区的宏观金融调控具有更强的自觉性，更好地达到政府干预的目的，更有效地促进国民经济健康发展。就全球经济讲，即使中间效用适度性的数值难以确定，但是以保持中间效用适度性为理论前提，亦可有助于各个国家或地区自觉防范全球虚拟效用的过度扩张，有力遏制金融衍生品市场泛滥，从而进一步有益于全球经济实现高度的协调和稳定的发展。

遏制金融衍生品市场过度
扩张与防范金融危机

金融衍生品市场是虚拟经济中重要的资本市场，但其市场运作属于赌博性质的金融游戏，其虚拟效用的创造并不是直接为实体经济服务，而是直接为虚拟经济本身服务的，是相对复杂化的玩钱获利。所以，准确地讲，这一市场的存在是不符合中间效用适度性要求的，必须始终受到严格的限制。一旦金融衍生品市场出现疯狂扩张，严重突破适度性，便必定会造成相应的危害。"从现代宏观金融调控的角度讲，无论是哪一个国家或地区，也无论其开发金融衍生品市场的程度如何，都应当对于这一市场的存在采取低调的态度，不能大肆宣扬其市场的现代性。政府不应以增加税收为目的鼓励金融衍生品交易活跃，相反，宏观金融的调控应始终对这一市场进行严密监控，并采取有效措施使其市场交易能够控制在一定的范围之内。特别是要防止这一市场的交易发展到疯狂赌博的程度。在可能的条件下，已开放金融衍生品市场的国家或地区，要向未开放这一市场的国家或地区学习，逐步减低其开放程度，或是尽力创造关闭市场的条件。这是在常态的经济秩序下保持宏观金融运行正常的一种根本性的对策措施。"① 2008 年的国际金融危机，就是由金融衍生品市场的泛滥造成的。所以，在虚拟性货币时代，防范金融危机，必须理性遏制金融衍生品市场的过度发展。

金融衍生品市场的存在与人类的生存能力直接相关。在人类社会的

---

① 钱津：《劳动效用论》，社会科学文献出版社，2005，第 491 页。

历史进程中，并没有谁来规定某时的经济生活只能怎样或不能怎样，在某时必须形成某种形式的市场，但是，某时的经济生活方式，某时形成的某种类型的市场，却必然与某时的人类生存能力相一致。因而，在现阶段，存在金融衍生品市场，从根本上说，是由现阶段的人类生存能力决定的，这就是一种客观的决定性。也就是说，在客观上，金融衍生品市场不会出现在人类的生存能力很低的社会发展阶段，而且，也不会保持到人类的生存能力更高的社会发展阶段，这一市场的存在仅仅与现阶段的人类社会的生存能力相一致。在货币已由实体性货币转化为虚拟性货币之后，现代货币理论的研究需要从根本上对金融衍生品市场的现实存在给予准确的认识。

在现阶段的人类社会劳动的发展中，出现并已经在相当长的时期内保存着金融衍生品市场，是由现代社会存在的资本的剥削性决定的。剥削在人类社会劳动发展的历史中是早就存在的。自从在人类社会劳动的发展中出现了阶级分化，就出现了剥削。这就是说，在人类原始社会解体之后，社会剥削就存在了。奴隶社会存在奴隶主对奴隶的剥削。封建社会存在地主对农民的剥削。资本主义社会，存在着资产者的剥削，这些资产者仅凭投入资产而占有社会劳动成果的一部分。在现代复杂的市场经济条件下，资本主义社会的剥削和其他社会的剥削已经泛化和高度地证券化，而剥削的实质并没有改变，基本上是凭借资本收益权获取合法的剥削收入，改变的只是五花八门的资本投入和收益的形式。不用说别的，仅讲金融衍生品市场，该市场上的各位投资者的资本投入和收益的形式就已经发展到了非常复杂的程度。在现代金融衍生品市场中，人们总是不断地创造出新的可供市场交易的产品。这一市场的发展是极其惊人的，其复杂程度令非专业人士不敢问津。只是万变不离其宗，所有的金融衍生品交易，都是以钱生钱的市场活动，都追求资本收益，即非劳动收入性质的剥削收入。所以，毫无疑问，是资本的逐利造就了现代高度复杂的金融衍生品和遍布世界各地的金融衍生品市场。在进入这一市场的投资者中，没有人会想到这种资本交易的后果是什么，但他们知道这是好的赚钱的地方，而且，他们总是能在这一市场上赚到很多钱。随着他们的投入越来越大，衍生品的花样也越来越多，越来越复杂，直到 2008 年国际金融危机爆发。

　　2008 年国际金融危机爆发后，人们看到如此多的金融企业和非金融企业破产，一种朴素的看法是为什么不取消金融衍生品市场呢？然而，这样的认识太简单，根本不可能实现。如果要是能够取消，那么金融衍生品市场恐怕压根就不会问世。其实，熟悉这一市场的人们都知道，此次国际金融危机过去之后，全世界的金融衍生品市场会依旧活跃。这就是说，金融衍生品市场的危害并不妨碍它在现阶段的人类社会继续存在，现在，人类的生存能力虽然已经较高了，但终归还是有限的。而这种有限的生存能力直接决定了人们不能消除金融衍生品市场。问题的关键在于，在现阶段，生产资料在社会生产中占支配地位和起主要作用，人类的生存要求必须保护好所有的生产资料，而对生产资料最好的保护就是赋予占有生产资料的人生产资料资产收益权，也就是要客观地允许资本收益的存在，允许各种各样的投资者获取资产收入。而正是由于这种社会允许的客观存在由现阶段人类的生存能力决定，世界各地还要继续发展金融衍生品市场，还不能消除金融衍生品市场的存在。

　　2008 年国际金融危机被称为金融海啸，是金融衍生品市场泛滥引发的金融海啸，震撼了全球，对全球经济造成巨大损失。这种现阶段还必须存在而不能消除的市场具有极大的经济能量。从现代经济学基础理论研究的角度讲，现阶段各个国家或地区可以允许金融衍生品市场存在与发展，但都必须始终强调这一市场创造的效用是需要保持适度性的中间效用。这是治理和监管这一市场的基本原则。

有效地保持金融衍生品市场的虚拟效用即中间效用创造的适度性，就是要高度理性地遏制金融衍生品市场交易的发展。经过 2008 年国际金融危机后，世界上各个开放了金融衍生品市场的国家或地区，都需要高度理性地遏制金融衍生品的交易，不要使其市场再次发展到极端疯狂的程度。因为这一次的金融海啸已经使全世界吃够了苦头。因而即使在现时代还做不到永远地告别金融危机，人们也决不想每隔几年就遇到一次这样的灾难。所以，从今往后，不论是哪一个国家或地区，都需要具体化地高度理性地遏制金融衍生品市场发展，防止其泛滥并引发金融危机，竭尽全力地做到以下四方面。

一是可开放也可不开放的应不开放。如果一个国家或地区不开放金融衍生品市场，流动性的资本就没有地方去，就要影响这个国家或地区的经济发展，或是至少影响其对外来投资的吸引力，那么这个国家或地区的金融衍生品市场还是要开放的。如果一个国家或地区开放金融衍生品市场，生产性的资本就要受到某种程度上的影响，虚拟经济领域的风险就要失控，进而这个国家或地区的经济发展就要受到影响，或是至少这个国家或地区的虚拟经济的稳定性就会受到影响，那么这个国家或地区就坚决不能开放金融衍生品市场。问题的复杂性在于，还有第三种情况，可能一个国家或地区为开放金融衍生品市场讨论来讨论去，争议很大，主张开放金融衍生品市场的理由很充足，主张不开放金融衍生品市场的理由也很充足。出现这种情况实际也表明，在这个国家或地区，其金融衍生品市场，是可开放也可不开放的。从现实的博弈讲，在这种情况下，如果主张开放金融衍生品市场的人比主张不开放的人，更能左右权力机构，或是权力机构也是更倾向于开放金融衍生品市场，那么，实际博弈的结果很可能就是这个国家或地区最终开放了金融衍生品市场；

反之，则很可能这个国家或地区最终还是不开放金融衍生品市场。对第一种情况和第二种情况不必再研究了，只是对于第三种情况需要作出更为理性的选择，不要去博弈，而是要确定一个新的思想认识，那就是，对于可开放也可不开放金融衍生品市场的国家或地区来说，坚决不要开放。对于现代复杂的市场经济而言，金融衍生品市场不是必不可少的，而是可有可无的，有则多，无则不少，所以，一个国家或地区不开放金融衍生品市场不会在根本上影响经济发展，即使有些影响也是次要的，不会有碍大局。在可开放也可不开放的情况下，应该考虑不开放金融衍生品市场。

二是可创新也可不创新的应不创新。金融衍生品市场属于虚拟经济中产品创新高度发达的市场。在2008年国际金融危机爆发之前，世界各地的金融衍生品市场都有不少的人在积极地酝酿创新，并且不断地传来某种产品创新成功的信息。作为最大的发展中国家，中国也在向发达国家学习，努力实现金融衍生品市场创新。在2008年4月9日召开的第五届中国衍生工具高峰会上，时任中国人民银行金融市场司副司长沈炳熙表示："中国监管层要从美国次贷危机中吸取教训，加强金融机构的内部风险控制和外部监管。但是央行仍将继续推进衍生金融工具的创新，并适时推出利率期权及信用衍生产品。""沈炳熙表示，美国次贷危机给中国的启示主要有三点，首先是需要健全金融机构的内部控制制度，提高风险管理水平；其次，监管部门应当履行责任，加强对经营者的管理，强化信息的披露和检测；最后，对信用评级等中介机构需实施必要有效的监督检查，发挥对市场的正面作用。沈炳熙同时表示，央行将继续推进金融衍生产品的创新，按照从易到难、渐次推进的顺序推出金融衍生品工具。他指出，在利率衍生产品市场，已经推出的利率远期、利率互换现在发展势头很好，以后要继续扩大发展，要研究并在适当的时候推出利率期权等；汇率衍生品市场方面，在人民币外汇远期和外汇掉期产品的基础上，也要研究并适时推出其他工具。除此之外，还要积极研究发展信用衍生产品，在对信用衍生品市场充分进行研究的基础上，先以试点的方式可控地推出，在时机成熟时全面推广。目前为止，信用类衍生的标准产品目前在中国市场还属空白。"① 但是，在 2008 年国际金融危机爆发之后，从理性遏制金融衍生品市场发展的角度讲，对金融衍生品市场的创新还是要加以遏制，不能任由其设计新产品，搞得市场纷乱无序。只有遏制金融衍生品市场的创新，才能遏制金融衍生品市场的泛滥。鉴于以往的金融衍生品市场的产品创新大多带有金融自我服务的性质，完全脱离了实体经济需要，所以，为了更稳定地遏制金融衍生品市场的发展，从今以后，对于金融衍生品类交易产品，凡是可创新也可不创新的，一律应坚持不创新，以保持原有的适度性。

三是可交易也可不交易的应不交易。从事金融衍生品交易的都不是小户头，可以说，从事金融衍生品大笔交易的都是金融王子。在这一市场上，能够翻江倒海的人物不少，做一笔大买卖，就能获得巨额的收益。只是遇到了 2008 年国际金融危机后，无一例外，这些金融衍生品交易的巨头全部损失惨重。那么，由此而言，在今后，理性遏制金融衍生市场的发展，其中一个重要的措施就是，管住大户，对于可交易也可不交易的，原则上应明确一律不交易。在这方面，曾经有过"中航油事件"的教训。"2003 年下半年：中国航油公司（新加坡）（以下简称'中航油'）开始交易石油期权（option），最初涉及 200 万桶石油，中航油在交易中获利。2004 年一季度：油价攀升导致公司潜亏 580 万美元，公司决

---

① 秦媛娜：《沈炳熙：吸取次贷危机教训推进金融衍生品创新》，《上海证券报》2008 年 4 月 10 日。

定延期交割合同，期望油价能下降；交易量也随之增加。2004 年二季度：随着油价持续升高，公司的账面亏损额增加到 3000 万美元左右。公司因而决定再延后到 2005 年和 2006 年才交割；交易量再次增加。2004 年 10 月：油价再创新高，公司此时的交易盘口达 5200 万桶石油；账面亏损额再度大增。10 月 10 日：面对严重资金周转问题的中航油，首次向母公司呈报交易和账面亏损。为了补加交易商追加的保证金，公司已耗尽近 2600 万美元的营运资本、1.2 亿美元银团贷款和 6800 万元应收账款资金。账面亏损高达 1.8 亿美元，另外已支付 8000 万美元的额外保证金。10 月 20 日：母公司提前配售 15% 的股票，将所得的 1.08 亿美元资金贷款给中航油。10 月 26 日和 28 日：公司因无法补加一些合同的保证金而遭逼仓，蒙受 1.32 亿美元实际亏损。11 月 8 日到 25 日：公司的衍生商品合同继续遭逼仓，截至 25 日的实际亏损达 3.81 亿美元。12 月 1 日，在亏损 5.5 亿美元后，中航油宣布向法庭申请破产保护令。"① 这是典型的不可交易的交易。在金融衍生品市场上，期权的卖方一般是具有很强市场判断能力和风险管理能力的大型金融机构，而中航油根本不具备这种市场能力，其惨败的结局是很难避免的。因而，在理性遏制金融衍生品市场发展过程中，对于任何的可交易也可不交易的金融衍生品的交易，都要明确不交易，以此确保这一市场不出事。

四是可活跃也可不活跃的应不活跃。实体经济的市场活跃，需要区分终点效用交易活跃与中间效用交易活跃；虚拟经济的市场活跃，需要区分中间效用适度性之内的交易活跃与中间效用适度性之外的交易活跃。在实体经济中，只有终点效用交易活跃，才是值得肯定的市场活跃；如果是中间效用的交易活跃超过了适度性，那是要紧急加以治理

---

① 《金融衍生交易案例分析——"中航油事件"》，中国经济网，http:/finance.ce.cn

的，决不可掉以轻心。在虚拟经济中，也只有中间效用适度性之内的交易活跃，才是值得肯定的市场活跃；对于中间效用适度性之外的交易活跃，也是要紧急加以治理的，更不可掉以轻心。因而虚拟经济中的金融衍生品市场交易，可活跃的必须是中间效用适度性之内的交易；只要是中间效用适度性之外的交易活跃，一律都不允许，不能有任何商讨的余地；对于那些可活跃也可不活跃的金融衍生品市场，从理性遏制金融衍生品市场发展的要求来讲，都应将原则把握在不要活跃上。这也就是说，对于金融衍生品市场的交易，能不活跃的，就决不要活跃。在现阶段，社会不得不保留金融衍生品市场，而同时，社会的理性又确实不能允许这一市场出现中间效用适度性之外的交易活跃。由于金融衍生品市场交易一旦活跃起来，就很容易出现中间效用适度性之外的交易活跃，所以，一般来说，按照社会理性的要求，基本上只能是不希望金融衍生品市场交易活跃。经过 2008 年国际金融危机之后，对于金融界的人士来说，他们应该就跟千万不要企望市场价格下落一样，千万不要盼望金融衍生品市场交易活跃。这是一种不能活跃的市场，一方面，这是中间效用交易市场；另一方面，这是金融风险极大的交易市场。所以，在其他所有的市场都可活跃的条件下，这个市场不能活跃。只有将这一市场的活跃作为一种例外，将这一市场的不活跃作为一种常态，在今后更为复杂的市场经济运行之中，各个国家或地区才能高度理性地遏制金融衍生品市场的发展，体现出现代社会对于中间效用适度性的科学认识和有效掌控。

如果历经 2008 年国际金融危机之后，在全世界的资本市场上，金融衍生品的交易继续疯狂，虚拟效用的创造继续无节制地扩张，在社会的理性与权力的结合中仍然不能明确保持中间效用的适度性，在虚实一体化经济的实践中仍然不能有效地遏制金融衍生品市场的发展，那么，遗憾得很，在经济全球化的时代背景下，在虚拟性货币的市场运行中，2008年的国际金融危机给予我们的警示就是，不管具体的导火索是怎样出现的，全世界各个国家或地区将不得不时刻准备着迎接下一次国际金融危机的到来。

——— 第十四章 ———

虚拟性货币与知识经济

人类社会未来，将由高度发达的工业经济社会发展到更加发达的知识经济社会。这也就是说，在现时代高度发达的工业经济社会，人们需要使用虚拟性货币；在未来更加发达的知识经济社会，人们依然需要使用虚拟性货币。至少，在人们可以预见到的知识经济社会，货币不会消失，虚拟性货币不会消失。同高度发达的工业经济社会一样，更加发达的知识经济社会依然还是使用货币的社会，依然要使用现今已经实现部分电子化和正在实现部分数字化的虚拟性货币。因而，随着时间的推移和科学技术的进步，在不久的将来，以国家信用为支撑的虚拟性货币并不能停下为人类社会提供金融服务的脚步。

货币的演变与社会的发展

　　货币的演变拥有和人类商品社会的发展差不多一样漫长的历史。人类最初使用的货币产生于原始社会的物物交换的时期。当原始社会的人们以物易物进行交换时，有时会感到很不方便，因为以物易物往往会受到用于交换的物品种类的限制，人们不得不寻找一种可以使交换双方都能够接受的媒介。这种产生于原始社会的交换媒介就是最初的货币。猎物、畜牧产品、盐巴、贝壳、鸟毛、金属矿产品甚至某种石头等，都曾经作为原始人的货币被使用。

　　在历经漫长的原始社会之后，货币更是随着人类社会的发展经过了一个不断变化的发展历程。以世界上最早使用货币的国家之一——中国为例，中国最早使用的货币是天然海贝和金属性的铜仿贝与钱镈（布）。商周时期使用的最重要的货币仍然是天然海贝和用青铜制作的铜贝与铜块。春秋时期使用的货币包括流通于关洛三晋地区的"周、郑、晋、卫"的平尖空首布，流通于东方齐国的刀化（货），流通于南方楚国的铜仿贝——蚁鼻钱，以及圆形圆孔、圆形方孔的圆钱。到了战国时期，人们开始以黄金作为货币进行流通。秦朝统一六国之后，黄金货币以镒为名，为上币；铜钱识曰半两，重如其文，为下币；而珠玉龟贝银锡之属为器饰宝藏，不为币。此后，西汉时期使用的货币以黄金为上币，有麟趾金（圆）和马蹄金（椭圆）；铜钱为下币，包括三铢钱、四铢钱、五铢钱以及皮币和白金币。东汉时期使用的货币是铁钱，是中国历史上第一次用铁作币材，除此之外还有原先的五铢钱。王莽篡政时期使用的货币先是错刀、契刀、大泉，后为金贷、银贷、泉贷、布贷、龟贷、贝贷。三国两晋时期使用的货币：魏国曾以谷帛相交易，也曾恢复五铢钱的流通。蜀国的货币是直百钱。吴国的货币是大泉五百和大泉当千。两晋时期未铸新钱，西晋主要沿用汉魏之五铢及各种古钱，东晋元帝渡江后主要沿用孙吴地区流通的旧钱。十六国时期河西凉州刺史张轨恢复五铢钱，而此时的汉兴钱为中国最早的年号钱。南北朝时期的货币发展更为多样化：刘宋年代使用四铢钱。南齐、萧梁年代第一次大量铸铁钱，曾铸铜钱、五铢钱、短百。陈朝的货币是太货六铢。北魏时期的货币是太和五铢、永安五铢。东魏时期的货币是沿永安五铢；北齐时期的货币是常平五铢。北周时期的货币是布泉、五行大布，永通万国。在南北朝末期，冀州之北民间以绢布交易，五岭以南则以盐米布交易。隋朝统一后，隋文帝铸统一的标准五铢钱，并使之成为境内流通中统一使用的货币。唐朝的法定货币流通制度是钱帛兼行，武德四年废五铢铸开元通宝钱，规定了成色标准，脱离量名钱体系，以重量作为钱币的名称。五代十国时期的货币比较混乱，各地自行铸钱，重要的是这时白银开始作为货币进入流通。五代十国之后，公私蓄积白银的风气逐渐形成。北宋初发行的货币为宋元通宝，与开元通宝无差别，之后还有太平通宝、淳化通宝，历代皇帝每次改元都会重铸新的年号钱。文字都是通宝、重宝、元宝等，但字体有所变化，真、草、隶、篆、行体都有。北宋使用铜钱货币的地区包括开封府、京东西、河北、淮南、江南、两浙、福建、广东广西等地。北宋使用铁钱货币的地区有四川、陕西、河东。南宋使用铜钱货币的是东南地区。南宋使用铁钱货币的地区是两淮、京西、湖北以及荆门、汉中等地。宋朝出现的货币——交子是完全可以兑现的信用凭证，但只能在四川使用。还有最初在东南地区民间发行的南宋会子，后来南宋官府设立会子库，完全仿照川引的方法发行会引。此外，两宋时期的地方性货币还有：淮交、湖会、川引、银会子。元代的货币使用分为三大时期：统钞时期奠定了元纸币制度的基础，元朝不铸铜钱。中统元宝交钞以丝为本钱，以贯、文为单位。至元钞时期的货币是元朝最重要的货币，与中统钞并行流通。至正钞时期官府在制度上严禁白银流通，但在民间已有不少的使用，纸币均与白银相联系。明清时期使用的货币主要是银铸币，形态有银锭、银元宝等。鸦片战争后，清政府为对付西方银圆流入，也自铸银圆。清光绪十三年，铸造光绪元宝，又称"龙洋"，分单龙和双龙，另外还有光绪帝半身像银币。清光绪十六年正式开铸银圆。民国时期使用的货币包括纸币、铜圆、银圆等。北洋政府时期，实行银本位制度，南京国民政府时期，1935 年政府开始发行法币，1948 年发行金圆券。此外，民国时期各省份、军阀、割据政权都发行了自己的货币。新中国成立后，内地使用人民币，香港的法定货币是港元，澳门的法定货币是澳门元。同期，中国台湾地区使用的货币是新台币。随着布雷顿森林体系的崩溃，各个国家或地区的法定货币都已虚拟化。

从猎物、畜牧产品、盐巴、贝壳、鸟毛、金属矿产品甚至某种石头等原始货币，发展到今天全世界各个国家或地区所使用的虚拟性货币，货币的发展演变可谓历尽艰辛、殊途同归。各个国家和地区的货币演变历史虽不同，但基本上都是走过了从商品货币、金属货币、纸质货币等实体性货币发展到虚拟性货币的历程。现在，虚拟性货币作为明确体现货币本质的现代货币还要继续发展下去，光是电子化的发展还远远不够，还要采用最新的区块链技术向数字化方向发展。只是，已有的历史表明，无论货币怎样演变，都是与社会的发展紧密相连的。或者说，货币总是随着社会的发展而变化的。如果没有现代社会的发展，那么，从根本上说，就不会有货币的虚拟化。

对于社会的产物即货币的研究，需要清醒地认识到，社会的发展是由劳动的发展决定的，人类劳动每发展一大步，人类社会才能前进一大步。人类社会的发展不是靠人类美好的愿望实现的，而是靠人类劳动的发展实现的。毫无疑问，没有人类劳动的发展，就不会有人类社会的发展。而人类劳动的发展是由人类劳动的内部矛盾的发展决定的，并不是其他外在的因素决定的。所以，要明确伴随着货币演变，人类社会是怎样发展的，决定人类社会发展的人类劳动是怎样发展的，必须科学理性地认识人类劳动的内部矛盾存在及内部矛盾的客观历史性的发展变化。

马克思指出："劳动首先是人和自然之间的过程，是人以自身的活动来引起、调整和控制人和自然之间的物质变换的过程。"① 这确切地表明，劳动是一种过程，凡是劳动都必定有一个过程，不论过程的长短，都是一定要有过程的，即劳动等同于劳动过程；劳动的过程就是人与自然之间的过程，不能没有作为劳动主体的人，也不能没有作为劳动客体的自然（包括人化自然和人的自然化），劳动必定是劳动主体与劳动客体的统一，任何劳动（具体劳动和抽象劳动）都是具有整体性的，即都是劳动主体和劳动客体统一发挥劳动整体作用，任何劳动成果都是在劳动整体作用下取得的；劳动的过程是作为劳动主体的人实施的有目的的过程，这种以人自身的活动来引起、调整和控制人和自然之间物质变换的过程，是一种劳动主体与劳动客体之间的物质变换的过程，所以，这一过程既离不开劳动主体的主导，也离不开劳动客体的作用，这种物质变换的过程就是人类劳动创造劳动成果的过程。因此，在劳动内部，既有劳动主体作用，也有劳动客体作用。劳动内部矛盾就是劳动主体与劳动客体之间的矛盾。更确切地讲，在劳动整体作用之中，劳动主体作用分为智力因素作用和体力因素作用，劳动客体作用分为自然条件作用和资产条件

---

① 马克思：《资本论》第 1 卷，中央编译局译，人民出版社，1975，第 201 页。

作用。任何人类劳动都必然包含这四种作用，缺一不可。人类劳动内部
矛盾就是在这四种作用的相互作用中展开并发展的。劳动主体的智力因
素作用是主导作用，即起推动劳动发展的决定性作用。劳动的发展必须
依靠劳动智力因素作用的提升。进一步说，劳动智力因素作用的提升将
引起劳动整体包含的四种作用中的主要作用的变化，由此决定社会的发
展变迁。主要作用与主导作用不同，主导作用是指对于劳动整体发展具
有的决定性作用，而主要作用只是一种支配性作用，即指在劳动整体作
用中占有较大比例的作用。

　　在人类社会最初的400多万年的原始社会状态中，在劳动内部的四种
因素作用中智力因素作用是主导作用，这是决定性的，也是不变的。然
而，构成劳动整体作用的四种作用中的主要作用几乎是混沌不分的，既
没有落在体力作用上，也没有落在自然条件和资产条件作用上，只是由
于智力因素作用是主导作用，而其他因素的作用又不突出，因此，主要
作用与主导作用是合一的，即都是落在智力因素作用上。智力因素承受
双重的作用压力本来是合乎逻辑的，即主导作用应该是同时起主要作用
的，如果主导作用不能起主要作用，其决定性可能就会在表层上被扭曲。
所以，最初呈现的主导作用与主要作用的合一，即智力因素既起主导作
用又起主要作用是自然的，是由自发产生的人类劳动而形成的，是合乎
历史与逻辑的统一的。只是，在智力因素最初起主要作用时，智力因素
的主导作用能力相对较低，这就是从逻辑上说的猿人劳动更像类人猿劳
动的时期，由于智力水平低，人的因素含量是很低的，劳动是简单而野
蛮的。

　　在经历400多万年的原始社会之后，人类劳动内部的智力因素作用水
平提高到一定程度，人类劳动内部的主要作用与主导作用便分离了，即
主要作用发生了转移，转到了体力因素作用上了。这种转移使得社会关

系发生了一次大的变化，使人类社会脱离了原始的发展阶段，进入奴隶社会时期，即人类劳动的内部的主要作用是体力因素作用时，与人类社会的发展相对应的是奴隶社会发展阶段。

在体力因素起主要作用时，智力因素仍起必然的主导作用。只是这时，劳动内部的主导作用与主要作用都仍是劳动主体作用，主要作用与主导作用的分离是主体作用的分离，劳动作用整体仍呈现主体支配性。劳动主体的体力因素作用相对强大的存在，表明劳动者是获取成果的最大动力源。这因此也就使得当时的人类在生存的搏杀中，产生强者对弱者的奴役。这时候，不杀战俘对于战胜者更有利，劳动整体的发展使人们不必吃战俘就能生存，留下战俘作奴隶干活并不是善心，而仍是战胜者出于对生存利益的考虑。由于不杀战俘，还有其他奴役他人的渠道存在，在劳动内部主要作用为体力因素作用时，社会进入奴隶社会，奴隶的体力明显具有支撑社会经济发展的重要性。

根据考古资料，大约是在距今 5000 年前形成的奴隶社会，即公元前3000 年以前，尼罗河流域、两河流域、印度河流域、黄河长江流域，先后出现了奴隶制国家。原始部落的生活解体了，私有制产生了，社会转向了奴隶制社会，奴隶生活与奴隶主生活构成当时人类社会生活的主要内容。从国家的产生讲，各地的奴隶制国家产生的时间有先有后。从奴隶制国家的存在时间讲，各地的情况也不一样，有的时间长一些，有的时间短一些，但大体上在公元纪年前后的几个世纪里，各地的奴隶制国家先后解体。

在劳动内部体力因素作用起主要作用的条件下，奴隶社会的人类劳动比原始社会的人类劳动在整体上有很大的进步。这是由智力因素作用水平提高决定的进步，是建立在原始社会人类劳动几百万年发展的基础上的进步。在 3000 年左右的时间里，奴隶社会的人类劳动发展比以前大大地加快了。由于已有文字记载，而且也有众多的文物作证，在今天可以认定，奴隶社会的奴隶劳动创造了历史上的辉煌业绩。在这一时期，农业劳动开始成为主要的社会劳动。在比较发达的先进地区，农业生产能力已脱离原始状态，金属制成的农具的应用已经比较普遍，畜力也已被应用到农业的生产中了。从有关资料看，当时的农民还发明了轮作制，各个方面的生产技艺水平都有了一定的提高，不再是很简单的了。而且，当时人们已开始种桑麻，用于纺织；已开始饲养家畜，用于补充肉食。特别是，聪明的匠人发明了冶炼技术，各地的人们普遍学会了制作青铜器，从现在出土的文物可以看出，那时制造技术已是十分精良。玻璃的制造也是那一时期的发明，各种玻璃制品已成为人们交换的商品。特别令人瞩目的是，留存至今的像埃及金字塔那样雄伟的建筑居然是在数千年之前完成的，由此可以看出奴隶时代人们劳动已具有一定的创造力。而在这同一时期，除产生了奴隶制的剥削劳动之外，人类的军事劳动也被推向了一个新的疯狂发展的阶段。与原始社会相比，奴隶社会的战争更宏伟壮观，更有许多的创造性。当时，奴隶主发动战争的目的是掠夺战俘和直接抢劫财物。在奴隶社会时期，每一个国家都保持着人口数量庞大的军队，随时准备投入战斗。有些奴隶制国家由贵族子弟组成军队的骨干力量，同时征收大批平民入伍，然后是动用奴隶打仗。那一时期已产生职业军人，他们专门打仗。除去对外战争，奴隶主的军队对内还要镇压奴隶的反抗，以巩固奴隶主的统治。

随着奴隶社会时期劳动内部智力因素作用水平的进一步提高，劳动内部的主要作用渐渐地从体力因素作用上转移出来，自然条件作用继体力因素作用之后开始起主要作用。自然条件作用成为主要作用，是由智力因素作用水平提高决定的，并不是自然条件作用本身决定的，作为劳动客体，自然条件是受动性地进入劳动范围的，也是受动性地发挥作用的。自然条件起主要作用，是历史自然形成的，即这是一个必经的阶段，即经过长期的磨难，劳动的主要作用与主导作用分离，又进一步与主体作用分离，实际体现为社会艰难前进的历史过程中的特定阶段。人类不可能一下子将自身的智力提高到特别发达的水平，由体力因素作用起主要作用向自然条件作用起主要作用过渡，就是智力因素作用水平提高的自然过程，这是不能超越的，是客观的历史过程本身决定的。

自然条件起主要作用，表明劳动内部的主要作用已不在劳动主体方面，劳动客体作用成为主要作用的表现。这样，事实上就是劳动客体对劳动起支配作用，劳动主体的主导作用造就了这种支配状态，对劳动客体的作用成为主要作用只能顺其自然。与自然条件起主要作用相对应的社会发展阶段是封建社会。由于最重要的自然条件是土地，所以在封建社会，人类劳动的发展水平表明土地是人类生存争夺的焦点。人类劳动的创造是以农业经济为主体的，土地在农业劳动中发挥着重要作用。而且，不论是军事劳动，还是剥削劳动，焦点都是争夺土地。打仗是为了土地，土地也是地主剥削的依据和前提。这表明，劳动的内部作用中的主要作用落在劳动客体上，由于客体起支配作用，社会就变得更为疯狂了。不仅战争疯狂，剥削也疯狂。在当时，无论怎样生存，劳动发展的水平决定了土地都是最重要的。只要有地，人们就能活下去。

在自然条件起主要作用之后，劳动内部的智力因素作用水平继续提高，使主要作用又发生了转移，历史地落在了资产条件上。资产条件取代自然条件起主要作用，外在的表现是工业革命的兴起，资本成为支配社会的力量。劳动的发展将主要作用转到资产条件上，仍然是一个自然的问题，不能问为什么。只能从事实出发，认识资产条件起主要作用的表现，任何人都不可能改变或者说阻止资产条件作用对自然条件作用的替代。事实上，人们一直在努力实现这种替代，资产条件起主要作用表明人类劳动工具作用水平的提高，表明劳动工具已经大大改进，在智力因素作用水平提高的前提下人类劳动的整体能力有了巨大的飞跃。

从自然条件作用为主要作用转到资产条件作用为主要作用，用了约2000年的时间，在这样一个时间段跨度里，人类智力是经过逐渐积累才产生飞跃效应的。资产条件起主要作用开创了人类社会一个新的发展阶段。这就是资本主义社会发展阶段。这也就是说，是人类劳动的发展促进了资本主义社会的产生，资本主义社会的存在及其发展是由人类劳动发展的整体水平决定的。在资产条件起主要作用的劳动发展阶段，人类社会的发展是不会超越资本主义社会的，这是一种客观的制约，是从总体上作出的制约。在这期间，并不排除社会存在奴隶社会、封建社会的残迹，甚至可能还存有处于原始状态的局部社会情况，只是主流社会形态是资本主义社会，更高级的社会形态的产生也只能是局部的，是很小的一部分及比较势弱的和不稳定的。从目前来看，资本主义社会才产生和存在了几百年，正处于继续发展之中。

在资本主义社会，主要是工业经济发达，农业经济的地位相对下降，或是农业经济也走向工业化生产了。进入20世纪50年代后，工业化进入一个新阶段。劳动工具迅速由主要延展人的体力作用向主要延展人的智力作用转变，但这一时期总的说来仍是资产条件起主要作用的阶段。工业生产的规模越来越大了，生产设备也越来越先进。在工业革命开始时，即几百年前，生产一台蒸汽机车需要花费几个月甚至1年多的时间，且蒸汽机车装载的货物有限，而如今，生产汽车的工厂一年的产量达到100万辆是不足为奇的。航天飞机已经能够进入太空然后再返回地球。生产技术的发展是突飞猛进的。高科技已是工业生产的排头兵，市场竞争已迫使一批又一批生产落后的企业倒闭。虽然在一些国家存在着尚未实现工业化的问题，存在着相对比较严重的贫困问题，但世界的主流是工业化，是经济发达的国家在代表着时代前进。

在劳动内部资产条件起主要作用的社会历史状态下，资本的剥削方式与自然条件起主要作用时相比并没有实质性的变化，因为资产条件和自然条件同属劳动客体，剥削者都是主要通过占有一定的劳动客体进行剥削的。剥削的变化只是有了形式上的不同，在自然条件起主要作用时是地主剥削农民，地主是靠占有土地对农民进行剥削的；而到了资产条件起主要作用时，社会剥削的主要形式是资本家剥削工人，资本家是靠占有资产即比土地更广的生产资料对工人进行剥削的。剥削是一种寄生性的求生方式，但剥削在人类社会的出现、存在和发展是一种自然的过程，其丑恶的本质是不可改变的，只是对其存在是必须接受的，不能以其丑恶而断然对其进行排斥。

历史表明，人类劳动的发展始终没有停步，劳动的智力水平一直在提高，劳动的整体水平一直在上升，劳动内部的主要作用在一个阶段一个阶段地发生转移，由最初混沌不分地与主导作用合一，发展到体力因素起主要作用，又发展到自然条件起主要作用，现在发展到了资产条件起主要作用，也已有几百年的历史了。可以说，纵观人类社会自起源至今的历史发展过程，劳动的智力因素作用水平的提升，即人对自然的认识水平的提升（人与自然之间过程的发展）始终对于社会的发展起着决定性作用。这就是说，劳动内部矛盾是社会基本矛盾，劳动内部矛盾发展决定社会发展的规律是社会基本规律。劳动内部矛盾蕴涵的人与自然的关系决定人与人的关系，社会的发展是由人与自然的关系发展推进的，不是由人与人之间的斗争决定的。在劳动的智力因素作用水平的提升没有达到一定的高度时，社会是无法发展进步到更高一级的发展阶段的，同样，只要劳动的智力因素作用水平进一步提升，那么其推动的劳动整体的发展就一定能够最终使人类劳动发生根本性的转变，并在新的社会经济形态下，促使人类社会更进一步地发展。

由工业经济社会走向知识经济社会

　　劳动的发展决定社会的发展。货币是随着社会的发展而不断演变的。货币的历史只是社会历史的一个侧面或部分。劳动的历史与社会的历史是同步的，并且，社会的历史是由劳动的历史决定的。劳动是社会经济的实质内容，也是与社会发展形态相对应的。采集与狩猎经济对应的是原始社会，游牧经济对应的是奴隶社会，农业经济对应的是封建社会，工业经济对应的是资本主义社会。这就是说，在原始社会，社会主要劳动是采集与狩猎，可以出现游牧经济，但不会以游牧经济为主要的经济基础，不会在原始社会建立奴隶社会制度；在奴隶社会，社会主要劳动是游牧劳动，可以出现农业经济，但不会以农业经济为主要的经济基础，不会在奴隶社会建立封建社会制度；在封建社会，社会主要劳动是农业劳动，可以出现工业经济，但不会以工业经济为主要的经济基础，不会在封建社会建立资本主义社会制度；同样，在资本主义社会，社会主要劳动是工业劳动，可以出现知识经济，但不会以知识经济为主要的经济基础，更不会在资本主义社会工业经济的基础上建立新的社会制度。与工业经济相对应的只能是资本主义社会，不能是封建社会，也不能是更高级的社会。在工业经济的资本主义社会，人类劳动的整体发展表现为，劳动客体的资产条件作用在劳动整体内部起主要作用。正是因此，掌握劳动客体的资产者可以在生产之中起到支配作用，并且可以依据资产的所有权取得收益权，得到剥削收入，即仅凭拥有生产资料的所有权而获取劳动成果的一部分。这就是资本主义社会的资本与收益的关系。其获取剥削收入的依据就是作为生产资料的劳动客体的资产条件作用在劳动整体内部起主要作用。这是工业经济的劳动内在机理，也是与资本主义社会的基本社会关系相对应的劳动发展状态。同时，在工业经济社会，货币实现了由实体性货币向虚拟性货币的转化。

目前，工业经济已经高度发达。不用说已经实现工业化的发达国家，就是在那些尚未实现工业化的发展中国家，工业经济的发展也都已经达到相当高的水平。在改革开放后的中国，工业经济的发展依托"三驾马车"（国有企业、民营企业、外资企业）取得了巨大的成就。一是国有企业。由于国家集中力量办大事，我国早就有了显示工业水平的万吨水压机，而且现在已经可以制造大飞机和航空母舰，高速铁路的发达程度令世人瞩目，汽车工业、钢铁工业、煤炭工业、造船工业、航天工业、化学工业、石油工业、纺织工业、建筑工业，样样都达到了发达的水平。二是民营企业。可以说是遍地开花，遍地结果。几乎在所有的竞争性领域，都有民营企业的身影，民营企业的经济力量已经占据了国民经济的半壁江山。在浙江省，有一个花园村，号称浙江第一村，这个村并不是农业发展的第一村，而是民营工业发展的第一村，每年每一位村民可以获得十几万元的收入，这些收入主要来自民营工业企业的盈利。三是外资企业。改革开放以来，外资企业如雨后春笋般在华夏大地生根开花。外资企业有成熟的工业技术，有中国法律的保护和越来越完善的生产环境和营商条件，可谓如鱼得水，发展很快，对中国工业化实现的支持力度很大。再从世界范围来讲，工业经济已经进入精细化、高端化、自动化、智能化的强劲发展阶段，不仅可以满足全世界人民高品质的生活需要，而且支撑着人类对宇宙外层空间的科学探索，人造卫星、运载火箭、神舟飞船、宇宙探测器等，无不是高端工业产品，无不代表着现代工业的发达水平。

不论是从实际来讲，还是从逻辑上讲，工业经济的高度发达只能引领知识经济的到来。在发达的资本主义社会，由于人类劳动整体中的智力因素的主导作用水平的进一步提升，劳动的发展将实现内部主要作用由劳动客体的资产条件作用向劳动主体的智力因素作用的回归，已出现以计算机为主要劳动工具和以智能产业兴起为标志的知识经济劳动，这必将推动人类社会经济形态由工业经济社会发展到知识经济社会。因此，知识经济就是指人类劳动整体高度发展之后，与劳动内部起主导作用的劳动主体智力因素同时又起到主要作用相对应的社会经济形态。这就是说，对于知识经济，必须从人类劳动发展的角度对劳动的内在机理作出深刻的认识。不能简单化地认为知识经济是以知识为基础的经济。因为在人类社会的任何发展阶段任何的经济活动都是以知识为基础的。讲知识经济是以知识为基础的经济，与讲人就是人一样，没有任何科学意义。知识经济与农业经济、工业经济不同，代表了人类劳动的不同发展阶段以及不同的社会发展阶段。工业化、信息化和智能化是现代社会经济发展的三个阶段。而只有第三个阶段的到来才标志着知识经济社会的到来。一般认为，教育和研究开发部门是知识经济的主要部门，高素质的人力资源是知识经济最重要的资源。知识经济的到来将对投资模式、产业结构和教育的职能与形式产生深刻的影响。在投资模式方面，信息、教育、通信等知识密集型产业展现出的骤然增长的就业前景，将导致人们对无形资产的大规模投资。在产业结构方面，一方面，电子贸易、网络经济、数字经济、人工智能等新型产业将大规模兴起；另一方面，工业、农业、服务业等传统产业也将越来越需要智能化管理；再有，产业结构的变化和调整将以智能化知识的学习积累和创新为前提，在变化的速度和跨度上将显现出跳跃式发展的特征，还将使经济活动始终伴随着学习，使教育融入经济活动的所有环节；同时，知识更新的加快使劳动者终身学习成为必要。

20 世纪末和 21 世纪初，知识经济的到来还只是刚刚有苗头，即劳动智力因素起主要作用还仅仅是偶然的、个别的情况，不是普遍地确定发生的。作为一种社会经济形态，知识经济的出现是新事物，其最初的表现是以美国微软公司为代表的软件知识企业的兴起。微软公司的主要产品是软盘及软盘中包含的知识，正是这些知识的广泛应用才打开了计算机应用的大门，微软公司的产值已超过美国三大汽车公司产值的总和。美国经济增长的主要源泉就是 5000 家软件公司，它们对世界经济的贡献不亚于排名靠前的 500 家世界大公司。知识经济是以无形资产投入为主的经济，无形资产成为发展经济的主要力量，无形资产的核心是知识产权。在知识经济中，以知识产权转让、许可为主要形式的无形商品贸易会极大地发展。随着知识经济时代的到来，企业发展主要是依靠关键技术、品牌，通过许可、转让方式，把生产委托给关联企业或合作企业，充分利用已有的厂房、设备、职工来实现的。知识密集型的软产品，即利用知识、信息、智力开发的知识产品所载有的知识财富，将大大超过通过传统技术创造的物质财富，成为创造社会物质财富的主要形式。知识经济是相对于物质、资本在生产中起主要作用的工业经济和资本经济而言的。与主要依靠物资和资本等生产要素投入的经济增长相区别，知识经济的增长主要是依赖于知识产权投入的增长。知识经济的出现给人类的经济发展与社会发展注入更大的活力和带来更好的机遇。推进知识经济发展有利于更合理利用资源、更好保护生态环境，有利于推进产品创新、技术创新和管理创新，提高全人类的创新意识和全世界各个国家的创新能力，从而促进各国人民更坚定地走上构建人类命运共同体之路。

知识经济的到来代表了当代人类劳动的高度发展，代表了新时代条件下的人与自然关系的发展。虽然，目前知识经济还仅处于萌芽状态，但是，已经可以预见知识经济对于社会劳动分工所产生的影响。这就是，在知识经济中，将形成新兴的劳动者群体。一方面形成拥有或运作知识产权、担负经济组织领导工作的知识劳动者群体；另一方面形成以计算机为主要劳动工具的智能型劳动者群体。在新技术革命之后，随着计算机的网络化和微型化的实现，计算机成为新的得到普遍使用的劳动工具。这种劳动工具与以前的劳动工具是有根本不同的。以前的劳动工具，除去中国的算盘之外，都是延展人的肢体作用的劳动工具，汽锤代替的是人的臂力，汽车代替的是人的脚力，车床代替的是人手的操作，望远镜延展了人的眼力。而计算机则是延展人的脑力的劳动工具。计算机的出现是人类劳动工具的根本性变革与飞跃。这种劳动工具的使用大大地提升了人类的劳动能力，提升了社会生产力。所以，最先以计算机为主要劳动工具的劳动者，依靠这种延展脑力的劳动工具，逐步形成了新的劳动者群体。这种新的智能型劳动者与传统的技能型劳动者不同，区别很大。技能型劳动者是主要依靠自己的技能劳动的，车工有车工的技能，铣工有铣工的技能，电工有电工的技能，钳工有钳工的技能，搬运工有搬运工的技能，司机有驾驶技能，厨师有烹饪技能，理发师有理发的技能，每一门工作都有每一门工作的技能。技能型劳动者是工业经济中最主要的体力劳动者群体，在支撑工业经济发展中起到了极为重要的作用。而智能型劳动者并非毫无技能，而是在拥有一定的技能的基础上主要依靠计算机进行智能化的创新劳动。智能型劳动者是知识经济需要的劳动者，是推动知识经济发展的主体力量之一。作为新型的劳动者，智能型劳动者需要接受高等教育，需要随着智能时代的到来而不断进取，需要适应知识经济对于劳动者的基本要求，并形成一个新兴的劳动者群体。目前发达的工业经济，已经普遍化地用机器代替普通技能型劳动者，也即将普遍化地用机器人代替高级技能型劳动者。而在即将到来并将逐步发展的知识经济中，技能型劳动者的发展空间必将受到更大幅度的限制，知识经济必将对普通劳动者的需求定位于智能型劳动者。所以，未来能够大显身手的只能是智能型劳动者。当然，现在知识经济才刚起步，工业经济还在进一步地发展之中，与工业经济相适应的技能型劳动者还会有很广阔的生存空间，但是，社会劳动的发展趋势已经很明显，未来社会将是知识经济社会，未来社会更需要的是智能型劳动者，而不是技能型劳动者。

在工业经济中，一般是资本选择劳动，资本具有支配力量。而在知识经济中，则是劳动选择资本，这个劳动就是知识劳动者的劳动，知识劳动具有支配力量。哪家的资本好用，知识劳动者就选择与哪家的资本合作，这就是知识经济的规矩。毕竟，在劳动中，智力因素作用、体力因素作用、自然条件作用和资产条件作用一个也不能少。在知识经济中，知识劳动者只是代表智力因素的主导作用和主要作用发挥支配作用，负责进行生产要素的配置组合，不可能不与代表自然条件作用和资产条件作用的资产者合作，不同的只是选择权或支配权在知识劳动者手里，而不在资产者手里。这也就是说，人类社会的发展到了知识经济社会，知识劳动者群体将取代资产阶级在社会大生产中居于支配地位，发挥主导和主要作用。

由工业经济社会走向知识经济社会，是人类社会发展的历史必然。这是由人类劳动的内部矛盾在推进工业经济社会高度发展之后的继续发展所决定的历史必然，即由未来人类劳动中的人与自然关系的发展决定的历史必然。在这一历史发展的进程中，社会经济结构将发生很大的变化，社会劳动分工将发生很大的变化，社会生活方式将发生很大变化。只不过，与工业经济社会相比，各个方面发生了很大的变化的知识经济社会依然是需要使用货币的社会，以国家信用为支撑的各个国家的虚拟性货币在陪伴工业经济社会走向知识经济社会之后，依然要为知识经济社会服务。货币的历史不会终止于知识经济社会的到来，虚拟性货币在发达的工业经济社会大有用武之地，在高度发达的知识经济社会的一定的发展阶段依然大有用武之地。

知识经济社会需要的金融支持

知识经济社会是更加发达的人类社会。人类社会由高度发达的工业经济社会发展到更加发达的知识经济社会，使人类能够过上更加美好的生活只是一个方面，更重要的是为了能够更好地保持人类生存的延续。在高度发达的工业经济社会，各个国家或地区的人们已经可以过上十分美好的生活。而在知识经济社会，人类知识劳动的作用更重要的是保证地球安全。地球是人类的家园，在 20 世纪人类劳动的发展打破地球封闭的有限的生存空间之后，人类的家园就不再是一个封闭的有限的生存空间了，而是有了浩渺无垠的宇宙作为依托。自此之后，人类就开始了对于宇宙外层空间的探索和研究。然而，科学的研究发现，宇宙中的无数星体随时都有可能撞向地球。原来人类以为很安全的地球实际上是很不安全的。研究表明，宇宙中的小行星已经撞击过地球两次，如果小行星再次撞向地球，那将给地球上的生物带来毁灭性的灾难。面对这一危险，怎么办呢？祈祷是没有用的！唯一的办法只能是依靠人类的智慧避开风险。人类对于宇宙的研究需要找到改变撞向地球的小行星的运行轨迹的办法，让其避开地球，不再撞向地球。如果在高度发达的工业经济社会没有做到有效地保护地球，人类劳动还没有发展到可以改变小行星运行轨迹的高智能水平，那么，在未来的知识经济社会，借助智能化的劳动工具，人类一定要能够做到消除来自宇宙的自然危害，保证不让小行星再次撞向地球。只是，若要取得这样的成功，需要全人类的智慧，需要全人类的团结和努力。因为这是关系全人类共同家园的安全和全人类生存的事情。如果人类不能有效地应对小行星所带来的挑战，在这方面做不到劳动的高智能发展，那么，不论是知识经济多么发达的国家，统统都要遭遇灭顶之灾。所以，为了人类生存的延续，全人类的智慧必须都集中在化解这一危机上，让知识经济社会的人类知识劳动发挥最重要的保卫人类家园和保护人类生存的作用。

而且，在知识经济社会，不仅需要保卫地球，还要保卫人类自身的安全。在自然界，任何生物都是有天敌的。人类的天敌就是病毒。小小的病毒泛滥极有可能会毁掉全人类。别看病毒不起眼，它的危害大得很。而且，现代病毒的抗药性很强，刚刚发明一种对抗病毒的药物，可能很快就会失去作用，让人类防不胜防。所以，人类如果不能战胜病毒，人类的生存延续还是没有希望的。人类的高智慧同样必须用在研究病毒上。如果在高度发达的工业经济社会没有解决这一问题，那么，人类进入更加发达的知识经济社会之后必须尽早进行这项研究，不能等到病毒泛滥成灾了再研究。如果这项工作不提前做好，等到病毒的威胁已经显性化再动手，恐怕就要吃大亏，也许就会造成无法弥补的损失，让病毒彻底地毁灭人类。到了知识经济社会，人类依靠自身的智力战胜病毒应该是没有问题的，问题就在于可能人类对此不会给予高度的重视。事实上，人们越是到了知识经济社会，面临的危险就越多。人类必然是生存在越来越险恶的环境之中，人类的生存延续只能靠自己的知识劳动的高度发展来实现。而且，人类不仅要战胜所有的病毒挑战，还要解决生态环境恶化的问题。毕竟，不用说大的灾难，就是空气中的氧气多一点或少一点，气温偏高一些或是低于目前的常态，人类都是会受不了的，或者说都是很难存活下去的。所以，对抗病毒，对抗环境恶化，也是知识经济社会人类知识劳动必须发挥的重要的作用。

保卫地球家园和应对病毒的威胁，是构建人类命运共同体的具体要求。从人类劳动发展的决定性作用来讲，在高度发达的工业经济社会提出的构建人类命运共同体，可以在更加发达的知识经济社会实现。只不过，最初建成的人类命运共同体一定是在各个国家存在的基础上构建的，即国家没有消亡，只是存在由所有的国家共同构建的人类命运共同体。如果在这之后再发展到只有人类命运共同体，没有了国家的存在，那将是人类社会的更高程度的发展。但是，目前来看，国家还是不太容易消亡的，国家的存在还要延续很长时间。不用说建立人类命运共同体，就是欧洲共同体，也是不容易消除国家的存在的。所以，最先建成的人类命运共同体，一定是在各个国家存在的基础上建成的。而有国家的存在，就有国家信用的存在，就有以国家信用为支撑的虚拟性货币的存在。这也就是说，保卫地球家园和应对病毒的威胁，构建人类命运共同体，是需要虚拟性货币的，是以各个国家发行的虚拟性货币为基础的，保卫地球家园和应对病毒的威胁既是科学研究工作也是投入虚拟性货币的经济活动。虚拟性货币担负着保障知识经济社会各个国家经济运行的重任，不仅要满足人们日常生活对于货币的需要，而且要为保卫人类家园和延续人类命运服务。虚拟性货币是十分重要的，是随着人类社会的发展而发展的，是随着国家的存在而存在并发挥作用的。

在知识经济社会，保持国家的存在，就意味着仍有国家财政的存在。而国家财政与虚拟性货币的关系，如同鱼儿离不开水，国家财政的任何工作都需要使用虚拟性货币，国家财政的任何作用都是通过运作虚拟性货币而发挥的。这就是说，没有虚拟性货币，即使是在高度发达的知识经济社会，国家财政也是寸步难行的。只不过，在高度发达的工业经济社会，国家财政都必须做好公共服务和公共救助工作，其中公共服务必须做到符合均等化的要求，公共救助必须做到及时到位。然而，到了更加发达的知识经济社会，国家财政都会面临更高的工作要求，即除了必须做好公共服务均等化工作和保障公共救助及时到位之外，更需要做好保障劳动人口就业的工作。国家财政不能仅仅满足于为失业人员提供生活费，更重要的是必须解决所有劳动人口的就业问题。这个问题在高度发达的工业经济社会是没有得到解决的，各个国家都存在着一定的失业率，都存在着对失业人员的财政救助。而这个问题在更加发达的知识经济社会是必须得到解决的，而且必须依靠国家财政来解决。国家财政不是必须保证每个公民都拥有一定的可以维持生活的虚拟性货币，而是必须保证每个公民都能拥有一定的通过自己的工作而获取的可以维持生活的虚拟性货币。这是对于国家财政的更高的要求。国家财政是代表更加发达的社会做这项工作的，即知识经济社会依然需要人们依靠自己的劳动生存，只是社会的管理必须满足所有的劳动人口就业的要求。为此，必须通过国家财政的投资创造足够的工作岗位，必须通过国家的财政资金的使用更好地完善全社会的职业培训工作。在未来的知识经济社会，需要实现高度智能化的社会管理，坚决做到保证充分就业。这是社会真正进步的一种表现。

高度发达的工业经济社会是高度发达的市场经济，而更发达的知识经济社会应是更加发达的市场经济。现代的高度发达的工业经济社会的市场经济的主要特征是资本市场高度发达，涌现出各种各样的复杂的高度发达的资本市场，许多的资本市场已经实现高度的证券化。但这只是高度发达的工业经济社会的市场经济表象。按照劳动内部矛盾发展决定

第十四章 虚拟性货币与知识经济

社会发展的理论进行内在的分析发现，高度发达的工业经济社会的市场经济之所以是资本市场高度发达，归根结底是因为作为劳动客体生产资料的资产条件在劳动整体作用中起到主要作用，资本在社会生产中居于支配地位。而随着知识经济社会的到来，这一情况发生了改变，即作为劳动客体生产资料的资产条件已经不在劳动整体作用中起主要作用了，由于劳动智力因素作用水平的提升，劳动整体作用中的主要作用已经回归为劳动主体作用，即起劳动主导作用的劳动智力因素作用同时也能够起到劳动主要作用。因此，到了知识经济社会，人类劳动更进一步的发展主要体现在劳动主体的智力发展上，而不再是表现为作为劳动客体作用的资本市场的更进一步发展，以资本市场高度发达为特征的市场经济将转化为以知识劳动高度发达为特征的市场经济。

以知识劳动高度发达为特征的市场经济依然是使用虚拟性货币的市场经济。不过，在未来的知识经济社会，虚拟性货币也需要进一步发展。实际上，在高度发达的工业经济社会，虚拟性货币在部分电子化时就已经开始了数字化的进程。所以，毫无疑问，数字化是虚拟性货币的发展方向。如果在高度发达的工业经济社会，虚拟性货币还不能结束向数字化货币的发展，那么，到了更加发达的知识经济社会，虚拟性货币是需要继续向数字化货币发展的。需要明确的是，在以知识劳动高度发达为特征的市场经济中，由于有国家的存在，有国家信用的存在，继续发展的虚拟性货币依然是信用货币，是主权货币，是信用货币和主权货币的数字化，这与非主权货币的数字化是根本不同的。作为信用货币，虚拟性货币性质的主权货币的数字化是更加有利于国家对于货币进行管理的，是可以使支撑虚拟性货币的国家信用更加牢固的，也是更加方便人们在日常生活中使用的。未来，在知识经济社会，虚拟性货币的数字化，从现在看可以选择的技术就是区块链技术，当然，如果那时出现了更好更先进的数字技术，还可以使用更先进的技术。毫无疑问，相比高度发达的工业经济社会，更加发达的知识经济社会，更要依靠技术进步推动社会发展和货币的发展，更要使数字化的虚拟性货币应用的技术更加完善。毕竟，依靠高新技术的进步，实现了数字化的虚拟性货币将更加安全更加适用。

在未来的知识经济社会，每个人都依然要依靠自己的劳动过日子，社会更加发达并不能使人类可以脱离劳动而生存。那时的社会经济可能不再是虚实一体化经济，但依然是必须继续依靠科学技术发展走向更加富有活力社会的市场经济，依然是每一个人都需要使用虚拟性货币的大众经济和国际经济。货币从产生到成为虚拟性货币，走过了漫长的历史演变之路。从虚拟性货币走向取消货币，人类进入无货币社会，恐怕还需要相当长的时间，至少从现在看取消货币还是一种不切合实际的想象。现在，不仅人与人之间的经济交往依然需要广泛地使用虚拟性货币，而且，国与国之间的经济交往也离不开对于虚拟性货币的使用。知识经济社会中国家的存在，决定了各个国家之间在构建人类命运共同体之后依然存在经济交往，依然需要各个国家保持各自的主权货币的稳定和对超主权货币的认可。社会的需要就是虚拟性货币存在的理由。但知识经济社会是更加发达的社会，是以劳动的智力因素作用为劳动整体作用中的主导作用和主要作用的社会，所以社会对于虚拟性货币的需要是更加理性的，虚拟性货币的存在也是更加理性的。社会的进步和发达将一定程度地表现在对于虚拟性货币所需要的国家信用的坚定维护上，将一定程度地表现在对于虚拟性货币数字化的认同上，也将一定程度地表现在各个国家或地区对国民经济运行中的虚拟性货币运行与发展的理性控制上。现代经济学的研究必须确认，在未来的知识经济社会的一定发展阶段，必然走向成熟的虚拟性货币将会更好地服务于全人类。

结束语　现时代需要创新的货币理论

对于虚拟性货币的研究就是对于货币的研究。虚拟性货币虽具有自身的特性，但更具有货币的共性。人类货币演变的漫长历史主要是实体性货币的演变历史，自 20 世纪后期布雷顿森林体系崩溃之后才产生了虚拟性货币，至今不过才几十年的时间。所以，虚拟性货币是现时代的货币，是现时代需要的货币。虚拟性货币的产生赋予了货币理论研究新的内容，在对于虚拟性货币进行研究的基础上，现时代需要加深对于货币的认识。理论是实践的先导，理论的创新是实践创新的必要条件，现时代社会经济实践的发展需要创新的货币理论。

在现时代，货币理论的研究不能再延续关于货币本质的争论，也不能将对货币本质的认识界定为契约，而是要随着虚拟性货币的产生明确地认识到货币的本质是信用工具。从货币的历史演变可以看到人类社会历史发展中的艰难，从经济学界对于货币本质的争论可以看出人类认识推进的不易。看似简单的货币，实际也并不复杂的货币，走过了漫长的演变历程，引起了很多学人的深度思考。而且至今人们对货币还在孜孜不倦地探讨着，始终没有弄明白。货币发展为信用货币，货币的虚拟化是被迫的，并不是人类主动自觉的驱使，因为世上没有那么多的黄金可以为纸质货币作担保，不用说美元扛不住流通货币可以兑现黄金的责任，就是最直接采用货币的金本位也无法满足全世界市场的需要。这个时候，只能是放弃货币对于价值的承载，放弃用贵金属作为发行纸质货币的依据，甚至还要放弃用所有的劳动成果作为货币抵押物的机制，只能是使货币成为单纯的交换媒介，成为一种信用符号，一种由国家信用支撑的信用符号。至此，漫长的实体性货币的历史结束了，虚拟性货币产生了，虚拟性货币清楚地告诉世界什么是货币。货币，不需要有自身的价值，也不需要承载任何价值，不需要是用于交换的劳动成果，更不需要是固定地充当一般等价物的特殊商品。总之，现代的货币不需要那么复杂，现代的货币只需要有国家信用支撑足矣。而在此之前，所有的实体性货币的使用，不论是自然物品，还是劳动成果，不论是贵金属，还是有价值承载的纸币，实际能够成为货币，并不在于它们是有形的物品，它们具有一定的价值或价值承载，而是在于它们都获得了市场信用，即市场予以承认的信用表示，它们作为有形的物品和它们具有一定的价值或价值承载只是它们获得市场信用的条件，它们成为货币的关键在于它们具有市场认可的信用。所以，信用工具是货币的本质，是历史的和现实的货币成为货币的最基本条件。实体性货币依靠市场信用成为货币，虚拟性货币依靠国家信用成为货币，都是以信用为本质的。几十年的社会实践，已经清楚地表明，依靠国家信用支撑的虚拟性货币可以充分地发挥货币的作用，货币不需要具有价值，只需要具有信用。现时代创新的货币理论需要对于货币的本质是信用工具予以确认，需要以信用关系的存在与发展阐释自古至今货币的演变与发展。

长期以来，货币理论的研究不仅对货币本质的争论一直游离于信用之外，而且对于货币的最基本职能的认识也是错位的，也是需要在现时代的货币理论创新中予以纠正的。传统的认识将价值尺度作为货币的最基本、最重要的职能，混淆了劳动作用与劳动成果作用，即混淆了价值范畴与价格范畴。由于价值是人类无差别劳动作用的凝结，因此，价值是表现劳动作用凝结的范畴。准确地讲，人类的生存需要劳动，更直接的表现是需要劳动成果，如果没有劳动成果，人类的劳动就是无用劳动，即人类依靠有用劳动创造的劳动成果的作用生存，而不是直接依靠劳动作用生存。而且，如果没有劳动成果，没有表示有用性的劳动成果的存在，没有具有使用价值的劳动成果的存在，劳动作用也是无法凝结的或是说价值也是无法存在的。所以，需要分清劳动作用与劳动成果作用，需要明确人类的生存需要通过劳动获取劳动成果，需要依靠劳动成果的作用生存。价值只表现劳动作用的凝结，并不表现凝结劳动作用的劳动成果作用。在市场交换中，可以抽象地说是价值交换，因为交换物具有使用价值就必然具有价值，然而具体的交换就是劳动成果的交换。这种交换是按价格交换，尽管价格以价值为基础，但毕竟货币直接表现的是价格而不是价值。价格是社会对于用于交换的不同的具体的劳动成果作用的评价。因此，货币的最基本职能只能是价格的标志，而不是价值的尺度。在货币理论研究中，决不能将价格与价值等同。毕竟劳动成果作用不同于劳动作用，除非劳动是劳务劳动，劳动成果就是劳务劳动过程。但严格地讲，即使是劳务劳动，价格也是表示对于劳动成果作用的评价，并不是直接表示价值的。因而，从事实出发，作为交换的媒介，货币表示的毫无疑问的是价格，而不是价值。这是千真万确的，是不能混淆的，即货币表示的不是表示价格的基础——劳动作用凝结的价值，而只是各种用于交换的劳动成果的价格。由此而言，货币的最基本职能，客观的必然只能是价格的标志，而不能是价值的尺度。可以说，自货币问世以来，一切进入市场的商品的价格都由货币表现，商品价格的高低直接表

虚拟性货币

现为货币的数量。用于交换的商品的价值是看不见、摸不到的，在市场上能够看到的只是用于交换的商品的价格。在商品交换的市场中，最初的货币作为一般等价物商品，可以表现任何进入交换市场的商品的价格。作为商品的价格的标志，货币并不能外在地表现商品的价值，并不能将各种商品的价值都表现在一定量的货币上，人们可以看见的是生产的成本付出，看不见的是劳动价值在劳动成果中的凝结。从人类生存的根本需要出发，货币执行了表示商品的市场交换价格的职能。这也就是说，现时代创新的货币理论表明，价格标志是货币最基本的职能。

在现时代，货币由实体性货币转化为虚拟性货币是人类社会经济生活中的一件大事，可是，这件大事若没有引起相应的理论创新，那么，人们对于这件大事就难于给予足够的重视。所以，货币理论的创新是极其重要的。而且，创新的理论还需要被普及应用于人们的日常生活中。现在，在各个国家或地区，一方面开启了虚拟性货币的电子化进程，另一方面也依然在加紧储备黄金。在创新的货币理论没有普及的前提下，人们似乎还认为只有储备足够的黄金心里才踏实的。其实，由于货币的虚拟化，即虚拟性货币作为主权货币出现之后，黄金应该逐步地回归其自然使用价值，即作为一种金属使用，而不再是作为一种货币使用，更没有必要将黄金的价格炒得越来越高。仍然视黄金为货币，是不符合现时代货币理论创新认识的。现时代的货币就是虚拟性货币，这已经是在全世界范围内获得公认的。现在，需要的是货币理论的创新和创新的货币理论的普及。应该说，到了 21 世纪，人类终于可以认清货币的本质了，终于可以走出以贵金属为货币的窠臼了，人类在货币问题上终于摆脱了历史的负担，以虚拟性货币为现时代和未来社会可以放心使用的货币。所以，应该尊重货币的电子化应用，在现有的网络经济发展的有利条件下，尽可能地使用电子化数字化的虚拟性货币；更加重视对于国家信用的维护，做好虚拟性货币的发行和回笼工作，而不应是在现时代，即在科学技术高度发达的时代，还同旧时代一样去搬弄沉重的黄金。

同样，在现时代的货币理论创新中，还要区分虚拟性货币与虚拟货币。虚拟货币不是以国家信用为支撑的虚拟性货币，而是没有发行主体的依照传统的货币理论创造的数字货币。看上去虚拟货币比特币很先进，是用现代先进的区块链技术创造的货币，实际上比特币只是人们很费力地创造的具有价值含量的货币，完全是仿照黄金制造的货币。所以，比特币的数字化没有任何意义，比特币的问世依旧在于其价值的存在。相比作为主权货币的虚拟性货币，没有发行机构但有一定价值的比特币会扰乱市场。由于创新的货币理论尚未得到普及，旧的传统货币理论还在发挥作用，有的国家已经承认比特币，给予了比特币合法身份，进一步推动了比特币的市场繁荣。但这也恰恰说明在现时代货币理论需要创新，创新的货币理论必须得到普及。虽然比特币没有存在的必要，任何国家或地区都应该一致地排斥比特币，但是，比特币应用的数字化技术对于实现虚拟性货币的数字化有重要作用，即在排斥比特币的同时可以吸收比特币应用的数字化技术。这样就可以使已经部分电子化的虚拟性货币进一步实现数字化。为推动现时代的货币理论创新，应该从理论上明确作为各个国家或地区的主权货币，虚拟性货币未来进一步的发展方向就是数字化。目前，已经有一些国家的主权货币性质的虚拟性货币开始了数字化的尝试，这无疑彰显了现时代货币理论创新的必要性和力量。

由于虚拟性货币是现时代的货币，因此，现时代各个国家或地区的金融创新都与虚拟性货币的存在和使用密切相关。以虚拟性货币取代实体性货币，是货币的创新。以虚拟性货币为基础研究金融领域的创新，是货币理论的创新。这方面的研究创新表明：虚拟性货币同实体性货币的使用是一样的。虚拟性货币只是对传统的实体性货币的继承和发展，是可供人们更好使用的货币。需要明确的是，人类社会的发展并没有给虚拟经济领域另设货币，虚拟经济领域一直是使用与实体经济领域一样的货币。进入现时代，即进入虚拟性货币时代，人们几乎没有可能在家中储蓄货币了，至少电子化的虚拟性货币是不能在家中保存的，必须存在电子银行，即银行的电子账户里。这就是虚拟性货币作为储蓄货币，与过去实体性货币存在的一个显著的不同。在现时代资本主义工业经济高度发达的时期，真正需要大量虚拟性货币的地方是虚拟经济领域高度发达的证券化的资本市场。如果社会只是注重商品交换市场需要的虚拟性货币，而对于虚拟经济领域的证券化的资本市场需要的货币不能予以充分的满足，那么虚拟性货币发行的不适量必然会导致证券化的资本市场的作用大打折扣，证券化的资本市场的发展必然会受到影响，进而会对虚实一体化的整个国民经济的运行和发展造成不利影响。由于虚拟性货币对于实体性货币的替代，就金融制度来说，最重要的创新是在基础层面上表现出来的，即市场化的金融活动和市场交易制度性的规定需要根据货币的变化而实现一定的创新。这就是说，在虚拟性货币活动的基层金融制度中，需要对市场的参与者活动规定某些方面的新的制度。使用虚拟性货币的金融市场创新主要是体现在互联网金融市场的创新上，即体现在互联网的众筹兴起上。而且，进入虚拟性货币时代，仍然要一如既往地进行金融机构的创新。如何提高金融资源的质量也是一个重要的金融创新问题。研究表明，高度重视提升非银行金融机构金融资源的配置效率，是整个使用虚拟性货币的金融领域金融资源创新的重要内容。还有，要保证实现金融科技创新必须延揽大批科技人才进入金融机构工作，切实地发挥科技人才的作用。对于金融发展来讲，必须有足够的金融人才。而对于金融科技创新来讲，就是必须有足够的金融科技人才。金融科技中的各种智能技术的运用，包括利用人工智能技术来改变银行服务，减少银行员工劳动强度，都是发挥金融科技人才作用的结果。现时代的金融管理是对虚拟性货币的运行和交易实施的管理。现时代的金融管理的创新就是对虚拟性货币进行管理的创新。这一创新不仅是要严格管理银行和非银行金融机构，而且随着现代金融领域的不断拓展，还要涉及那些业务性质与银行类似的准金融机构，如新的投资机构、地方贷款协会、商业银行的附属公司或商业银行的持股公司，对这些准金融机构开展的金融市场业务也要加以严格的制度管理，甚至对于某些临时进入金融市场开展相关业务的机构和从业人员也要实施严格的制度管理。

在理论上未能明确区分货币贬值与通货膨胀，曾经导致一些国家的国民经济发展受到一定的影响。因此，在对虚拟性货币的研究中，特别需要对这个问题予以明确认识。这就是说，在进入 21 世纪 20 年代之后，无论是经济理论界，还是金融界，都需要明确认识到，虚拟性货币的贬值分为超发货币的贬值与未超发货币的贬值。超发货币引起的货币贬值是通货膨胀性质的货币贬值。然而，市场还客观地存在没有通货膨胀的货币贬值，即在没有超发货币的情况下，市场价格出现了普遍上涨，这也必然会造成货币的一定程度上的贬值。理论的研究需要明确，通货膨胀是货币发多了引起物价上涨，造成货币贬值，是非价格因素的货币贬值。而物价上涨并非都是由于货币发多了。市场经济中的不合理比价关系总会自行发生调整，且在价格刚性的作用下，这种市场化的价格调整只会引起价格上涨，一般不会降低。价格调整相对提升了市场价格的水平，同样会造成价格因素的货币贬值。所以，货币贬值的原因不都是货币多发了。对于货币理论的研究来讲，决不能将通货膨胀与货币贬值混为一谈。总之，货币贬值包括价格因素的货币贬值与非价格因素的货币贬值。价格因素的货币贬值主要是由于市场价格调整引起物价上涨而造成的货币贬值。非价格因素的货币贬值是货币发行量过多引起物价上涨而造成的通货膨胀性质的货币贬值。从货币发行的角度看，现时代的虚拟性货币发行更容易发生常态性的非价格因素的轻微的通货膨胀性质的货币贬值。

虚拟性货币是信用货币，是以国家信用为支撑的信用货币。国家财政以及国家财政信用是国家信用的基础，并不等同于国家信用。国家财政收入并不能作为国家发行虚拟性货币的担保，国家财政信用收入也不能起到支撑虚拟性货币发行的作用。虚拟性货币只需要国家信用支撑足矣。只是国家财政以及国家财政信用作为国家信用的基础确实需要起到巩固国家信用的基础作用。这也就是说，国家发行实体性货币时期，国家财政与国家主权货币的发行没有直接关系；而进入国家发行虚拟性货币时期之后，国家财政与国家主权货币的发行是有直接关系的。国家财政以及国家财政信用的状态直接关系到国家信用的稳固，关系到虚拟性货币的发行和使用。虽然国家财政以及国家财政信用不是国家信用本身，但是作为国家信用存在的基础，其对于虚拟性货币保持稳定和良好信誉也是十分重要的。因此，也可以说，在现时代做好国家财政工作就是对于国家信用的保证。现时代的国家财政工作，概括地讲，就是向社会提供公共服务和公共救助。国家财政提供的公共服务必须做到均等化，国家财政提供的公共救助必须及时到位。此外，国家财政还要保证财政收入与财政支出的平衡，避免发生各种财政危机。国家财政信用资金的使用必须取得良好效益，既能充分发挥社会基础设施的建设作用，又能及时偿还到期债务。这样做好国家财政工作，无论从哪个角度讲，对国家信用的稳固都是最有力的支持，即都是国家发行虚拟性货币所需要的信用基础。

在现时代，不论是在哪个国家或地区，除了战争，人们最怕的都是发生经济危机。而 21 世纪，世界仍不能避免经济危机的发生，只是现在的经济危机一般不发生在实体经济领域，而主要是发生在虚拟经济领域，是发生金融危机，即在虚拟性货币时代，主要的经济危机是金融危机。相比过去实体经济领域发生的经济危机所导致的大萧条，现在虚拟经济领域发生的金融危机，是对社会更加沉重的打击，人们一般称其为金融海啸。而且，人们可能会认为在实体性货币时代都难免发生经济危机，那么，在虚拟性货币时代，是不是就更容易发生金融危机呢？对于这个问题，实事求是地讲，发生金融危机，与货币的虚拟化没有关系，即发生金融危机或经济危机并不是由货币决定的。就 2008 年发生的国际金融危机来说，那是由美国的次级贷引起并由全球金融衍生品的市场泛滥造成的。从根本上说，是由虚拟经济领域的中间效用扩张造成的，是由金融衍生品市场的无节制发展造成的。如果现时代的各个国家或地区依然未能明确中间效用的存在，仍然是依照传统经济理论盲目地笼统追求效用的最大化，那么，21 世纪的第二次国际金融危机也就为期不远了。所以，新的效用理论即中间效用理论研究明确指出，人们只能追求终点效用最大化，不能追求中间效用最大化。虚拟经济领域创造的效用全部都是中间效用，因而只能保持适度性，不能追求最大化。而且，要有节制地发展金融衍生品市场，要尽力防止其发展过度。如果在虚拟经济领域不能保持中间效用的适度性，任其扩张，不能有力地控制金融衍生品市场的发展，那么，今后还是很难避免不发生某种程度的金融危机的。21世纪，人们即使不能完全避免发生金融危机，但也不希望频繁地发生金融危机。

对于虚拟性货币的研究表明，货币不仅要存在于高度发达的工业经济社会，还要存在于更加发达的知识经济社会。货币的消亡与国家的消亡一样，还是现在不能考虑的事情。现在，必须维护国家的存在，维护国家信用的存在和巩固，维护虚拟性货币的存在。世界上的各个国家或地区，需要在保持国家存在的基础上构建人类命运共同体，而不是以消灭国家为前提建立人类命运共同体。虚拟性货币将伴随着人类从高度发达的工业经济社会走向更加发达的知识经济社会。在这期间，以及在这之后，即人类社会已经进入知识经济社会之后的一定发展阶段中，虚拟性货币仍将为各个国家或地区的人们的日常生活服务，仍将为各个国家或地区之间的经济贸易往来服务。当然，这个前提就是如果在高度发达的工业经济社会人类还不能消除来自宇宙和病毒对于人类生存延续的威胁，那么，在更加发达的知识经济社会人类必须全力以赴消除这一威胁。这也就是说，只有在人类生存能够延续的前提下，知识经济社会的进步才是有意义的，虚拟性货币的存在和发展才是有意义的。无疑，未来社会一定阶段的需要是虚拟性货币存在的充分理由。由于未来的人类劳动发展将是以劳动内部的智力因素作用为劳动整体作用中的主导作用和主要作用的，所以，货币理论研究的创新表明，虚拟性货币是符合人类劳动发展需要的货币，在现时代高度发达的工业经济社会能够理性地发挥货币作用，而在未来的更加发达的知识经济社会的一定发展阶段也必然能够更加理性地发挥货币作用。

客观地讲，现时代需要虚拟性货币，而不再需要实体性货币，这是社会进步的自然驱使；现时代需要创新的货币理论，而不能将对于货币的认识停留在旧的时代，这是理性认识货币发展的必然。

参考文献

〔德〕马克思:《资本论》(第一卷),中央编译局译,人民出版社,1975。

《马克思主义政治经济学概论》编写组:《马克思主义政治经济学概论》,人民出版社、高等教育出版社,2011。

〔英〕约翰·凯恩斯:《就业、利息和货币通论》,金华译,立信会计出版社,2017。

王爱俭主编《虚拟经济与实体经济关系研究》,经济科学出版社,2004。

王振中主编《转型经济理论研究》,中国市场出版社,2006。

柳欣:《经济学与中国经济》,人民出版社,2006。

钱津:《劳动效用论》,社会科学文献出版社,2005。

〔日〕伊藤·诚、〔希〕考斯达斯·拉帕维查斯:《货币金融政治经济学》,孙刚、戴淑艳译,经济科学出版社,2001。

卜亚:《货币替代与反向货币替代——人民币国际化进程中的考验与政策选择》,苏州大学出版社,2014。

〔美〕莫里斯·戈登斯坦、菲利浦·特纳:《货币错配——新兴市场国家的困境与对策》,李扬、曾刚译,社会科学文献出版社,2005。

陆前进:《货币危机的理论和汇率制度的选择》,上海财经大学出版社，2003。

〔加〕戴维·欧瑞尔、〔捷〕罗曼·克鲁帕提:《人类货币史》，朱婧译，中信出版集团，2017。

〔日〕野口悠纪雄:《虚拟货币革命:比特币只是开始》，邓一多、张蕊译，北方文艺出版社，2017。

张健:《区块链:定义未来金融与经济新格局》，机械工业出版社，2017。

中国人民大学国际货币研究所:《人民币国际化报告2019:高质量发展与高水平金融开放》，中国人民大学出版社，2019。

叶世昌:《鸦片战争前后我国的货币学说》，上海人民出版社，1963。

如松:《如松看人权货币》，国防工业出版社，2016。

荣添编著《货币的真相》，时事出版社，2016。

〔奥〕路德维希·冯·米塞斯:《货币和信用理论》，樊林洲译，商务印书馆，2018。

王曦、叶茂、郭家新:《中国货币市场研究Ⅱ——货币供给与通货膨胀》，经济管理出版社，2016。

邱晟晏:《人民币国际化路径设计及政策建议》，经济科学出版社，2018。

〔英〕弗里德里希·冯·哈耶克:《货币的非国家化》，姚中秋译，新星出版社，2018。

赵宏瑞:《中国货币总量论》，中国经济出版社，2013。

〔美〕肯尼斯S.罗格夫:《无现金社会:货币的未来》，纪晓峰、李君伟、张颖译，机械工业出版社，2018。

李涛、丹华、邬烈瀚:《区块链数字货币投资指南》，中国人民大学出版社，2017。

〔英〕劳伦斯·哈里斯:《货币理论》，梁小民译，商务印书馆，2017。

孙音编著《货币经济学》，机械工业出版社，2017。

跋

1993 年 6 月，在中国社会科学院研究生院取得经济学博士学位之后，我就进入了中国社会科学院经济研究所政治经济学研究室工作，直至2011 年 11 月退休。在这期间，我发表学术论文约 250 篇，出版个人学术专著 19 部，编著 3 部、合著 20 部，作为执行编委编辑《政治经济学大辞典》1 部，《政治经济学研究报告》13 部，主编《企业文化沙龙》丛书11 部。社会科学文献出版社 2005 年出版的《劳动论全集》（包括《劳动论》《劳动价值论》《劳动效用论》）是我最重要的研究成果，其中《劳动论》反映了当代人类对于自身和自身历史的最新认识。

退休之后，我身体还行。我认为 60 岁至 70 岁是哲学社会科学研究人员的黄金老年期，虽已年老但仍可以较好地保持工作的状态，一如既往地从事学术研究，持续履行学者的责任，维持学者的本分，不骄不躁，用自己已有的专业知识积累继续以服务社会为己任。所以，退休几年来，我的研究工作没有放松，如同在职期间一样努力，截至 2019 年底，共发表学术论文 63 篇，撰写了个人学术专著 6 部，主编《企业文化沙龙》丛书 7 部。

　　《坚持国有企业改革与坚持社会主义制度》是我退休后撰写的第一篇论文，发表在《河北经贸大学学报》2012 年第 1 期。论文分析了国有企业与公营企业的性质区别，强调国有企业是中国社会主义制度的经济基础，国有企业改革是社会主义公有制性质的企业改革，不能学习新加坡国家资本主义性质的公营企业改革。论文指出：中国必须始终坚定不移地依靠社会主义公有制性质的国有企业发挥主导作用，不能混同国有企业与公营企业，不能以国有企业的名义发展公营企业，必须毫不动摇地尽最大的努力推进国有企业的改革和发展，在未来的岁月铸就越来越强大的社会主义国有经济力量。

　　2013 年，在中国社会科学院出版基金的资助下，我的《经济学基础理论研究》一书在社会科学文献出版社出版。这是一部反映学科前沿思想的政治经济学理论著作，以 20 世纪中叶新技术革命之后的社会经济发展实际为时代背景，阐述了现代经济学基础研究的 11 个重要理论，包括对常态劳动、生产劳动、复杂劳动进行全面考察的劳动理论，建立在马克思科学确定的劳动整体性基础上的价值理论，2018 年国际金融危机后得以创新的价格理论，引发 21 世纪国际金融危机的有关效用问题的效用理论，探讨市场经济的性质、特点、体系以及市场分配问题的市场理论，现代经济学研究前沿领域的产权理论，解决微观经济组织基本运行制度及治理结构问题的企业理论，具有二次分配性质的有关中央财政和地方财政实际运作需要的财政理论，不同于实体性货币时代的已进入虚拟性货币时代的货币理论，以及具有鲜明的时代创新特色的资本理论和发展理论。这些方面的基础理论研究为新时代的学科研究提供了新的认识视野，为相关学习人员提供了一个较为系统的了解现代经济学前沿思想的平台。

　　发表在《社会科学研究》2013 年第 1 期的《中国需要理性跨越"中

等收入陷阱"》一文，从政治经济学的视角研究中国现实经济问题，指出：在中国经济发展的现阶段，我们必须首先进行理论创新，迅速提高思想认识，明确中国现实经济发展的时代背景，充满信心地去迎接中国工业化的实现。当前，分析和认识中国的一切经济问题都需要从中国处于工业化腾飞阶段的事实出发，都需要从中国经济发展的时代大背景出发，跳出传统的体制思想约束和传统的经济理论误区，对理论创新和现实经济认识上的不足进行弥补。中国的经济发展模式必须得到提升和转换，必须首先迎接从未有过的挑战。各级政府必须理性地认真地对自身职能进行转化，有效发挥自身以现代农业建设支撑社会转型的作用。同时，必须转变高等教育理念，开启智能教育新时代，培养适应现代市场经济的各行各业的高智能的研究型和应用型人才。只有这样，中国才能成功地跨越"中等收入陷阱"，全面实现新型工业化。

发表在《中州学刊》2016 年第 4 期的《论政治经济学的研究基点》一文，研究了政治经济学的最基本的问题，指出研究基点是政治经济学研究的第一个扣子，这个扣子扣不好，将影响整个学科认识的科学性。我在这篇论文中阐明：马克思在《资本论》中界定的具有整体性的劳动范畴应是政治经济学学科的研究基点。这是马克思留给之后的研究者特别是 21 世纪的经济学者最重要的学术财富之一。传承这一学术思想对于建设中国特色社会主义政治经济学具有重要的理论指导意义。

发表在《黑龙江社会科学》2017 年第 1 期的《论当代马克思主义政治经济学的创新》一文，在强调研究基点创新重要性的基础上，全面阐述了我对马克思主义政治经济学理论创新的基本看法。论文指出：一是不能将复杂劳动还原为简单劳动，因为推动社会发展的劳动主要是复杂劳动，研究复杂劳动，而不只是单单研究简单劳动，是对人类经济生活认识深化的一个重要的方面。二是不能将劳动力当作可买卖的商品，因为劳动力就是指劳动者的体力和脑力的总和，是指劳动者拥有的劳动能力。而劳动能力是无法通过市场交换给别人的。所以，不能混淆劳动与劳动力的概念，不能对劳动力市场的契约交易关系缺少准确的认识。三是不能对社会再生产的认识封闭化，因为现实生活中的社会再生产是开放的，信贷关系和对外贸易可以对两大部类生产进行调整，所以，必须创新社会再生产理论以适应社会经济生活的现实。四是不能缺少对现代产权理论的研究。因为目前人类社会的发展，已经使人们之间的经济关系高度复杂化，新的产权理论不断涌现。所以，创新马克思主义政治经济学需要由研究所有权理论进一步提升到研究产权理论。五是需要正确地认识和阐述市场经济理论。要在理论上明确市场经济不同于商品经济，市场经济与计划经济也并不对立。六是要建立现代市场经济的新价格理论。因为在市场经济中，价格关系实质上是一种分配关系，契约价格直接体现分配关系，交换价格间接体现分配关系。七是需要增加对现代企业制度的研究。传统的理论未能展开对于股份制的全面研究，未能明确地认识到现代股份制企业制度存在着根本缺陷，而存在根本制度缺陷的企业制度是无法依靠制度的治理作用正确引导股份制企业在市场经济中开展运营的。因而必须对此作出深刻的认识，建立相应的企业理论。八是不能仅限于研究实体性货币理论。由于现在世界上各个国家使用的货币都已经由实体性货币完全转化为虚拟性货币，货币的发行完全是虚拟性货币的发行，所以当代马克思主义政治经济学需要创新的货币理论研究。九是应当展开现代宏观调控理论研究。只有对现实的市场经济进行完善的宏观调控，才能保证经济运行平稳安全。所以，马克思主义政治经济学的创新也要表现在对宏观调控理论的研究上。十是需创新地进行经济人理论研究。古典政治经济学的经济人假设于学理不通，存在无可争辩的内在问题。由于人是具有社会性的，作为经济学研究假设前提的

跋

经济人，不能只表示个体经济人，还必须有对社会经济人的假设抽象。所以，创新的马克思主义政治经济学研究不仅要自觉地增加经济人理论研究，而且要增加社会经济人假设，建立 21 世纪的科学的全面的经济人理论。

2017 年，我的《中间效用理论》一书，得到了中国社会科学院离退休人员学术出版资助，于 2018 年 8 月在社会科学文献出版社出版。2018 年 11 月 22 日，由中国社会科学院离退休干部工作局和社会科学文献出版社共同主办的《中间效用理论》发布暨研讨会在京举行。这是入选中国社会科学院老年学者文库的图书第一次举办新书发布会，与会人员有中国人民大学马克思主义学院孙宗伟教授、北京师范大学政府管理学院王华春教授、中国社会科学院经济研究所袁钢明研究员。会议指出：《中间效用理论》的理论创新主要体现在八个方面。第一，否定了传统的主观效用理论，提出了自然效用与社会效用相统一的客观效用理论。第二，进行了终点效用与中间效用的划分和定位。第三，将效用理论由微观经济范畴发展成为宏观经济范畴。第四，提出了中间效用适度性假说，也就是提出了一个供宏观主体指导调节国民经济结构的系数。第五，提出经济学不能笼统地讲追求效用最大化，而只能讲追求终点效用最大化。第六，揭示了中间效用畸形增长的动力、形式、危害和控制途径。第七，创新了经济人假定，阐述了社会经济人的经济行为的重要性和经济行为的范围。第八，明确提出要制止和消除对于现代人类社会经济极具破坏性的金融衍生品市场交易和世界军火贸易。

2018 年，我撰写的《管理经济学》一书获得了中国社会科学院离退休人员优秀科研成果奖。这部由北京大学出版社 2015 年出版的专著填补了管理经济学学科独立研究的空白。

2019 年，我将主要的精力投入本书的撰写中。最大的感受是，研究货币需要审慎而务实，不能将简单问题复杂化，将复杂问题神秘化。做经济学的研究需要循序渐进，先做基础理论研究，再做应用理论研究，不要越过基础理论研究直接开展应用理论研究，即要先研究解决基础理论方面存在的问题，再讨论解决应用理论方面存在的问题。不论是谁研究金融问题，都应该先研究政治经济学的货币理论。如果只对金融问题感兴趣，而认为政治经济学的货币理论可有可无，认为基础理论距现实太远，基础理论中存在的问题无关紧要，那么，无论是谁都不可能透彻地认识金融问题，更不可能很好地解决现实金融工作中存在的具体问题。理论永远是重要的，基础理论永远是更重要的。没有理论指导的实践只能是自发的实践，没有科学理论指导的实践只能是盲目的实践。对于实践中出现的问题，一定要从理论上予以认识，一定要从基础理论上查找原因。这就是经济学理论和经济学基础理论研究的意义。就政治经济学研究来说，有四个最为重要的基本范畴：一是劳动，二是价值，三是价格，四是货币。退休之前，我曾先后出版有关劳动和价值的专著。如果将我撰写的有关价格方面的研究论文汇集起来，那也可以作成一部有关价格的专著。而本书则是我研究货币的专著，即从虚拟性货币入手分析货币各个方面的基础理论问题的专著。本书若有不妥之处，还望学界各位同仁给予批评指正。

钱津

2020 年 1 月 8 日

致　谢

衷心感谢中国社会科学院离退休干部工作局给予的出版资助！衷心感谢社会科学文献出版社领导的一贯支持和责任编辑辛勤细微的工作！

钱津

2021 年 10 月 24 日

图书在版编目（CIP）数据

虚拟性货币 / 钱津著. -- 北京：社会科学文献出
版社，2022.5（2025.3重印）
（中国社会科学院老年学者文库）
ISBN 978 - 7 - 5201 - 9883 - 7

Ⅰ. ①虚… Ⅱ. ①钱… Ⅲ. ①电子支付 - 研究 Ⅳ.
①F713. 361. 3

中国版本图书馆 CIP 数据核字（2022）第 042875 号

中国社会科学院老年学者文库
虚拟性货币

著　　者／钱　津

出 版 人／冀祥德
组稿编辑／周　丽
责任编辑／张丽丽
责任印制／王京美

出　　版／社会科学文献出版社·生态文明分社（010）59367143
　　　　　　地址：北京市北三环中路甲29号院华龙大厦　邮编：100029
　　　　　　网址：www. ssap. com. cn
发　　行／社会科学文献出版社（010）59367028
印　　装／三河市尚艺印装有限公司

规　　格／开 本：787mm × 1092mm　1/16
　　　　　　印 张：21.75　字 数：275 千字
版　　次／2022 年 5 月第 1 版　2025 年 3 月第 3 次印刷
书　　号／ISBN 978 - 7 - 5201 - 9883 - 7
定　　价／69.00 元

读者服务电话：4008918866